轨道交通产业的关联驱动效应与竞争力水平研究

薛 锋 罗 建 陈崇双 著

中国铁道出版社有限公司

2024 年·北 京

内容简介

本书以轨道交通产业为研究对象，论证轨道交通产业间的关联性，分析轨道交通产业的驱动效应、驱动环节、驱动要素等，并研究轨道交通产业的竞争力水平。全书包括轨道交通产业的投入产出影响关系分析、轨道交通产业关联程度分析、轨道交通产业关联路径分析、基于VAR模型的轨道交通产业经济关联实证分析、轨道交通产业的驱动环节识别与效应分析、轨道交通产业下游环节的驱动要素分析、轨道交通产业下游环节的经济驱动效应实证分析、轨道交通产业集群竞争力分析方法、轨道交通产业集群时空演化分析、轨道交通产业集群竞争力模型构建、轨道交通产业集群竞争力水平实证分析等内容。

本书可供政府发展和改革部门、交通运输部门和轨道交通企业管理人员，以及高等院校及科研院所的研究人员参考，也可作为交通运输、管理科学与工程、工程管理、公共事业管理等专业本科生及研究生的参考读物。

图书在版编目（CIP）数据

轨道交通产业的关联驱动效应与竞争力水平研究 / 薛锋，罗建，陈崇双著. -- 北京 ：中国铁道出版社有限公司，2024. 12. -- ISBN 978-7-113-31968-7

Ⅰ. F532. 3

中国国家版本馆 CIP 数据核字第 2024XK9698 号

书　　名：轨道交通产业的关联驱动效应与竞争力水平研究
作　　者：薛　锋　罗　建　陈崇双

责任编辑：秦绪涛　　　　**编辑部电话**：(010)51873024
封面设计：高博越
责任校对：苗　丹
责任印制：樊启鹏

出版发行：中国铁道出版社有限公司（100054，北京市西城区右安门西街8号）
网　　址：https://www.tdpress.com
印　　刷：北京盛通印刷股份有限公司
版　　次：2024年12月第1版　2024年12月第1次印刷
开　　本：710 mm×1 000 mm 1/16　**印张**：15　**字数**：234千
书　　号：ISBN 978-7-113-31968-7
定　　价：60.00元

前言

轨道交通产业是一个综合性的产业，与土木建筑、机械车辆、电气自动化、电子通信、运营管理等行业息息相关，轨道交通产业的发展也让以上行业成为共同受益者。轨道交通产业在快速发展的同时，也暴露出不少发展短板。首先，轨道交通产业之间的关联性有待提升，如创新能力较弱、创新动力不足、创新集群效应不明显、创新体制不完善等问题，严重制约着轨道交通产业核心竞争力的提升，阻碍了产业高质量发展；其次，虽然轨道交通产业的蓬勃发展带来了显著的经济和社会效益，其中蕴含的驱动作用显而易见，但对于轨道交通产业发展过程中受到何种驱动因素的影响，以及这些驱动因素如何作用却少有人关注；再次，产业链中各环节参与主体虽有意愿促进轨道交通产业的发展，但产业链发展中的关键作用点不明确；最后，轨道交通产业集群发展趋势明显，虽然产业集群能够促进产业发展，提升产业竞争力，推动产业结构升级转型，但目前关于轨道交通产业集群、产业演化及竞争力方面的研究较少，对于轨道交通产业的演化过程、产业集群竞争力、竞争力的影响因素等都需要理论探索和实证分析。

轨道交通产业的关联与驱动效应是促进产业竞争力水平提升的内在动力来源，而产业集群化则是提升竞争力的重要手段。本书主要从理论上探索轨道交通产业的关联与驱动效应，以及竞争力水平等。全书共分为十二章。第一章绪论，是本书研究轨道交通产业的基础，主要分析轨道交通产业的关联驱动效应，以及竞争力水平分析的研究背景，同时也评述轨道交通产业的关联理论、驱动效应和集群竞争力的相关研究。第二章至第四章为轨道交通产业关联研究，对比产业关联的分析工具和分析方法，探讨轨道交通产业的关联程度和关联路径。第五章至第八章为轨道交通产业驱动效应研究，该部分主要基于VAR模型实证分析轨道交通产业经济关联、轨道交通产业的驱动环节识别与效应，并针对影响轨道交通运营里程发展的驱动因素进行探讨，从经济发展水平、科技创新能力和社会发展特征3个方面建立较为全面的评价指标体系,采用 LMDI 分解方法对轨道交通产业下游环节的驱动要素进行时空分异分析。同时将“驱动效应”的作用对象变为外部经济系统,基于西部铁路和经济发展的省际面板数据构建 PVAR 模型,采用脉冲响应函数和方差分解估计方法,实证分析铁路建设投入和运营产出两个阶段对西部经济发展的驱动作用。第九章至第十二章是轨道交通产业的竞争力研究,界定轨道交通产业集群基本内涵,引入产业生命周期理论分析产业演化过程,基于竞争优势理论阐述产业集群竞争力,并对波特钻石模型、GEM 模型与因果关系模型等的适用性进行对比。在轨道交通产业集群演化及其影响因素分析基础上,明确影响轨道交通产业集群竞争力的各种因素,结合传统竞争力模型及轨道交通产业自身特点,从基础、企业、市场、创新及政府支持 5 个方面构建适用于轨道交通产业集群的竞争力 G2EMI 模型。选择 FAHP-DEMATEL 两个方法确定轨道交通产业集群竞争力评价指标权重,并针对指标间的模糊性与不确定性,选择云模型对轨道交通产业集群竞争力进行综合评价。同时以成都市为例,沈阳、南京、长沙和广州四个城市为对照组,分析 5 个城市的轨道交通产业集群竞争力水平。

全书由西南交通大学交通运输与物流学院薛锋、西华大学汽车与交通学院罗建、西南交通大学数学学院陈崇双合著。本书的研究内容融合了著者指导研究生黄宇、李青青、任子兰等共同取得的研究成果,在书稿的形成过程中,研究生唐榕峰、杨洪明做了大量整理工作,刘姝琪、蒋晓云、顾锦轩协助做了校对工作,在此一并表示感谢。

本书的研究工作得到了教育部人文社会科学研究项目(21YJCZH192)、四川省哲学社会科学基金项目(SCJJ24ND067)、成都市软科学研究项目(2023-RK00-00166-ZF)的资助。

在本书撰写过程中,参考了大量国内外与轨道交通产业发展相关的著作和论文,在此向各位作者致谢! 由于作者水平和时间有限,书中难免存在疏漏和不完善之处,敬请各位读者批评指正。

著　者

2024 年 8 月

目 录

第一章　绪　　论

第一节　研究背景

伴随互联互通和城镇化进程的深入推进，轨道交通迎来全面提速发展时期。轨道交通作为国民经济的交通命脉，不仅承担了绝大部分国家战略、经济物资的运输，还承担着旅客运输职能，在促进我国资源输送、加强经济区域交流、解决城市交通拥挤等方面发挥了巨大作用。进入21世纪以后，我国轨道交通运营里程呈爆发式增长。根据《新时代交通强国铁路先行规划纲要》，到2035年，全国铁路网将达到20万km左右，其中高铁里程7万km，覆盖率进一步扩大[1]。

随着我国城镇化脚步加快，城市人口数量剧增，交通拥堵问题日益严重，发展城市轨道交通成为解决交通拥堵、提高交通效能的有效途径。许多城市大力发展城市轨道交通，以改善和缓解城市人口出行的交通压力。随着地方政府对轨道交通建设投资的不断加大，轨道交通运营里程持续增加，轨道交通产业也进入高速发展的黄金时期。

轨道交通产业属于综合性产业，涉及多领域、多学科，贯穿轨道交通建设和运营管理等相关生产活动，包括科技研发、规划设计、工程建设、设备制造、维修服务、后市场延伸等主要生产环节，具有独特的产业结构和特点，覆盖领域广泛，专业技术性强，产业附加值高。

第二节 相关研究综述

一、产业关联理论相关研究

(一)国外相关研究现状

产业关联的基本思想源于1758年法国经济学家弗朗索瓦·魁奈的《经济表》中的内容[2]。衡量产业相关性程度的基本方法是苏联经济学家瓦西里·列昂季耶夫提出的投入产出分析方法[3]。这一理论的提出和不断完善,使产业相关性领域的研究向前迈进了一大步[4]。赫希曼主导的产业关联效应指出,在不平衡发展理论的基础上,从产业联动的角度出发,首次明确提出了"后向关联""前向关联"等关联效应的基本概念,并以此识别关键产业,进而确定区域经济发展战略[5]。后向关联是指某产业在经济体制的生产过程中,需要从其他产业中获取产品投入所形成的关系,反映出该产业刺激上游产业发展的能力;前向关联是指在经济体系中,某产业为其他产业生产提供生产要素时所形成的关系,反映出该产业支持其下游产业发展的能力。

由于投入产出法是产业关联理论的基本分析工具和方法,因此,国外关于产业关联的研究大部分是围绕投入产出法的相关研究。Dobos I等将产业关联理论应用于关于再制造的经济影响的讨论。从经济效率的角度出发,扩展了经典的动态投入产出模型,并在动态条件下运用多部门投入产出模型研究了这一时期内经济部门之间的关系。讨论了再制造/再利用是否可以促进经济增长,提出再制造的经济有效性的一个充分条件,并探讨了基于产品回收管理行业的可持续经济发展的可能性[6]。Dietzenbacher E将产业关联性理论应用于垂直专业化研究,详细解释了受全球生产链利益支配的国家之间的产业相互依存关系,并将其应用于1985年欧盟6个国家的具体数据中进行实证分析[7]。Duan Wenqi在投入产出网络的基础上研究了国民经济的演变,并通过研究产业增长与产业间结构的耦合动力学建立了演化经济模型。他讨论了每一个行业的经济特征,并将不同行业的投入产出关系描述成投入产出网络,使用节点表示行业,权重表示匹配行业之间的技术和经济约束。通过测量每个节点的动态重要性,可以得出投入产出网络的所有节点都具有相同的动态重要性,并使用节点经济特征耦合动力学与投入产出网络解释国民经济的演化能力[8]。Dietzenbacher E 对投入产出方法本身进行了讨论,并讨论了模型中的当前价格或恒定价格对投入产出的结果是否有所不同,最终需求的当前价格的外部影响取决于恒定价格计算总产出和就业因素,并将该理论在丹麦实践中进行了检验[9]。Julio Leal Ordoñez 表明,在标准假设下投入产出(或网络)经济等同于增值经济,并使用 Acemoglu 等的模型(Econometrica,2012)的广义版本,证明了给定部门的影响程度等于其增值份额。发生这种情况的原因是,通过使用投入产出网络,给定部门的产出间接地促进了其余部门最终消费的产生,而后者构成了其价值的来源。因此,增值经济对部门冲击的总反应与投入产出对总冲击的总反应相同。尽管存在这种等效性,但适用于销售和总产值的列昂季耶夫乘数仍然是完整的。Julio 最后指出,当前价格的外部影响取决于恒定价格计算总产出和就业因素,并将该理论在丹麦实践中进行了检验[10]。Mercer-Blackman V A 等使用投入产出关系,设计了一个集聚指标衡量经济多样化,并将孟加拉国与其他主要经济体进行比较,阐明了随着国家的发展行业之间的共生关系[11]。

(二)国内相关研究分析

国内学者对产业关联的研究成果也较多,其中不乏针对轨道交通产业相关的研究。李雪梅将产业关联理论与图论方法相结合,运用投入产出法分析了城市轨道交通与其他产业的关联效应及其对城市经济的影响,并建立了具有相关性的轨道交通产业关联网络。通过具体数据的分析,构建了北京城市轨道交通的投入产出模型和图论模型,研究表明城市轨道交通具有外部性和商业性质,北京城市轨道交通的快速发展将对三次产业尤其是第二产业产生强烈的影响,对城市经济有一定的促进作用[12]。刘海洲等将产业引入交通分布预测模型中,根据城市的产业特征和功能分工将每个完整的城市划分为一个交通区,并使用灰色关联法计算每个交通区的产业关联度。将系统平衡模型添加到与产业相关的转换中,并以重庆市“1 h 经济圈”为例预测轨道交通客流的分布[13]。吕圣华将产业相关性理论应用到 TOD 模型中,采用投入产出方法具体定量分析了轨道交通及其他相关产业的相关系数、影响力和感应系数,并对轨道交通产业与其他产业产品、技术、投资、就业和价格之间的关系进行了定性讨论,得出了轨道交通行业的特征[14]。王茂军等将复杂网络的思想引入传统的产业关联理论,对国民经济中各个产业部门的产业网络的结构特征进行了定量分析,并分析了相关产业的效能差异,清楚地表述了产业之间的复杂关系[15]。郑正喜从产品质量差异性补充传统竞争行业理论的不足,分析表明以内生方式引入国外经济并满足封闭条件的投入产出模型能够合理地反映产业之间的关联方式,并提供对产业关联效应的完整检测[16]。李娟丽通过对新疆维吾尔自治区和陕西省产业结构演进的考察,发现在国家战略部署的影响下,新疆的产业结构具有自己的特点。分析了新疆维吾尔自治区、陕西省乃至全国的产业结构特征及其演化机理,提出了解决这一过程中存在的问题的对策,有利于产业结构向合理化方向发展。最后运用复杂网络理论构建与投入产出有关的网络模型[17]。

二、产业驱动效应相关研究

目前,国内外研究学者就轨道交通发展带来的经济、社会、环境和资源效应展开了大量的研究。其中,经济驱动与社会驱动有着千丝万缕的联系,主要通过对社会环境的作用得以体现,包括房地产投资与开发、商业经济区建设等。大部分学者更倾向于具体分析某一区域范围的经济驱动,这一点与轨道交通建设具有特殊的地域要求有关。社会驱动方面,主要研究了轨道交通出现引起的社会环境变化,如居民出行方式转变、就业市场环境改善、社区环境与居民健康状况变化等。相比之下,对自然环境驱动效应研究出现的时间较晚,停留在对空气污染物排放量的影响与控制措施两个方面,就研究内容来看还有待进一步拓展。资源驱动方面的研究内容相对较少,只有部分学者关注到轨道交通运营过程中的电能消耗问题,展开了节能优化方面的探索。国内外研究学者对产业驱动因素的研究大致从经济支持驱动、科技创新驱动、社会需求驱动、人才驱动四个方面展开,不同因素对产业发展的驱动作用有所差别。经济支持驱动被认为是推动轨道交通产业发展的基础驱动力,科技创新驱动则被认为是促进轨道交通产业发展的核心驱动力,社会需求驱动究其原因是由人们基本生活需求产生的内在作用,属于根本驱动力,而人才驱动与科技创新驱动具有相似的功能,可以认为是辅助驱动力。

目前对轨道交通产业受到的驱动效应研究还较为有限,在其他产业方面形成了丰富的研究理论,除了在农业、工业、制造业、水资源和碳排放方面具有实际应用外,研究学者们在煤炭水足迹演变[18]、数字化转型[19]和居民消费驱动[20]等领域均有所涉及。驱动效应研究是目前轨道交通产业的研究方向之一,但整体来看主要集中在轨道交通发展对经济、社会、环境和资源的驱动作用，而忽视了轨道交通产业是如何发展的，产业上中下游环节是如何发挥驱动作用的，产业发展过程中会遇到哪些有利因素或不利驱动的影响，对产业发展的内在驱动效应研究较为缺乏，在某种程度上会造成轨道交通产业发展动力不足和产业发展不平衡等问题，难以保证产业的长久发展，对促进经济社会繁荣发展也具有阻碍作用。“驱动效应”这一研究主题在其他各个产业中受到了研究学者们的广泛关注，形成了较为成熟的理论基础，为理清轨道交通产业发展过程中受到何种驱动作用提供了充足的思路和方法借鉴。

三、产业集群竞争力相关研究

关于产业集群竞争力的研究，集中在竞争力的影响因素、竞争力水平测度及提升竞争力的方法策略等方面。

产业集群竞争力影响因素方面，多数是基于钻石模型研究影响因素，郭曦等认为我国产业集群与国外情况有所差别，国外理论并不能完全解释我国产业集群竞争力，以我国经济开发区为例进行回归分析，得到国家政策、产业资金、产业网络及企业自身因素是影响经济开发区竞争力的关键因素的结论[21]；刘世铎将产业集群竞争力的影响因素分为内部影响因素（企业数量、集群规模、人才等）与外部影响因素（产业集群地理位置、政府政策、市场环境等），此种分类方法也是基于钻石模型开展的[22]；Wang L 研究了产业集群创新网络中集群集体学习的影响因素，包括企业间的信任度、企业结构维度、企业的学习效率与学习能力等[23]；Liu X 等在波特钻石模型的基础上引入高级生产要素对旅游产业竞争力的影响，结果发现旅游人数是最主要的因素，并且人力资源对旅游产业竞争力的发展有正向引导作用[24]；严琳希通过国内外高铁项目的案例分析，提出了包括生产成本、行业利润率、企业文化、技术先进性在内的 24 个影响高铁产业竞争力的因素[25]；Biukšāne I 从社会、经济、政治与环境等方面探索拉脱维亚渔业产业集群的影响因素[26]；Sarturi G 等通过对比不同国家葡萄酒产业，发现集群能够提高竞争力，但对于不同地区的影响因素有所差异，如智利葡萄酒集群的主要影响因素是业务范围、新技术引进与产业战略等，但对巴西葡萄酒集群而言则表现为产业集中度、产业合作与可替代性等[27]；Alshumrani S 等研究发现制度压力与管理创新对产业竞争优势的影响均有正向作用[28]；Anic I D 等研究了克罗地亚 13 个不同行业的竞争力集群中，政策驱动在集群竞争力中所作贡献，结果发现在政策驱动下，集群竞争力的因素包括游说（游说政府或推动基础设施建设等）、创新、市场、基础设施及网络培训 5 组影响因素[29]。

产业集群竞争力水平研究的目的是找出影响产业竞争力的关键因素、潜在发展方向及存在的不足,针对优劣势提出相应的政策性策略,以促进产业更好地发展。产业集群竞争力水平研究,经过了从定性分析到定量研究的转变。定性分析主要是通过产业集群竞争力的影响因素,寻找影响产业发展的关键因素[30],其中波特钻石模型与 GEM 模型经常用于国家产业集群竞争力的评价中。定量分析是基于数学模型,将指标量化,对产业集群竞争力进行客观分析[31]。被广泛应用的是定性分析与定量分析相结合的方式,如以波特钻石模型或者 GEM 模型为基础,结合产业自身特点,构建产业集群竞争力评价指标体系[32];其中所选取的评价方法则丰富多样,如胡聪聪运用系统动力学方法,从市场竞争力、市场规模与效益三个方面对广东省服装产业集群竞争力模型仿真分析[33];段钧锴在动漫产业集群竞争模型中引入粗糙集理论,对指标权重进行分析,得到的竞争力值具有更高的可靠度[34]。

第二章　轨道交通产业的投入产出影响关系分析

第一节　产业关联分析工具

一、投入产出表

投入产出分析(input-output analysis),也称为产业部门联系平衡法或投入产出技术等,最早由列昂季耶夫于20世纪30年代提出[35]。其典型用法是构建纵横交错的方格形投入产出表再结合相关线性方程组,模拟分析社会各产业部门“生产投入”和“产品产出”间的比例关系,量化社会各产业部门关联效果的数学模型。

投入产出表则是投入产出法理论的重要工具,是方格形网络表。纵列数据代表各产业部门进行社会生产的投入物质,即生产部门发展某种产业从其他产业部门所买进的中间产品或原材料数量,为了生产出最终产品所支出的各类资金,纵列数据之和是该产业部门生产总投入。横向数据代表各行业产出中间产品及最终产品的产出数量,即横行各产业部门之和代表各产业部门相对应时间内的总产出。

投入产出表流量矩阵主要是以统一的货币单位表示,可以采用相应的计量模型计算研究。本书所采用的投入产出表形式上同国家统计局编制的价值型投入产出表,见表2-1。

表 2-1 投入产出表

投入＼产出		中间需求：部门 1	部门 2	…	部门 n	合计	最终产品	总产出
物质消耗	部门 1	x_{11}	x_{12}	…	x_{1n}	$\sum_{j=1}^{n} x_{1j}$	Y_1	X_1
	部门 2	x_{21}	x_{22}	…	x_{2n}	$\sum_{j=1}^{n} x_{2j}$	Y_2	X_2
	…	…	…	…	…	…	…	
	部门 n	x_{n1}	x_{n2}	…	x_{nn}	$\sum_{j=1}^{n} x_{nj}$	Y_n	X_n
初始投入	固定资产折旧 D	D_1	D_2	…	D_n	—	—	—
	劳动报酬 W	W_1	W_2	…	W_n	—	—	—
	生产税净额和营业盈余 M	M_1	M_2	…	M_n	—	—	—
	增加值 V	V_1	V_2	…	V_n	—	—	—
总投入		X_1	X_2	…	X_n	—	—	—

投入产出表具体经济含义如下：

中间需求部分，也称为内生部分，是投入产出表的核心部分。

$$\begin{cases} x_{11}+x_{12}+\cdots+x_{1j}+\cdots+x_{1n}+Y_1=X_1 \\ x_{21}+x_{22}+\cdots+x_{2j}+\cdots+x_{2n}+Y_2=X_2 \\ \vdots \\ x_{n1}+x_{n2}+\cdots+x_{nj}+\cdots+x_{nn}+Y_n=X_n \end{cases}$$

即

$$\sum_{j=1}^{n} x_{ij} + Y_i = X_i \quad i = 1,2,\cdots,n \tag{2-1}$$

$$\begin{cases} x_{11}+x_{21}+\cdots+x_{i1}+\cdots+x_{n1}+D_1+N_1=X_1 \\ x_{12}+x_{22}+\cdots+x_{i2}+\cdots+x_{n2}+D_2+N_2=X_2 \\ \vdots \\ x_{1n}+x_{2n}+\cdots+x_{in}+\cdots+x_{nn}+D_n+N_n=X_n \end{cases}$$

即

$$\sum_{i=1}^{n} x_{ij} + D_j + N_j = X_j \quad j = 1,2,\cdots,n \tag{2-2}$$

行列平衡关系如下：

(1)由社会生产物质消耗投入与产品产出相对应平衡关系可得下列数学平衡公式：

$$\sum_{i=1}^{n} x_{i'j} + D_{j'} + N_{j'} = \sum_{j=1}^{n} x_{i'j} + Y_{i'} \quad i' = j' \tag{2-3}$$

(2)其他附加值部分平衡关系如式(2-4)所示：

$$\sum_{j=1}^{n} D_j + \sum_{j=1}^{n} N_j = \sum_{i=1}^{n} Y_i \tag{2-4}$$

二、产业关联网络

随着产业关联理论研究的不断深入,学术界发现投入产出表具有某些复杂网络的特性,因此对复杂网络理论与产业经济学的交叉领域——产业关联网络展开研究,而地区间产业关联网络比较则是该研究领域中的前沿问题。伴随着经济多元化的发展,经济部门的分类越来越多,产业之间的关联关系也更加复杂,学者对产业关联网络的分析也不断深入。

产业关联网络最基本的特点就是具有连通性,在对产业关联网络进行分析之前,需要先行验证该产业关联网络是否是一个整体连通的网络。将产业关联网络理论运用于轨道交通产业,可以更加直观地得到轨道交通产业对经济中相关产业的关联带动作用。产业关联网络可以从图论的视角进行展示,即利用节点和边组成网络图 $G=(V,E)$,V 代表产业节点的集合,E 代表产业节点间所有相连边的集合,而 $E_{ab} \in E$ 代表产业节点 a 与产业节点 b 相连的边,$\{a,b\} \in V$,其简单的产业网络图形如图 2-1 所示。

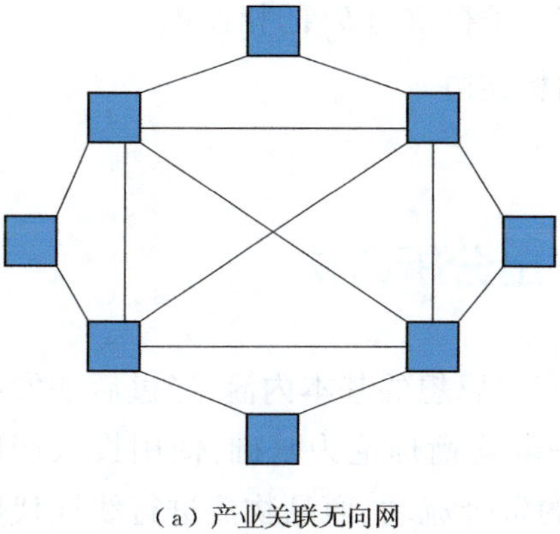

(a) 产业关联无向网

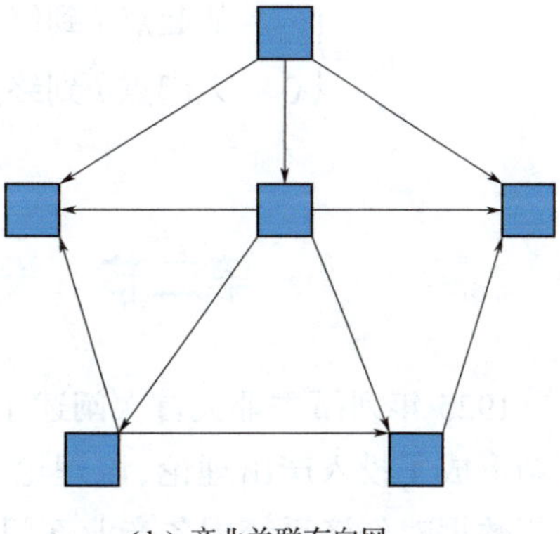

(b) 产业关联有向网

图 2-1　产业关联网络简图

对于产业网络理论 $G=(V,E)$，若两产业节点相互连接的边没有箭头指向，也就是两产业节点之间的物质联系看不清方向，即若 $E_{ab}\in E \Leftrightarrow E_{ba}\in E$，$\forall a,b\in V$，则称为产业关联无向网；相反，产业关联有向网是指产业节点间的连接边具有方向性指示，即带有箭头。在产业关联网有无方向的基础上，继续深入分析产业节点之间的关联关系，可用加权的边来体现产业间关联性的强弱，即产业关联加权网；同样，假如产业节点间的相连边上无权重，则无法分析产业关联间的强弱程度，即产业关联无权网。根据上述边的连接方向和有无权重，可将产业关联网络分为四种类型，即无权无向网络、无权有向网络、有权无向网络、有权有向网络；同时在构建产业网络模型时，一般是将产业关联关系（产业关联相关系数）用数学方法上的邻接矩阵进行转换，邻接矩阵通常作为一个 N 阶矩阵，由 $n\times n$ 个 a_{ij} 元素组成，a_{ij} 代表邻接矩阵中的第 i 行第 j 列元素。

（1）无权无向网：

$$a_{ij}=\begin{cases}1 & \text{节点 } i \text{ 与节点 } j \text{ 之间有相连边}\\ 0 & \text{节点 } i \text{ 与节点 } j \text{ 之间无相连边}\end{cases}$$

（2）有权无向网：

$$a_{ij}=\begin{cases}b_{ij} & \text{节点 } i \text{ 与节点 } j \text{ 之间存在权重为 } b_{ij} \text{ 的相连边}\\ 0 & \text{节点 } i \text{ 与节点 } j \text{ 之间无相连边}\end{cases}$$

（3）无权有向网：

$$a_{ij}=\begin{cases}1 & \text{从起点 } i \text{ 到终点 } j \text{ 有一条相连边}\\ 0 & \text{无自起点 } i \text{ 到终点 } j \text{ 的相连边}\end{cases}$$

（4）有权有向网：

$$a_{ij}=\begin{cases}b_{ij} & \text{从起点 } i \text{ 到终点 } j \text{ 有一条权重为 } b_{ij} \text{ 的相连边}\\ 0 & \text{无起点 } i \text{ 到终点 } j \text{ 的相连边}\end{cases}$$

第二节　投入产出分析方法

1925 年列昂季耶夫首次阐述了投入产出思想的基本内涵，经过后期发展逐渐形成了投入产出理论，该理论是以一般均衡理论为基础，使用投入产出分析数据对经济系统中各产业部门之间的资金流动、商品物流进行线性代数分析的数学方法。投入产出分析表可以反映一个生产企业、生产部门，乃至整个国家的国民经济发展情况，最初是用来对经济发展关系进行预测，研究某项经济政策对社会经济产生的影响。

投入产出表是进行投入产出分析的有效工具。按计量单位分为实物型和价值型投入产出表；按表式结构分为对称型（纯部门）和 U-V 表；按研究范围分为全国表、地区表和企业表；按时间性质可分为静态表和动态表；按照产品的可替代性可以分为竞争型表和非竞争型表；按考察领域可划分为产品表、固定资产表、能源表、人口表、教育表、环境表等多种类型。投入产出表的形式多样，常用的基本结构见表 2-2。

表 2-2　投入产出表结构形式

<table>
<tr><th colspan="2" rowspan="2">产出
投入</th><th colspan="4">中间产品</th><th colspan="4">最终产品</th><th rowspan="2">总产品</th></tr>
<tr><th>1</th><th>2</th><th>…</th><th>n</th><th>1</th><th>2</th><th>…</th><th>n</th></tr>
<tr><td rowspan="4">物力投入</td><td>1</td><td colspan="4" rowspan="4">X_{ij}</td><td colspan="4" rowspan="4">Y_i</td><td rowspan="4">X_i</td></tr>
<tr><td>2</td></tr>
<tr><td>⋮</td></tr>
<tr><td>n</td></tr>
<tr><td rowspan="4">财力投入</td><td>1</td><td colspan="4" rowspan="4">X_{ij}</td><td colspan="4" rowspan="4">Y_i</td><td rowspan="4">X_i</td></tr>
<tr><td>2</td></tr>
<tr><td>⋮</td></tr>
<tr><td>n</td></tr>
<tr><td rowspan="4">人力投入</td><td>1</td><td colspan="4" rowspan="4">X_{0j}</td><td colspan="4" rowspan="4">—</td><td rowspan="4">V</td></tr>
<tr><td>2</td></tr>
<tr><td>⋮</td></tr>
<tr><td>n</td></tr>
</table>

根据投入产出表基本结构和含义，有以下关系成立，如式(2-5)、式(2-6)所示：

$$\sum_{j=1}^{n} x_{ij} + Y_i = X_i \quad i = 1,2,\cdots,n \tag{2-5}$$

$$\sum_{i=1}^{n} x_{0j} = V \quad j = 1,2,\cdots,n \tag{2-6}$$

式中　x_{ij}——部门 j 对部门 i 的中间消耗量；

Y_i——产品的最终使用量；

X_i——总产出；

x_{0j}——各部门的劳动力消耗量；

V——劳动力消耗总量。

投入产出分析方法作为量化各产业部门之间投入产出关系的有效工具，已被广泛应用于社会生产关系分析。部分学者采用投入产出模型研究城市化和经济增长的关系[36]；利用重新编制的绿色投入产出表分析环境污染治理与成本的关系[37]；除此之外，在高等教育[38]、科技创新发展[39]、服务业及制造业互动关系[40]、文化与科技产业融合发展[41]方面也得到了实际拓展和应用。总体来看，投入产出分析方法应用前景较为广泛，在经济发展、产业结构、价格成本与能源利用等领域均有所涉及。由于轨道交通产业具有明显的投入和产出特征，通过编制投入产出表可以对轨道交通产业的投入产出关系进行现状分析。

第三节　轨道交通产业投入产出表构建

一、投入产出指标选取

通过上述分析可以看出，借助投入产出表进行产业发展的内容十分丰富，参考将投入产出表实际应用在科技发展领域的研究，本书考虑采用投入产出表进行轨道交通产业的投入产出关系分析。在编制轨道交通产业投入产出分析表之前，需要明确产业上游、中游和下游环节的投入与产出指标。目前对轨道交通的概念和特征描述还未形成统一标准，本书在既有研究的基础上，定义轨道交通是借助电力驱动，以列车编组方式在特定的轨道线路上行驶的一类交通工具构成的复杂系统，包括铁路运输系统和城市轨道交通系统两种类型。

基于研究数据的完整性、可比性、可量化性及可获得性原则，结合轨道交通产业发展特征，分别从产业投入和产业产出两个角度出发，借鉴相关产业编制投入产出分析数据表的方法，依据国家统计局历年统计年鉴、国家数据官网、中国城市轨道交通协会官网和《中国交通统计年鉴》收录的统计指标，筛选出与轨道交通产业发展相关的32类指标，建立轨道交通产业投入产出指标体系，见表2-3。

表 2-3 轨道交通产业投入产出指标选取

指标类型		指标选取							
投入	人力	年末常住人口	城镇人口	铁路从业人员数	勘察设计人员数	建设监理人员数	专业技术人员数	—	—
	物力	城市轨道交通配属车辆数	铁路运输设备机车车辆投入	铁路运输设备客运车辆投入	铁路运输设备货运车辆投入	勘察设计单位机构数	建设监理企业数	研发投资项目数	—
	财力	固定资产投资绝对数	交通运输业固定资产投资绝对数	研发经费投资	—	—	—	—	—
产出		国内专利授权数量	交通运输仓储邮政增加值	勘察机构营业收入	建设监理企业营业收入	铁路客运量	城市轨道交通客运量	旅客周转量	铁路旅客周转量
			货运量	铁路货运量	货物周转量	铁路货物周转量	交通运输总里程	城市轨道交通运营里程	铁路运营里程

轨道交通产业投入指标主要从人力、物力和财力三个方面进行选取。其中,人力投入指标包括铁路从业人员数、勘察设计人员数、建设监理人员数、专业技术人员数等;物力投入指标包括城市轨道交通配属车辆数、铁路运输设备机车车辆投入、铁路运输设备客运车辆投入、铁路运输设备货运车辆投入、勘察设计单位机构数、建设监理企业数和研发投资项目数;财力投入指标包括固定资产投资绝对数、交通运输业固定资产投资绝对数和研发经费投资。

轨道交通产业产出指标是根据产业涉及的上游、中游和下游三个环节依次选取的。其中,上游指标主要包括国内专利授权数量和交通运输仓储邮政增加值;中游指标包括勘察机构营业收入和建设监理企业营业收入;下游指标包括铁路客货运量、铁路客货运周转量、城市轨道交通客运量、城市轨道交通运营里程、铁路运营里程和轨道交通运营总里程等指标。

二、指标调整系数

指标调整系数最早出现在旅游业增加值的测算中[42],被描述为旅游消费剥离系数,目的在于将包含游客消费的不同服务行业提供的增加值剥离出来,得到旅游业的增加值。后来被相关学者[43]应用到物流业投入产出表的制作中,被作者引申为物流调整系数,是指各个物流项目增加值与各项目对应的投入产出表中的所有相关部门总增加值的比值,计算方法如式(2-7)所示:

$$\lambda_i = \frac{Y_{ri}}{Y_i} \tag{2-7}$$

式中 λ_i——第 i 个部门的物流调整系数;

Y_{ri}——第 i 个部门对应的物流增加值;

Y_i——国民经济统计中相关产业的 i 个部门的总增加值。

无论是旅游消费剥离系数还是物流调整系数,实际上表示的是相关产业增加值的市场份额。

通过本章第二节选取的投入产出指标可以发现,国家统计局收录的指标并没有直接针对轨道交通产业分类统计的数据,表 2-3 中的部分指标,如勘察设计人员数、建设监理人员数、专业技术人员数也不是直接反映轨道交通产业发展的指标。因此,在进行投入产出关系分析之前,需要先对表 2-3 中的宏观统计数据进行处理。

本书借鉴鄢慧丽[44]和黄璆[45]等人构建物流业投入产出表的方法,首先确定交通运输仓储邮政增加值所占的市场份额,再结合轨道交通产业基本特征,选取与轨道交通产业发展密切相关、影响作用较为直接、市场需求较大的铁路客货运量作为指标调整系数的测算依据,相比于铁路运营里程和铁路从业人员来说,铁路客货运量可以更加直观地代表铁路运输发展水平,经过二次分离可以得到轨道交通产业的投入产出基础数据。此处构建的产业指标调整系数实际上与旅游消费剥离系数和物流调整系数表示的含义相同。轨道交通产业调整系数的测算需要利用的基础资料主要包括《中国交通统计年鉴》《中国统计年鉴》《中国城市轨道交通统计公报》,以及全国各地区的统计年鉴。轨道交通产业指标调整系数计算过程如图 2-2 所示。

首先,利用国家交通运输行业统计数据和国民经济统计数据计算得到交通运输仓储邮政业发展的相对市场份额;再利用《中国统计年鉴》客运量、货运量及铁路客运量和铁路货运量数据,分别得到铁路客运量和货运量的相对市场份额,进行加权平均计算得到轨道交通产业发展的相对市场份额;最后将两种类型的市场份额进行乘法运算,即可得到轨道交通产业发展的调整系数。由于城市轨道交通客运量统计的是站点进出入客运次数,非站点客运量,故指标调整过程中没有使用城市轨道交通客运数据。该过程中产业指标

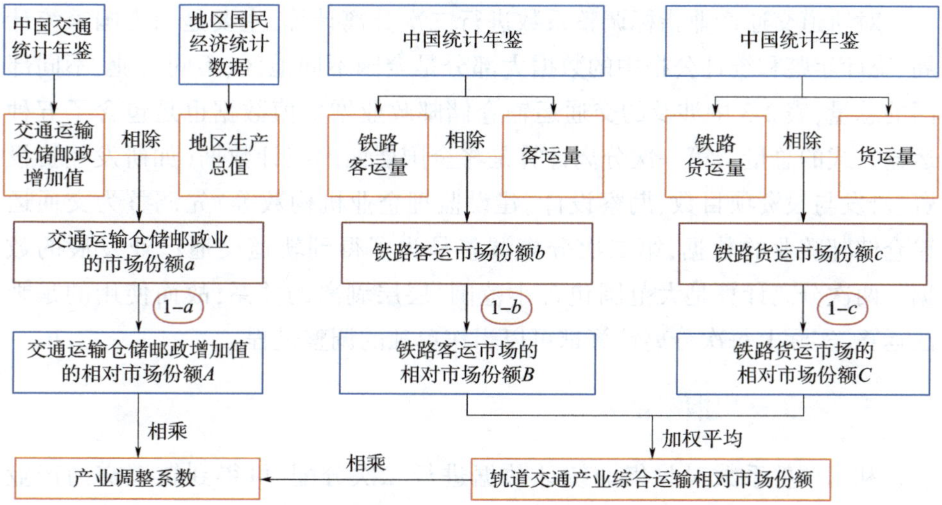

图 2-2　轨道交通产业指标调整系数计算过程

调整系数 w_{ij} 的计算与旅游业增加值剥离系数和物流业调整系数 λ_i 的基本内涵是一致的，如式(2-8)～式(2-14)所示：

$$a=\frac{\text{交通运输仓储邮政增加值}}{\text{地区生产总值}} \tag{2-8}$$

$$b=\frac{\text{铁路客运量}}{\text{客运量}} \tag{2-9}$$

$$c=\frac{\text{铁路货运量}}{\text{货运量}} \tag{2-10}$$

$$A=a/(1-a) \tag{2-11}$$

$$B=b/(1-b) \tag{2-12}$$

$$C=c/(1-c) \tag{2-13}$$

$$w_{ij}=A\times\frac{1}{2}\times(B+C) \tag{2-14}$$

式中　a——交通运输仓储邮政业市场份额；

b——铁路客运市场份额；

c——铁路货运市场份额；

A——交通运输仓储邮政业相对市场份额；

B——铁路客运市场相对市场份额；

C——铁路货运市场相对市场份额；

w_{ij}——第 i 地区第 j 年份的产业指标调整系数值。

对轨道交通产业指标调整系数进行二次分离计算，主要是因为国家统计局、统计年鉴和统计公报中的数据大部分是全国不同地区、不同行业、不同部门的总量，表 2-3 中涉及的交通运输仓储邮政业增加值数据也是包含了五种运输方式的总量。第一次分离计算是将全国层面的统计数据（如研发经费投资、研发与投资项目数、勘察设计、建设监理企业机构数等）先调整为交通运输仓储邮政业的数据，第二次分离调整是为了得到轨道交通产业发展的数据。两次分离计算是大范围包含小范围、层层剥离的关系，故而使用的是乘法运算，实际上每次分离计算都可以当作单独的调整过程。

三、投入产出指标变换

利用调整系数对收集的统计数据进行二次分配，可得到轨道交通产业 2001—2020 年总计 26 项投入产出指标数据，各项指标的变换过程见表 2-4。

表 2-4　轨道交通产业投入产出指标变化

类型	指标划分	原始指标	分离计算	变换指标	指标编号
产业投入指标	资金投入	研发经费投资/亿元	→	轨道交通研发经费投资/亿元	T_1
		固定资产投资绝对数/亿元	交通运输业固定资产投资绝对数/亿元	轨道交通固定资产投资/亿元	T_2
	设施设备及项目投入	研发投资项目数/项	→	轨道交通研发项目数/项	T_3
		勘察设计单位机构数/个	→	轨道交通勘察设计机构数/个	T_4
		建设监理企业/个	→	轨道交通建设监理机构数/个	T_5
		城市轨道交通配属车辆数辆	—	—	T_6
		铁路运输设备机车车辆投入台	—	—	T_7
		铁路运输设备客运车辆投入辆	—	—	T_8
		铁路运输设备货运车辆投入辆	—	—	T_9

续上表

类型	指标划分	原始指标	分离计算	变换指标	指标编号
产业投入指标	人力投入	专业技术人员数/人	→	轨道交通产业技术人力投入/人	T_{10}
		勘察设计年底职工数/人	→	轨道交通勘察设计人力投入/人	T_{11}
		建设监理企业人员数/人	→	轨道交通建设监理人力投入/人	T_{12}
		铁路从业人员数/人	—	—	T_{13}
产业产出指标	经济效益	地区生产总值/亿元	交通运输仓储邮政增加值 C_1/亿元	轨道交通增加值/亿元	C_2
		勘察机构营业收入/万元	→	轨道交通勘察设计营业收入/万元	C_3
		建设监理企业营业收入/万元	→	轨道交通建设营业收入/万元	C_4
	科技能力产出	国内专利授权数量/项	交通运输业的授权专利数/项	轨道交通的授权专利数/项	C_5
	运营能力产出	铁路客运量 C_6/万人	铁路货运量 C_7/万 t	城市轨道交通客运量 C_8/万人次	—
		铁路旅客周转量 C_9/亿人公里	铁路货物周转量 C_{10}/亿吨公里	—	—
		铁路运营里程 C_{11}/km	城市轨道交通运营里程 C_{12}/km	轨道交通运营总里程 C_{13}/km	—

注:“→”代表进行二次计算的指标。

通过上述指标变换得到轨道交通产业人力、物力、财力投入指标,以及产业经济、科技和运营产出指标的初始数据。由于各个指标量纲不同,不具有可比性。因此,需要对指标初始数据进行预处理,参考既有研究对投入产出分析数据的处理方法[46],将各类型指标数据除以该类指标数据的最高值,再乘以 100,即

$$X_i(Y_j)=\frac{x_i(y_j)}{m_{\max}}\times 100 \tag{2-15}$$

式中 X_i——产业投入指标分析值；

Y_j——产业产出指标分析值；

$m_{\max}$——各类指标最大值。

第四节 轨道交通产业投入产出关系分析

一、投入产出影响系数

参考马燕玲和马光威对甘肃省科技发展水平的投入产出分析方法[39]，建立投入产出影响系数进行轨道交通产业的投入产出关系分析，具体表述如下：依据投入产出基本理论，用 $\boldsymbol{X}=[X_1,X_2,\cdots,X_{13}]^{\mathrm{T}}$ 表示轨道交通产业投入矩阵，$\boldsymbol{Y}=[Y_1,Y_2,\cdots,Y_{13}]^{\mathrm{T}}$ 表示轨道交通产业产出矩阵，a_{ij} 表示第 i 个投入指标对第 j 个产出指标的影响系数，计算如式(2-16)所示：

$$a_{ij}=\frac{Y_j}{X_i} \tag{2-16}$$

第 i 个投入指标对总产出的影响值记为 a_i，表示单位资金投入、单位基础设施和单位人力投入的产出能力水平，则

$$a_i=\sum_{j=1}^{13}a_{ij} \tag{2-17}$$

第 j 个产出指标受到产业投入的影响值记为 a_j，反映轨道交通产业经济效益、科技和运营产出对产业投入的敏感程度，则

$$a_j=\sum_{i=1}^{13}a_{ij} \tag{2-18}$$

以此构建出轨道交通产业投入产出计算表，得到不同年份轨道交通产业的投入产出影响关系分析矩阵为：

$$\boldsymbol{A}=\begin{bmatrix} a_{11} & a_{12} & \cdots & a_{1n} \\ a_{21} & a_{22} & \cdots & a_{2n} \\ \vdots & \vdots & \ddots & \vdots \\ a_{m1} & a_{m2} & \cdots & a_{mn} \end{bmatrix} \tag{2-19}$$

二、时间维度的影响关系分析

运用式(2-16)~式(2-19)计算得到2001—2020年轨道交通产业单位资金投入、单位基础设施和单位人力投入的产出能力水平,以及轨道交通产业经济效益、科技和运营产出对产业投入的敏感程度,结果见表2-5、表2-6。

据此,可以得到轨道交通产业2001—2020年投入产出影响值时序变化趋势,如图2-3所示。

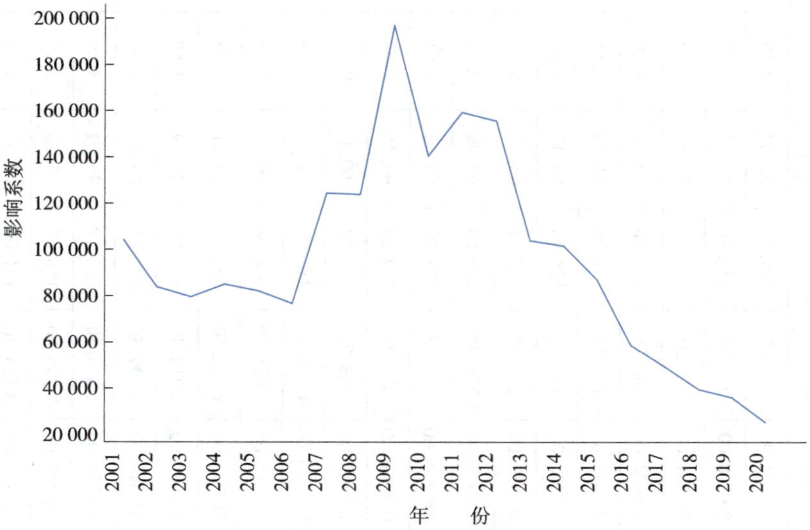

图2-3　投入产出影响值时序变化

由图2-3可以看出,2009年轨道交通产业的投入产出影响最大,2011年以后投入产出关系呈线性下降趋势,不仅说明轨道交通产业单位人力、物力、财力投入的总产出能效逐渐降低,轨道交通产业经济效益、科技和运营产出的敏感度也逐渐下降。整体来看,轨道交通产业投入产出影响随着时间延伸表现出先上升、后下降的发展趋势。

通过数据溯源进一步分析轨道交通产业第 i 个投入指标对第 j 个产出指标的影响,以找出产业投入产出关系下降的主要原因。测度第 i 个投入指标对第 j 个产出指标的影响系数,得到2001—2020年轨道交通产业单位经济投入、设施设备和从业人员投入的产出能力影响力度及其排序,见表2-7。

表 2-5 轨道交通产业的产出能力水平

年份	T_1	T_2	T_3	T_4	T_5	T_6	T_7	T_8	T_9	T_{10}	T_{11}	T_{12}	T_{13}
2020	1.71	307.05	366.42	6 307.80	17 952.00	47.83	108.12	31.09	2.59	7.44	36.49	123.74	1.25
2019	2.26	380.41	527.09	8 246.40	26 178.00	66.72	125.86	36.54	3.12	9.78	48.45	170.49	1.43
2018	2.68	453.39	734.16	9 305.90	28 354.00	77.20	122.22	35.87	3.13	11.09	49.55	198.52	1.43
2017	3.46	581.81	935.24	10 718.00	36 092.00	98.79	131.98	39.12	3.50	13.54	63.79	258.58	1.53
2016	4.37	715.12	1 326.30	13 130.00	42 534.00	123.62	137.09	41.50	3.85	15.46	80.14	309.23	0.57
2015	6.64	1 064.30	2 146.70	23 002.00	59 382.00	191.73	178.94	56.47	4.97	21.62	159.92	451.49	2.04
2014	8.22	1 340.10	2 221.40	27 000.00	69 537.00	232.07	190.31	66.22	5.60	25.28	204.97	519.03	2.11
2013	8.97	1 529.10	2 312.40	26 298.00	71 997.00	275.38	189.88	67.09	5.48	24.91	218.08	534.10	2.20
2012	16.10	2 744.50	4 033.20	39 797.00	106 838.00	367.78	223.02	80.35	6.91	36.00	341.70	832.79	2.59
2011	18.61	3 185.30	4 805.10	43 854.00	104 918.00	499.41	239.69	90.75	7.63	35.43	403.64	869.73	2.82
2010	23.84	5 170.00	5 403.90	39 539.00	87 649.00	663.71	282.34	109.12	8.84	32.99	479.71	897.83	3.13
2009	29.03	4 839.90	5 638.80	49 807.00	133 345.00	1 030.70	258.28	74.28	6.19	35.28	559.77	1 236.40	3.05
2008	25.76	4 433.20	5 519.50	33 449.00	77 712.00	1 004.30	208.08	59.84	4.98	25.19	361.03	842.74	2.63
2007	29.35	4 951.80	6 254.20	33 295.00	76 713.00	1 293.50	205.88	59.21	4.93	24.89	357.85	845.66	2.59
2006	25.88	4 291.40	5 473.90	19 945.00	44 509.00	1 218.40	154.02	44.29	3.69	16.34	200.14	464.25	2.04
2005	33.38	5 523.40	6 987.50	20 713.00	46 046.00	1 509.50	204.23	88.49	6.59	16.90	215.43	513.92	2.14
2004	42.39	6 756.30	8 730.80	20 583.00	45 758.00	1 870.30	162.19	46.64	3.89	17.84	217.53	534.61	2.09
2003	56.75	445.36	11 367.00	19 902.00	44 244.00	2 345.30	156.82	45.10	3.76	15.75	213.78	542.31	1.98
2002	89.16	430.71	16 824.00	19 247.00	42 788.00	3 225.70	151.66	43.61	3.63	14.27	210.19	551.55	1.89
2001	234.72	425.48	35 390.00	19 014.00	42 269.00	5 514.80	149.82	43.08	3.59	13.80	211.15	574.54	1.83

表 2-6　轨道交通产业的敏感程度

年份	C_1	C_2	C_3	C_4	C_5	C_6	C_7	C_8	C_9	C_{10}	C_{11}	C_{12}	C_{13}
2020	60.56	12.76	20 185.00	943.68	42.62	321.00	662.80	2 561.20	12.04	44.43	213.20	10.71	223.87
2019	111.53	21.22	25 073.00	1 353.70	50.98	953.00	1 142.00	6 214.60	38.28	78.55	364.10	16.08	380.19
2018	133.55	21.92	27 482.00	1 082.40	76.24	1 118.00	1 334.00	7 049.80	46.87	95.50	436.40	17.55	453.93
2017	201.72	29.49	31 993.00	1 217.10	82.61	1 684.00	2 014.00	10 063.00	73.48	147.23	692.90	24.95	717.89
2016	259.14	34.11	37 227.00	1 281.60	99.17	2 178.00	2 579.00	12 501.00	97.37	184.16	961.40	28.85	990.21
2015	560.95	68.33	42 491.00	2 552.90	197.53	4 550.00	6 027.00	25 130.00	214.70	426.36	2 168.00	57.36	2 225.50
2014	687.47	75.35	48 028.00	2 705.70	173.91	5 442.00	8 800.00	29 241.00	267.90	634.96	2 583.00	65.01	2 648.40
2013	736.25	81.59	46 979.00	2 925.40	193.33	5 677.00	10 678.00	29 434.00	285.60	782.63	2 779.00	64.91	2 844.20
2012	1 376.00	110.00	60 052.00	3 652.40	266.36	10 068.00	20 697.00	46 419.00	521.80	1 536.30	5 201.00	109.50	5 310.10
2011	1 491.20	132.10	56 369.00	4 214.90	270.51	11 812.00	24 855.00	45 250.00	609.70	1 847.70	5 931.00	107.80	6 038.50
2010	1 421.80	130.30	44 801.00	3 200.80	272.74	11 584.00	25 082.00	38 480.00	605.60	1 889.00	6 296.00	101.80	6 397.90
2009	2 116.70	201.70	64 495.00	5 183.60	294.96	17 975.00	39 151.00	43 128.00	929.00	2 941.10	10 105.00	117.80	10 222.00
2008	1 230.30	125.10	47 095.00	2 710.10	175.95	10 503.00	23 639.00	24 240.00	558.90	1 783.00	5 733.00	59.99	5 793.30
2007	1 255.40	143.80	47 973.00	2 959.50	189.79	11 314.00	26 104.00	18 396.00	601.80	1 962.80	6 505.00	63.63	6 568.60
2006	608.72	71.48	37 468.00	1 291.90	107.94	5 943.00	13 578.00	8 588.50	313.20	1 026.90	3 646.00	29.37	3 675.70
2005	647.59	77.68	38 208.00	1 220.00	116.10	6 797.00	15 781.00	9 706.10	356.50	29.06	4 446.00	30.23	4 445.80
2004	598.17	72.34	40 585.00	1 706.30	78.09	6 981.00	15 499.00	8 296.80	356.80	1 193.70	4 666.00	25.42	4 666.20
2003	556.63	64.99	39 978.00	2 085.10	93.60	5 985.00	13 562.00	6 672.10	294.70	1 051.70	4 498.00	0	4 498.00
2002	567.30	66.24	44 322.00	448.23	73.34	7 204.00	13 933.00	5 733.20	339.00	1 058.40	4 919.00	0	4 918.50
2001	661.08	78.17	56 721.00	1 147.20	91.02	9 181.00	16 812.00	5 207.90	416.20	1 272.40	6 129.00	0	6 128.60

表 2-7　单位投入的产出能力影响力度及其排序

投入类型	投入指标	影响力度	影响力排序
资金投入	T_1	33.17	10
	T_2	2 478.46	4
设施设备及项目投入	T_3	6 349.96	3
	T_4	24 158.06	2
	T_5	60 241.28	1
	T_6	1 082.85	5
	T_7	179.02	8
	T_8	57.93	9
	T_9	4.84	12
从业人员投入	T_{10}	20.69	11
	T_{11}	231.67	7
	T_{12}	563.58	6
	T_{13}	2.07	13

由表 2-7 可知，轨道交通产业设施设备及项目的投入影响系数最大，其中轨道交通建设监理机构 T_5、勘察设计机构 T_4 和研发项目投入 T_3 的影响力度排在前三位，均属于基础设施建设投入，表明基础建设对轨道交通产业起到了重要的支撑作用。轨道交通产业经济投资和从业人员投入对产出的影响力度相对较小，尤其是轨道交通研发经费 T_1 和铁路从业人员 T_{13} 两项指标，仅能为轨道交通产业经济、科技研发和运营带来 33.17 和 2.07 的产出效益。

同理，通过数据溯源分析第 j 个产出指标受第 i 个投入指标的影响，轨道交通产业产出敏感影响力度及其排序见表 2-8。

表 2-8　轨道交通产业产出敏感影响力度及其排序

产出类型	产出指标	影响力度	影响力排序
经济效益	C_1	764.12	9
	C_2	80.93	12
	C_3	42 876.72	1
	C_4	2 194.16	7
科技能力	C_5	147.34	11

续上表

产出类型	产出指标	影响力度	影响力排序
运营能力	C_6	6 863.60	4
	C_7	14 096.86	3
	C_8	19 115.86	2
	C_9	346.97	10
	C_{10}	999.32	8
	C_{11}	3 913.68	6
	C_{12}	46.55	13
	C_{13}	3 957.45	5

由表 2-8 可知，轨道交通产业产出敏感度最大的是轨道交通勘察设计营业收入 C_3，表明轨道交通产业中游环节的勘察设计部门对人力、物力和财力的投入较为敏感，可以发挥较好的产出效益。其次，轨道交通产业下游环节运营产出能力的敏感度较高，包括城市轨道交通客运量 C_8、铁路货运量 C_7、铁路客运量 C_6 和轨道交通运营总里程 C_{13}，分别排在 2~5 位，而轨道交通产业上游环节的科研产出能力 C_5 受人力、物力和财力投入的影响程度相对较小，表明轨道交通产业科研产出能力还有待提高。

三、空间维度的影响关系分析

参照国家统计局对我国地区的常规划分标准，将 31 个省、自治区、直辖市（未统计港澳台地区，下同）统一划分为华北、东北、华东、中南、西南和西北六大地区。其中，华北地区包括北京市、河北省、山西省、天津市和内蒙古自治区；东北地区包括吉林省、辽宁省和黑龙江省；华东地区包括江苏省、安徽省、浙江省、福建省、江西省、上海市和山东省；中南地区包括湖北省、湖南省、广东省、河南省、广西壮族自治区和海南省；西南地区包括贵州省、重庆市、云南省、四川省和西藏自治区；西北地区包括甘肃省、青海省、陕西省、宁夏回族自治区和新疆维吾尔自治区。

运用国家统计局官网及各地区的统计年鉴收集到 2005—2020 年轨道交通产业上中下游环节的投入产出数据，运用式(2-13)~式(2-15)测算六大地区轨道交通产业投入产出影响系数，见表 2-9。

表 2-9 轨道交通产业投入产出影响系数

年份	华北	东北	华东	中南	西南	西北
2005	22 230. 27	170 774. 56	46 216. 45	267 446. 34	180 464. 77	150 228. 49
2006	21 902. 11	153 021. 08	45 436. 55	251 433. 71	190 605. 00	141 953. 52
2007	42 524. 04	179 433. 98	50 125. 97	321 708. 20	213 949. 35	141 139. 95
2008	57 010. 10	173 466. 27	37 847. 89	326 748. 74	282 271. 69	122 945. 94
2009	89 098. 56	48 641. 53	77 350. 21	510 691. 62	419 700. 77	137 446. 86
2010	89 296. 91	47 483. 90	29 443. 12	293 385. 40	314 155. 83	135 896. 22
2011	77 153. 47	162 417. 87	55 902. 34	265 904. 65	455 678. 43	130 384. 53
2012	78 889. 39	255 721. 44	49 366. 22	266 890. 36	473 603. 08	132 659. 95
2013	48 310. 00	203 319. 22	35 888. 10	160 558. 99	338 686. 64	117 900. 73
2014	44 692. 66	244 590. 55	36 863. 43	164 866. 80	291 628. 06	156 446. 82
2015	39 123. 64	205 231. 52	38 064. 61	133 814. 72	243 790. 23	124 475. 95
2016	38 937. 48	173 644. 80	31 043. 99	127 596. 77	185 161. 19	136 438. 95
2017	32 764. 78	142 869. 63	32 104. 53	112 722. 11	185 826. 91	87 793. 13
2018	26 465. 49	111 525. 93	29 035. 67	96 829. 67	112 716. 77	81 732. 47
2019	25 739. 54	111 767. 58	29 487. 39	70 195. 89	87 600. 76	53 460. 73
2020	19 593. 09	91 013. 63	24 998. 90	50 952. 18	82 124. 92	36 394. 24
平均值	47 108. 22	154 682. 72	40 573. 46	213 859. 13	253 622. 78	117 956. 16

据此绘制我国轨道交通产业投入产出影响关系空间分布曲线，如图 2-4 所示。可以看出，我国轨道交通产业不同地区的投入产出影响关系存在较大差异。

分地区来看，中南和西南地区轨道交通产业的投入产出影响随着时间延伸呈现先上升、后下降的发展趋势，与时间维度的影响关系变化相一致。两者分别从 2009 年和 2012 年开始，产业的投入产出影响持续降低，直至 2020 年，不同地区轨道交通产业的投入产出影响越来越小，在空间层面上基本趋于一致。

东北和西北地区除了 2009 年和 2010 年以外，轨道交通产业的投入产出影响变化趋势基本一致，但东北地区产业的投入产出影响始终高于西北。华东与华北地区轨道交通产业的投入产出影响变化较为平缓，2013—2020 年间二者的影响差距逐渐缩小，尤其是在 2017—2019 年，投入产出影响基本维持在同等水平。

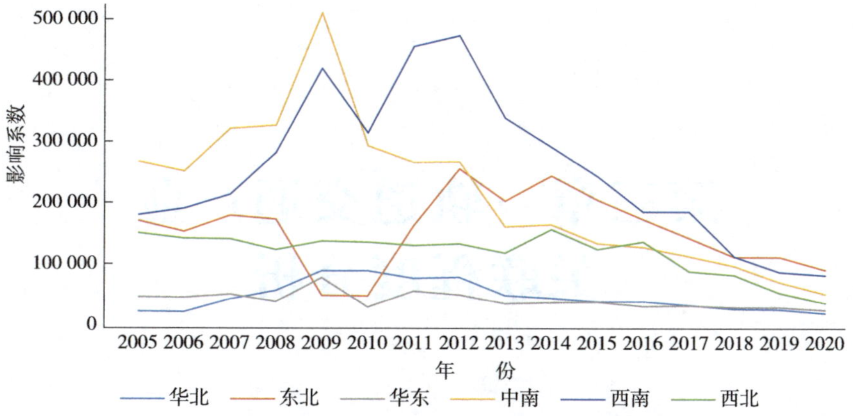

图 2-4　轨道交通产业投入产出影响关系空间分布曲线

由此表明，我国轨道交通产业投入产出影响在空间上具有一定的层次性，按照投入产出影响值表现为：西南地区>中南地区>东北地区>西北地区>华北地区>华东地区。间接反映出我国轨道交通产业的投入产出影响与区域经济发展水平存在负相关关系，即经济发展较快的地区（如华东和华北两地）轨道交通产业的投入产出关系较弱。轨道交通产业发展过程中，经济发展基础好的地区需要更加重视产业的投入产出关系问题，优化和改善投入产出结构，避免不必要的资源浪费。

第三章　轨道交通产业关联程度分析

第一节　产业关联指标

一、产业关联分析指标

(一) 直接消耗系数

直接消耗系数 a_{ij} 是指 j 产业部门在生产过程中形成最终产出所需消耗 i 产业部门的产品数量,用公式表示为

$$a_{ij}=\frac{x_{ij}}{x_j}\quad i,j=1,2,\cdots,n \tag{3-1}$$

为方便计算产业关联程度和路径长度,将所求得到的直接消耗系数按照产业对应关系形成矩阵,记为 $\boldsymbol{A}$;根据投入产出表列平衡关系,结合各产业部门对应的消耗系数 a_{ij},可得

$$\sum_{j=1}^{n} a_{ij}\boldsymbol{X}_j + \boldsymbol{Y}_i = \boldsymbol{X}_i \quad i = 1,2,\cdots,n \tag{3-2}$$

矩阵表达式为

$$\boldsymbol{AX}+\boldsymbol{Y}=\boldsymbol{X} \tag{3-3}$$

式中，$\boldsymbol{A}=\begin{bmatrix} a_{11} & a_{12} & \cdots & a_{1n} \\ a_{21} & a_{22} & \cdots & a_{2n} \\ \vdots & \vdots & \ddots & \vdots \\ a_{n1} & a_{n2} & \cdots & a_{nn} \end{bmatrix}$；$\boldsymbol{X}=\begin{bmatrix} x_{11} & x_{12} & \cdots & x_{1n} \\ x_{21} & x_{22} & \cdots & x_{2n} \\ \vdots & \vdots & \ddots & \vdots \\ x_{n1} & x_{n2} & \cdots & x_{nn} \end{bmatrix}$。

对其变形可得

$$\begin{gathered}\boldsymbol{Y}=(\boldsymbol{I}-\boldsymbol{A})\boldsymbol{X} \\ \boldsymbol{X}=(\boldsymbol{I}-\boldsymbol{A})^{-1}\boldsymbol{Y}\end{gathered} \tag{3-4}$$

式中，$(\boldsymbol{I}-\boldsymbol{A})^{-1}$ 为列昂季耶夫逆矩阵，记为 $\boldsymbol{L}$。

$$\boldsymbol{L}=(\boldsymbol{I}-\boldsymbol{A})^{-1}=\begin{bmatrix} \frac{1}{x_1} & 0 & \cdots & 0 \\ 0 & \frac{1}{x_2} & \cdots & 0 \\ \vdots & \vdots & \ddots & \vdots \\ 0 & 0 & \cdots & \frac{1}{x_n} \end{bmatrix} \tag{3-5}$$

(二)完全消耗系数

由于产业部门之间还会存在通过第三方产业而产生关联的间接联系，将产业间的所有关联方式用一种数学指标来完全展现，即完全消耗系数，是产业部门间直接消耗与间接消耗的综合体现，用公式表示为

$$b_{ij}=a_{ij}+\sum_{k=1}^{n} b_{ik}a_{kj} \quad i,j=1,2,\cdots,n \tag{3-6}$$

(三)直接分配系数

产业部门之间的直接分配系数是指各产业部门收到来自 j 产业部门提供的中间产品所占 j 产业部门总产出比例，用公式表示为

$$h_{ij}=\frac{x_{ij}}{x_i} \quad i,j=1,2,\cdots,n \tag{3-7}$$

式(3-7)所求的直接分配系数同样按照产业对应关系排序形成矩阵，记为直接分配系数矩阵 $\boldsymbol{H}$，将应用于下文轨道交通产业关联程度的计算，根据投入产出表行平衡关系，可得

$$\sum_{i=1}^{n} h_{ij}\boldsymbol{X}_i+\boldsymbol{N}_j=\boldsymbol{X}_j \quad j=1,2,\cdots,n \tag{3-8}$$

其矩阵表达式为

$$\boldsymbol{H}'\boldsymbol{X}+\boldsymbol{N}=\boldsymbol{X} \tag{3-9}$$

式中,将直接分配系数矩阵进行转置得到 $\boldsymbol{H}'$,对其变形可得

$$\boldsymbol{X}'=\boldsymbol{N}'(\boldsymbol{I}-\boldsymbol{H})^{-1} \tag{3-10}$$

式中,$(\boldsymbol{I}-\boldsymbol{H})^{-1}$ 为高斯逆矩阵,记为 $\boldsymbol{G}$。

(四)完全分配系数

产业部门间除了有直接分配外,还会存在间接分配,完全分配系数描述的是产业部门之间直接分配量与间接分配量的数量关系总和,其公式表示为

$$\boldsymbol{W}=(\boldsymbol{I}-\boldsymbol{H})^{-1}-1 \tag{3-11}$$

二、产业波及分析指标

产业进行生产活动会对其他产业产生影响或者被其他产业的生产活动所影响,产业"影响力"通常是指某种产业对其相关产业的"影响力"强弱,而某种产业被其他产业影响强弱的则通常表示为感应度。

(一)影响力系数

产业在发展时,会对关联产业产生助力作用,将影响关联产业的发展方向,产业关联理论称这种为影响力,并用数学符号表示这种影响力的大小,即影响力系数,其表达式为

$$T_j=\frac{\frac{1}{n}\sum_{i=1}^{n}A_{ij}}{\frac{1}{n^2}\sum_{i=1}^{n}\sum_{j=1}^{n}A_{ij}} \quad i,j=1,2,\cdots,n \tag{3-12}$$

式中 T_j——第 j 产业部门受到其他部门的影响力系数;

A_{ij}——列昂季耶夫逆矩阵中的第 i 行第 j 列的系数。

(二)感应度系数

感应度系数是指某种产业感应度的平均值与全社会产业感应度平均值[47],其数学表达式为

$$S_i = \frac{\frac{1}{n}\sum_{j=1}^{n} A_{ij}}{\frac{1}{n^2}\sum_{i=1}^{n}\sum_{j=1}^{n} A_{ij}} \quad i,j = 1,2,\cdots,n \tag{3-13}$$

(三)生产诱发系数

产业的生产诱发系数由投入产出表中的附加值部分所引起,其作用是表示产业附加值部分对产业生产最终产品所引起的价值考虑,其表达式为

$$W_i^s = \frac{X_i^s}{\sum_{k=1}^{n} Y_k^s} \tag{3-14}$$

式中 X_i^s——第 s 项产业部门附加值总额;

Y_k^s——第 s 项产业部门最终产品额。

(四)依赖度系数

依赖度是指产业部门生产所依靠最终需求因素的依赖程度,包括直接依赖和间接依赖[48],由某产业各最终需求因素的生产诱发额除以该产业各最终需求因素的生产诱发额之和得到的商确定[49],其表达式为

$$Z_{sz} = \frac{X_{sz}}{\sum_{s=1}^{n} X_{sz}} \quad z,s = 1,2,\cdots,n \tag{3-15}$$

式中 X_{sz}——第 s 项产业部门对最终需求 z 因素的依赖度;

$\sum_{s=1}^{n} X_{sz}$——第 s 项产业部门最终需求项目(出口、消费等)的生产诱发额总和。

三、前向关联效应和后向关联效应

产业的关联效应和分析产业之间的结构两大指标是中间投入率和中间产出率,这种由直接分配系数矩阵或者直接消耗系数测度产业关联效应的方法是由 Chenery 和 Watanable 提出,后来用于实践过程中,由于该方法仅计算了产业间的第一次消耗,未考虑产业间存在间接传递关系,具有一定的局限性,在此基础上相关学者不断对其进行改进和优化,逐渐形成了以列昂季耶夫和 Ghosh 模型的相应系数矩阵为主的测度产业关联效应的方法[50]。

(一)直接关联效应

直接关联效应通常为通过直接消耗系数矩阵 $\boldsymbol{A}$ 的列与测度的后向关联效应,和通过直接分配系数矩阵 $\boldsymbol{H}$ 的行与测度的前向关联效应,计算公式为

$$BL_j^0 = \frac{\sum_{i=1}^{n} a_{ij}}{\frac{1}{n}\sum_{i=1}^{n}\sum_{j=1}^{n} a_{ij}} \quad FL_i^0 = \frac{\sum_{j=1}^{n} h_{ij}}{\frac{1}{n}\sum_{i=1}^{n}\sum_{j=1}^{n} h_{ij}} \quad i,j = 1,2,\cdots,n \tag{3-16}$$

(二)完全关联效应

产业间的相互联系不只是存在一次或者一种关联,往往存在由主要关联物质所引起其他关联,所以直接关联效应不能显示产业之间的完全关联。在此基础上,提出完全关联效应,采用列昂季耶夫逆矩阵的列和与 Ghosh 逆矩阵 $\boldsymbol{G}$ 的行和分别测度后向关联效应和前向关联效应,计算公式为

$$BL_j^1 = \frac{\frac{1}{n}\sum_{i=1}^{n} l_{ij}}{\frac{1}{n^2}\sum_{i=1}^{n}\sum_{j=1}^{n} l_{ij}} \quad j = 1,\cdots,n \quad FL_i^0 = \frac{\sum_{j=1}^{n} g_{ij}}{\frac{1}{n}\sum_{i=1}^{n}\sum_{j=1}^{n} g_{ij}} \quad i = 1,2,\cdots,n \tag{3-17}$$

式中 l_{ij}——列昂季耶夫逆矩阵的第 i 行第 j 列值;

g_{ij}——Ghosh 逆矩阵的第 i 行第 j 列值。

(三)加权的产业关联效应测度

前述的不加权的关联效应测度有时候不能有效衡量规模悬殊的各产业部门的重要性,所以杨灿[51]、刘起运[52]等学者先后提出不同的产业关联效应的加权测度方法。

1. 考虑边际意义的加权测度

借鉴刘起运等考虑边际意义的测度各产业部门列向的关联效应的方法,在计算产业关联效应时,将各产业部门的总产出的一定份额视为权重,改进关联效应系数计算公式中的分母,得到式(3-18):

$$BL_j^2 = \frac{\sum_{i=1}^{n} l_{ij}}{\sum_{s=1}^{n}\left(\frac{Y_s}{\sum_{k=1}^{n} Y_k}\sum_{k=1}^{n} l_{ks}\right)} \quad j = 1,\cdots,n$$

$$FL_i^2=\frac{\sum_{j=1}^{n}g_{ij}}{\sum_{k=1}^{n}\left(\frac{V_k}{\sum_{s=1}^{n}V_S}\sum_{s=1}^{n}g_{ks}\right)}\quad i=1,2,\cdots,n \tag{3-18}$$

上述公式中,基准是最初投入或最终使用为权重加权的算术平均数,公式分母的变化对应的是所有产业的基准系数,调整的是各产业平均效应,调整后得到的结果是以相同的比例缩小各产业关联系数值,各产业部门关联效应系数大小排序不发生变化。这种考虑边际意义的加权产业关联效应测度方法与不加权产业关联效应测度方法的计算原理是一样的,所以得到的各产业部门关联系数排序一样,但前者引入了产业规模因素,更能体现测度关联效应的经济内涵。

2. 考虑绝对强度的加权测度

考虑总产出的绝对影响流量方面即绝对强度加权测度产业关联效应,更符合产业经济评价思想,杨灿发现部分规模较小的产业部门反而具有更大关联效应,但这并不能说明这部分产业部门是国民经济总值中的大部分;而有些特殊部门,如建筑业,该部门产出大部分被当成固定资产归入最终使用,就无法通过直接消耗系数或完全消耗系数来考量建筑业的产业关联效应,于是就提出一种考虑产出规模的绝对影响力度的产业关联效应测度方法,计算公式为

$$\gamma_j^*=\frac{\sum_{i=1}^{n}l_{ij}Y_j}{\frac{1}{n}\sum_{k=1}^{n}\sum_{s=1}^{n}l_{ks}Y_k}\quad j=1,\cdots,n\qquad \delta_i^*=\frac{\sum_{j=1}^{n}l_{ij}Y_j}{\frac{1}{n}\sum_{k=1}^{n}\sum_{s=1}^{n}l_{ks}Y_s}\quad i=1,\cdots,n \tag{3-19}$$

上述计算公式分子中引入产业最终使用和列昂季耶夫逆矩阵进行加权,这样得到的产业关联效应不属于边际度量范围;但上述公式都是以列昂季耶夫模型为基础演变而来,适用于测度产业后向关联效应,而测度前向关联效应则需要运用 Ghosh 逆矩阵,在此基础上,测度产业加权的关联效应的最终计算公式为

$$BL_j^3=\frac{\sum_{i=1}^{n} l_{ij}Y_j}{\frac{1}{n}\sum_{k=1}^{n} X_k} \quad j=1,\cdots,n \qquad FL_i^3=\frac{\sum_{j=1}^{n} g_{ij}V_i}{\frac{1}{n}\sum_{k=1}^{n} X_k} \quad i=1,\cdots,n \tag{3-20}$$

第二节 轨道交通产业投入产出表

一、轨道交通产业

完整的轨道交通产业通常是组织分工、任务明确的串联式产业活动，产业活动过程涵盖轨道交通装备制造、科技研发、运营维护等，不同任务的产业活动通过供需关系进行关联。

轨道交通产业的关联活动包含各产业环节转换整合、上下游环节的衔接、横向延伸的产业管理服务。具体来讲，轨道交通产业活动可分为六大类活动，即科技研发、规划设计、工程建设、轨道交通装备制造、运维服务、后市场延伸。

轨道交通的六大类活动贯穿于整个产业链，大都以产业投入的方式整合生产资料和劳动力，产出具有功能性、经济性的物质，在层次结构上，通过市场需求进行有效关联。科技研发是引领轨道交通产业发展的第一动力，这一活动的主要组成单位是具有科研实力的高校和科研企业，科研人员根据轨道交通发展现状，结合轨道交通产业未来发展方向，整体推进轨道交通前沿技术，重点突破轨道交通产业发展瓶颈，是基础性的产业、战略性产业活动；规划设计是现实生产性活动，规划设计生产总值占整个轨道交通产业总值比重较大，规划设计最主要的功能是能在宏观层面把握整个产业的发展大方向，重要的生产应用是轨道交通路线的勘察设计，使得城市交通发展有序、稳定、可持续；工程建设是实际应用性生产活动，工程建设的产业规模比较大，占轨道交通产业总产值的45%～50%，而土建工程占工程建设产业产值的绝大部分，达到70%左右，但是其整体的附加价值比较低；装备制造是国民经济产业的重要部门，而轨道交通装备制造业是我国高端装备制造领域具有核心竞争力的领域之一，轨道交通装备制造在某种程度上呈现的是科技先进技术，其主要满足各城市人民对出行的需求；运维服务是轨道交通产业实现利益回收的重要环节,是整个轨道交通产业的后段,保证居民交通出行需求,特别是在一些大城市,轨道交通是一种特别受欢迎的出行工具,在整个产业活动中处于核心部位,全程服务于城市居民;轨道交通产业后市场延伸在整个产业活动中也有一定的地位,轨道交通产业发展的最终目标是绿色、智能化、融入城市,是城市现代化进程中的重要部分。

后市场延伸是轨道交通产业融合发展的重要体现,目前主要向三个领域发展:以 TOD 综合开发的新型城市生产生活环境领域、以轨道交通智能化的创新发展领域和以公共资源与社会资源为基础的服务领域,其目的在于构建资源共享、协同创新、绿色可持续的轨道交通产业新关联经济形态。

经济活动的目的是获得经济收益,大部分的产业活动都属于经济活动,通过经济活动将物质性资源和非物质性资源转化为经济价值,同时产生出废弃物。经济活动的主要关联方式是上下游环节的纵向延伸、配套关系,如研发设计、产品生产、销售流通和经营服务等。资源从上至下在各个环节传递并逐渐累积,价值也在不断增加,同时,每个环节又对上游环节提出需求,上游环节做出相应的调整,由此形成经济活动上下游的双向关联。经济活动的另一种关联方式是外包和共享,外包是指由于自身能力有限或者其他原因,将部分经济活动交由其他产业完成产业经济活动的关联。不同产业之间或者同种产业内经济活动通过共享生产设施、土地等资源实现节约资源、降低成本,从而形成关联关系。

二、轨道交通产业投入产出表

投入产出表是产业关联理论的核心部分,对投入产出表的数据进行计算分析之前,先对轨道交通产业概念做一个界定。参考交通运输部和中国国家铁路集团有限公司对轨道交通产业的相关说法,借鉴学者对轨道交通产业的相关研究,本书将轨道交通产业分为轨道交通制造业、轨道交通运输服务业两类。2017 年四川省 142×142 部门投入产出表,轨道交通产业并不是作为一个独立的部门进行数据统计,论文需要独立研究轨道交通产业的关联效应,需对四川省 2017 年投入产出表采取拆分合并的方法重新编制轨道交通产业投入产出表,依据 2017 年《国民经济行业分类》标准,轨道交通制造业包含在制造业大类中,其 2 级子产业为铁路、船舶、航空航天和其他运输设备制造业(代码:37),其中与轨道交通制造业相关的 3 级子产业为高铁车组制造(3711)、铁路机车车辆制造(3712)、窄轨机车车辆制造(3713)、高铁设备配件制造(3714)、铁路专用设备及器材配件制造(3715)、其他铁路运输设备制造(3716)、城市轨道交通设备制造(3717),在142×142部门投入产出上为铁路运输设备制造业。轨道交通运输服务业包括2级子产业铁路运输业(53),3级子产业城市轨道交通(5412)。

新的四川省投入产出表将轨道交通产业作为一个新的产业部门进行整理,是分析四川省轨道交通产业对经济影响的基础数据,根据对轨道交通产业分类,还需要将城市轨道交通数据从城市公共交通业中分离,参考《2017四川统计年鉴》《四川交通年鉴·2017》、四川省统计局等提供的客运量及运票价数据,根据占比将城市轨道交通从城市公共交通业中分离。

将轨道交通产业数据分离后,借鉴相关学者分离产业部门方法,参考《中国2017年投入产出表编制方法》中涉及行平衡、列平衡、总平衡的三个平衡关系,制作轨道交通产业的投入产出表;参照投入产出表典型结构,在新的投入产出表中将轨道交通制造业、铁路运输重新定义为轨道交通产业单独表示,见表3-1。

表3-1 四川省交通运输设备部门(18)拆分表

编号	产业部门	139部门投入产出表对应部门
18.1	轨道交通	铁路运输与城市轨道交通设备(37079)
18.2	其他交通运输设备	汽车整车(36077)、汽车零部件及配件(35078)、船舶及相关装置(37080)、其他交通运输设备(37081)

根据投入产出表结构中横向各行平衡关系,分离后计算轨道交通制造业和其他交通运输设备与其他41部门的中间需求投入关系,即将41部门在142部门中包含的行业小类进行数值相加(水平方向),计算得到新分类部门的最终需求和总产出,由此确定各2级产业分别占1级产业的需求占比,即轨道交通制造业和其他交通运输设备分别占总的交通运输设备的最终需求比值,见表3-2。

表3-2 交通运输、仓储和邮政(30)拆分表

编号	产业部门	139部门投入产出表对应部门
30.1	轨道交通	铁路运输(53107)
30.2	其他运输产业、仓储、邮政	道路运输(54109)、水上运输(55111)、航空运输(56113)、管道运输(57115)、其他运输、装卸搬运和仓储(58116)、邮政(60118)

根据投入产出表竖向各列平衡关系，分离后计算轨道交通制造业和其他交通运输设备与其他41部门的物质消耗的中间需求，即将41部门在142部门中包含的行业小类进行数值相加（垂直方向，见表3-3），计算得到新分类部门的初始投入和总投入，由此确定各2级产业分别占1级产业的投入占比，即轨道交通制造业和其他交通运输设备分别占总的交通运输设备的最终投入比值，见表3-4。

表3-3　2017年四川省42部门投入产出表交通运输设备部门分离结果

万元

投入＼产出	交通运输设备	轨道交通制造业	其他交通运输设备	中间使用合计	最终使用合计	总产出
交通运输设备	679 855	—	—	18 733 730	23 031 021	39 464 065
轨道交通制造业	—	348 320	10 061	6 665 788	1 297 919	1 954 793
其他交通运输设备	—	80	13 108 485	18 067 152	21 733 102	37 509 272
中间投入合计	30 576 349	1 479 445	29 096 904	—	—	—
增加值	8 887 716	475 348	8 412 368	—	—	—
总投入	39 464 065	1 954 793	37 509 272	—	—	—

表3-4　2017年四川省42部门投入产出表交通运输、仓储和邮政分离结果

万元

投入＼产出	交通运输、仓储和邮政	轨道交通运输业	其他交通运输、仓储和邮政	中间使用合计	最终使用合计	总产出
交通运输、仓储和邮政	2 701 992	—	—	24 756 445	5 619 808	27 777 261
轨道交通运输业	—	5 583	61 607	3 025 160	241 434	2 865 263
其他交通运输、仓储和邮政	—	13 135	574 751	21 072 486	5 139 641	24 911 998

续上表

产出 投入	交通运输、仓储和邮政	轨道交通运输业	其他交通运输、仓储和邮政	中间使用合计	最终使用合计	总产出
中间投入合计	14 769 290	1 472 071	13 297 219	—	—	—
增加值	13 006 971	1 393 192	11 613 779	—	—	—
总投入	27 777 261	2 865 263	24 911 998	—	—	—

将轨道交通产业数据分离后,参考《中国2017年投入产出表编制方法》中涉及行平衡、列平衡、总平衡的三个平衡关系,参照投入产出表典型结构,在新的投入产出表中将轨道交通制造业、轨道交通运输业重新定义为轨道交通产业(No. 43)单独表示,借鉴相关学者编制新产业部门方法,制作2017年四川省43部门投入产出延长表(表3-5),并以此表作为本书研究数据基础,计算相关系数,研究轨道交通产业的关联效应。

三、轨道交通产业结构分析

(一)产出结构

投入产出表最能体现每个产业部门的物资消耗和产品的分配及流向。根据表3-5分析轨道交通产业投入产出结构。横向数据表示轨道交通产业的"产出",由表可知,轨道交通产业中间使用合计为3 691 738万元,最终使用合计为1 539 353万元,进口及国内省外流入411 036万元,轨道交通产业最后得到总产出为4 820 055万元,见表3-6。

根据表3-7中轨道交通产业产出结构和主要中间使用部门,可以看出轨道交通产业与各产业部门都有较强的关联性,产品中间使用占比1%以上的有24个部门,其中轨道交通产业产出用于自身使用的有477 668万元,占中间使用合计的12. 94%;从总量上看,轨道交通产业对于自身的需求不是很大,说明轨道交通产业兼具的服务性很强,大部分产出分配给其他各部门。批发和零售业中间使用为300 016万元,排序为第二;其次是食品和烟草业中间使用为298 219万元,排序为第三,分别占8. 13%和8. 08%,这两个部门对于轨道交通产业的需求很大比例上来自轨道交通产业的运输服务,轨道交通具有其独特的运输优势,即运输性价比较高,所以在全国范围内进行物资调动,首选轨道交通。另外,根据产业性质,结合表中数据来看,占比1%以上的

表 3-5 2017 年四川省 43 部门投入产出延长表

万元

投入＼产出		中间使用						最终使用合计	进口及国内省外流入	总产出
		…	轨道交通	交通设备	其他运输	…	合计			
中间投入	…	…	…	…	…	…	…	…	…	…
	轨道交通	…	34.8	6.2	5.5	…	369.1	153.9	41.1	482.0
	交通设备	…	1.0	1 310.8	167.7	…	1 806.7	2 173.3	22.91	3 750.9
	其他运输	…	16.8	57.5	237.6	…	2 107.2	513.9	219.2	2 401.9
	…	…	…	…	…	…	…	…	…	…
	合计	…	295.2	2 909.7	1 277.9	…	61 929.4	48 949.2	11.8	98 995.5
最初投入	劳动报酬	…	98.5	257.2	666.1	…	18 343.1	…	…	…
	生产税额	…	19.4	166.0	95.2	…	3 247.6	…	…	…
	固定资产折旧	…	48.3	72.9	242.4	…	4 244.7	…	…	…
	营业盈余	…	20.5	345.1	120.4	…	11 230.7	…	…	…
	合计	…	186.8	841.2	1 124.1	…	37 066.1	…	…	…
总投入		…	482.0	3 750.9	2 401.9	…	98 995.5	…	…	…

24 部门中,轨道交通产业的产出流向由强到弱分别是第三产业、第二产业、第一产业。

表 3-6　2017 年四川省轨道交通产业产出结构

部　门	中间使用合计/万元	最终使用合计/万元	进口及国内省外流入/万元	总产出/万元
轨道交通	3 691 738	1 539 353	411 036	4 820 055
占　比	76. 59%	31. 94%	8. 53%	100%

表 3-7　2017 年轨道交通产业主要中间使用部门(占比 1% 以上)

编号	中间使用部门	中间使用/万元	占比/%
43	轨道交通	477 668	12. 94
28	批发和零售	300 016	8. 13
06	食品和烟草	298 219	8. 08
12	化学产品	224 756	6. 09
01	农、林、牧、渔产品和服务	204 102	5. 59
29	交通运输、仓储和邮政	183 871	4. 98
39	教育	172 384	4. 67
27	建筑	155 893	4. 24
13	非金属矿物制品	133 613	3. 62
14	金属冶炼和压延加工品	132 625	3. 59
42	公共管理和社会保障	116 065	3. 14
32	金融	107 384	2. 91
36	综合技术服务	96 813	2. 62
31	信息传输、软件和信息技术服务	85 964	2. 33
38	居民服务、修理和其他服务	71 418	1. 93
15	金属制品	70 725	1. 92
02	煤炭采选产品	66 639	1. 81
16	通用设备	65 507	1. 77
17	专用设备	65 942	1. 77

续上表

编号	中间使用部门	中间使用/万元	占比/%
18	交通运输设备	61 686	1.67
24	电力、热力的生产和供应	60 019	1.63
04	金属矿采选产品	52 800	1.43
20	通信设备、计算机	49 885	1.35
30	住宿和餐饮	40 986	1.11

依据上述轨道交通产业产出结构，可以求得轨道交通产业中间需求。轨道交通产业总产出作为中间产品分配给各产业部门的比例，即各产业部门对轨道交通产业的中间使用合计占国民经济体系对轨道交通产业产品的最终使用和中间使用之和的比例，中间需求率计算公式为

$$G_i = \frac{\sum_{j=1}^{n} x_{ij}}{\sum_{j=1}^{n} x_{ij} + y_i} \tag{3-21}$$

产业部门的中间需求率越高，则表示该产业部门提供更多的消费材料给其他产业部门，将表3-6中相关数据代入式(3-21)中，求得轨道交通产业中间需求率为70.04%；参考相关学者对于判定中间需求率的标准，若产业部门的中间需求率高于50%，该产业部门主要是提供生产性资料为主，根据之前轨道交通产业的组成，其中轨道交通运输业所提供的中间需求使用合计数值较大，主导了轨道交通产业中间需求率，这也符合四川省轨道交通发展现状。四川省现拥有轨道交通产业园区，地铁、国铁等营运里程位居全国前列，轨道交通产业呈现快速发展的态势，很大程度上改善了居民的出行方式。

(二)投入结构

轨道交通产业用于生产所消耗的生产资料是指轨道交通产业的投入部分，其消耗来自各产业部门的生产资料，体现在投入产出表中竖向数据，中间投入由其他产业提供的中间产品量组成，固定资产折旧等附加值表示最初投入。由表3-8可知2017年四川省轨道交通产业投入结构，中间投入合计为4 818 150万元，最初投入为1 868 540万元，轨道交通产业总投入6 686 690万元。

表 3-8 2017 年四川省轨道交通产业投入结构

部　门	轨道交通产业/万元	占比/%
最初投入	1 868 540	27.94
中间投入合计	4 818 150	72.06
劳动报酬	985 361	14.74
生产税净额	194 325	2.91
固定资产折旧	483 416	7.23
营业盈余	205 438	3.07
总投入	6 686 690	100.00

根据表 3-9 数据显示，四川省轨道交通产业中间投入部门中占比 1% 以上的有 13 个部门，其中金融部门排序第一，投入 646 713 万元，占比 21.20%，由此可知，轨道交通产业发展需要经济支持，轨道交通关键技术研发、轨道交通基础建设及轨道交通装备制造等都需要大量资金投入，所以轨道交通产业高质量发展的关键是经济方面的支撑。除金融部门位列投入榜首外，轨道交通产业本身排第二位，中间投入 477 668 万元，占比为 15.66%，说明轨道产业生产消耗物质中有 15.66% 来自本身。其余占比在 1% 以上的 11 个部门中，按产业性质来说，中间投入中属于第二产业部门的最多，第三产业次之，第一产业较少，这也间接说明了轨道交通产业投入最多的是生产性产业部门。

表 3-9 2017 年四川省轨道交通产业投入部门(占比 1% 以上)

编号	投入部门	中间投入/万元	占比/%
32	金融	646 713	21.20
43	轨道交通	477 668	15.66
19	电气机械和器材	274 393	8.99
29	交通运输、仓储和邮政	269 177	8.82
14	金属冶炼和压延加工品	224 636	7.36
24	电力、热力生产和供应	215 535	7.06
16	通用设备	190 084	6.23
38	居民服务、维修和其他服务	184 343	6.04
28	批发和零售	115 557	3.79
20	通信设备、计算机和电子设备	84 736	2.77

续上表

编号	投入部门	中间投入/万元	占比/%
15	金属制品	69 401	2. 27
12	化学产品	58 374	1. 91
11	石油炼焦产品和核燃料加工产品	35 536	1. 17

根据上述轨道交通产业投入结构表，可以计算得出轨道交通产业中间投入率，即轨道交通产业进行生产时，所消耗来自其他产业部门的生产材料、折旧、劳动力等最初投入占总投入的比例，中间投入率计算公式为

$$F_j = \frac{\sum_{i=1}^{n} x_{ij}}{\sum_{i=1}^{n} x_{ij} + V_j} \quad i,j = 1,2,\cdots,n \tag{3-22}$$

产业部门的中间投入率直接关联该产业部门所需购买的原材料占其他产业部门的比重，将表 3-8 中相关数据代入式（3-22）求得轨道交通产业中间投入率为 72. 06%，参考产业关联投入率的标准值，说明轨道交通产业中间投入率也较高，用于自身的消耗物质较少，具备较强的带动其他产业部门的效应。

轨道交通产业投入率高体现在两方面：一方面，轨道交通装备制造对电气机械和器材、金属冶炼和压延加工品、设备、维修等生产性部门产品具有较强需求；另一方面，轨道交通运输业对交通运输、仓储和邮政需要服务性产品，对电力、热力生产和供应需要驱动性产品，总的表现为轨道交通产业的发展需要大量资金的投入，即 2017 年轨道交通产业投入结构表中占比最大的是金融业。

第三节　轨道交通产业关联指标测算

一、前向关联程度分析

轨道交通产业的前向关联是由轨道交通产业生产中间产品输出给其他产业部门而产生的关联。根据第一节测度轨道交通产业关联效应的三种方法，将新编制的四川省 2017 年投入产出表中各产业数据代入上述公式，可得到轨道交通产业前向关联程度结果，见表 3-10。

表 3-10 四川省轨道交通产业 2017 年三种方法下前向关联系数测算结果及排序

编号	部门	FL^0		FL^1		FL^3	
		数值	排序	数值	排序	数值	排序
1	农、林、牧、渔产品和服务	0.91	27	1.03	20	5.74	3
2	煤炭采选产品	1.77	4	0.38	40	0.25	30
3	石油和天然气开采产品	1.92	3	0.60	37	0.26	29
4	金属矿采选品	1.70	5	0.34	42	0.24	31
5	非金属矿和其他采矿产品	1.55	7	0.44	39	0.14	34
6	食品和烟草	0.67	31	0.70	35	4.49	5
7	纺织品	1.10	17	0.50	38	0.15	33
8	纺织服装鞋帽皮革羽绒及其制品	1.01	21	0.88	27	0.10	38
9	木材加工和家具	0.95	25	0.33	43	0.21	32
10	造纸印刷和文教体育用品	1.54	8	1.46	5	0.31	27
11	石油炼焦产品和核燃料加工品	1.60	6	0.93	25	0.37	26
12	化学产品	1.42	12	1.11	15	3.54	6
13	非金属矿物制品	1.43	11	0.71	34	2.02	10
14	金属冶炼和压延加工品	2.06	2	0.75	33	1.42	15
15	金属制品	1.32	14	1.16	12	0.49	24
16	通用设备	0.99	22	1.05	18	0.78	20
17	专用设备	0.69	29	0.35	41	0.71	21
18	交通运输设备	0.65	32	1.00	21	1.36	16
19	电气机械和器材	1.25	15	0.79	31	0.43	25
20	通信设备、计算机和其他电子设备	0.95	25	0.97	23	2.59	8
21	仪器仪表	2.39	1	1.41	7	0.02	42
22	其他制造产品和废品废料	1.50	9	1.41	7	0.12	36
23	金属制品、机械和设备修理服务	1.44	10	2.02	1	0.01	43
24	电力、热力生产和供应	0.96	23	1.00	21	1.80	11
25	燃气生产和供应	0.57	33	1.12	13	0.10	38
26	水的生产和供应	0.90	28	0.80	30	0.04	41
27	建筑	0.06	41	0.67	36	15.84	1
28	批发和零售	1.07	18	0.94	24	4.50	4

续上表

编号	部　门	FL^0		FL^1		FL^3	
		数值	排序	数值	排序	数值	排序
29	交通运输、仓储和邮政	1.19	16	1.12	13	1.75	12
30	住宿和餐饮	0.51	34	1.56	4	1.59	13
31	信息传输、软件和信息技术服务	0.50	36	1.05	18	2.65	7
32	金融	1.02	19	1.36	10	6.06	2
33	房地产	0.68	30	1.42	6	2.26	9
34	租赁和商务服务	1.38	13	1.73	2	1.07	18
35	研究和试验发展	0.02	43	0.77	32	0.11	37
36	综合技术服务	0.96	23	1.09	16	0.28	28
37	水利、环境和公共设施管理	0.26	38	0.93	25	0.07	40
38	居民服务、修理和其他服务	0.51	34	0.85	29	1.13	17
39	教育	0.15	39	1.07	17	0.82	19
40	卫生和社会工作	0.03	42	1.21	11	0.69	22
41	文化、体育和娱乐	0.31	37	1.70	3	0.53	23
42	公共管理、社会保障和社会组织	0.07	40	1.41	7	1.48	14
43	轨道交通	1.02	19	0.88	27	0.14	34

根据表 3-10 中数据，考虑数值大于 1 的产业部门前向关联效应较大，分别对 FL^0、FL^1、FL^3 三个不同方法下的轨道交通产业前向关联效应数值及其排序结果进行分析：

（1）轨道交通产业直接前向关联效应较大的分别为仪器仪表（2.39）、金属冶炼和压延加工品（2.06）、石油和天然气开采产品（1.50）等共计 21 个部门，这些产业部门拥有较大的中间产品需求数量，其部门产品大多数被其他产业部门所消耗，是供给类型的产业部门。其中，轨道交通产业部门与自身直接前向关联数值为 1.02，排名第 19 位，说明轨道交通产业在四川省 43 产业部门的直接前向关联处于中间位置，为四川各产业部门直接提供的生产资料暂时并不突出。

（2）轨道交通产业不加权完全前向关联效应较大的分别为金属制品、机械和设备修理服务（2.02），租赁和商务服务（1.73），文化、体育和娱乐（1.70）等共计 22 个部门，这 22 个产业部门与前向关联效应大于 1 的产业部门大部分是一致的,对其他产业部门具有较大间接推动能力,但轨道交通产业与自身不加权完全前向关联数值仅为0.88,排名第27位,说明轨道交通产业产品主要是以直接分配为主,其间接关联能力小于直接关联能力,这也在一定程度上说明轨道交通产业的关联效应是后向关联较强。

(3)测度的加权的轨道交通产业前向关联效应数值大于1的产业部门有建筑(15.84),金融(6.06),农、林、牧、渔产品和服务(5.74)等共计18个产业部门,从数值上来看,考虑了产业规模的各产业前向关联效应数值数据差距太大,加权后的轨道产业前向关联效应数值加速变小,说明轨道交通产业规模在四川省经济规模中占比较小。

(4)从三种不同的测度方法下产业前向关联效应的整体情况来看:未考虑加权的产业前向关联效应虽然数值不同,但产业部门排序大致相同;单从轨道交通产业这一部门前向关联效应来看是优于加权后的轨道交通产业前向关联效应;且三种方法下的轨道交通产业的前向关联性都不是特别靠前,说明轨道交通产业与其他产业部门的产品联系不是特别强,其他产业部门对轨道交通产业的产品需求量较小。

二、后向关联程度分析

轨道交通产业的后向关联是由轨道交通产业作为中间产品需求者接受来自其他产业的产品供给而产生的相互关联。根据第一节测度轨道交通产业关联效应的三种方法,将新编制的四川省2017年投入产出表中各产业数据代入上述公式,可得到轨道交通产业后向关联程度结果,见表3-11。

表3-11 四川省轨道交通产业2017年三种方法下后向关联系数测算结果及排序

编号	部门	BL^0		BL^1		BL^3	
		数值	排序	数值	排序	数值	排序
1	农、林、牧、渔产品和服务	0.87	33	0.94	33	1.67	6
2	煤炭采选产品	1.14	7	1.07	7	1.52	7
3	石油和天然气开采产品	0.75	38	0.90	37	0.01	43
4	金属矿采选品	0.99	25	1.01	23	0.02	41
5	非金属矿和其他采矿产品	1.07	19	1.05	12	0.02	41
6	食品和烟草	1.02	23	0.99	24	0.12	33

续上表

编号	部　门	BL^0		BL^1		BL^3	
		数值	排序	数值	排序	数值	排序
7	纺织品	1.08	15	1.03	22	0.25	27
8	纺织服装鞋帽皮革羽绒及其制品	1.08	15	1.04	15	0.48	22
9	木材加工和家具	1.09	11	1.04	15	0.40	23
10	造纸印刷和文教体育用品	1.08	15	1.04	15	0.24	28
11	石油炼焦产品和核燃料加工品	1.56	1	1.20	2	0.26	26
12	化学产品	1.09	11	1.05	12	0.81	17
13	非金属矿物制品	1.13	8	1.07	7	0.10	34
14	金属冶炼和压延加工品	1.12	9	1.06	9	0.06	36
15	金属制品	1.10	10	1.04	15	0.17	29
16	通用设备	1.09	11	1.06	9	0.69	18
17	专用设备	1.08	15	1.05	12	0.85	15
18	交通运输设备	1.07	19	1.04	15	1.68	5
19	电气机械和器材	1.09	11	1.06	9	0.49	21
20	通信设备、计算机和其他电子设备	1.07	19	1.04	15	3.14	2
21	仪器仪表	1.17	5	1.09	4	0.07	35
22	其他制造产品和废品废料	0.54	43	0.80	42	0.04	37
23	金属制品、机械和设备修理服务	1.29	3	1.14	3	0.03	39
24	电力、热力生产和供应	1.55	2	1.21	1	8.93	1
25	燃气生产和供应	1.16	6	1.08	6	0.53	20
26	水的生产和供应	0.96	26	0.98	26	0.04	37
27	建筑	1.06	22	1.04	15	1.32	9
28	批发和零售	0.78	37	0.88	38	0.87	13
29	交通运输、仓储和邮政	0.87	33	0.95	28	0.38	24
30	住宿和餐饮	0.94	27	0.96	27	0.03	39
31	信息传输、软件和信息技术服务	0.86	36	0.93	36	1.97	4
32	金融	0.75	38	0.87	39	0.87	13
33	房地产	0.58	42	0.80	42	0.92	11

续上表

编号	部　门	BL^0		BL^1		BL^3	
		数值	排序	数值	排序	数值	排序
34	租赁和商务服务	0.92	29	0.95	28	0.14	32
35	研究和试验发展	1.00	24	0.99	24	0.32	25
36	综合技术服务	0.88	32	0.95	28	0.15	31
37	水利、环境和公共设施管理	0.90	30	0.94	33	0.17	29
38	居民服务、修理和其他服务	0.93	28	0.95	28	0.91	12
39	教育	0.65	41	0.84	41	0.83	16
40	卫生和社会工作	0.87	33	0.95	28	1.06	10
41	文化、体育和娱乐	0.89	31	0.94	33	0.69	18
42	公共管理、社会保障和社会组织	0.71	40	0.86	40	1.37	8
43	轨道交通	1.18	4	1.09	4	2.47	3

根据表 3-11 中数据，考虑数值大于 1 的产业部门后向关联效应较大，分别对 BL^0、BL^1、BL^3 三个不同方法下的轨道交通产业后向关联效应数值及其排序结果进行分析：

（1）轨道交通产业直接后向关联效应较大的分别为石油炼焦产品和核燃料加工品（1.56），电力、热力生产和供应（1.55），金属制品、机械和设备修理服务（1.29）等 24 个产业部门，这些产业部门中有第二产业和第三产业，且第二产业部门数量多于第三产业。轨道交通产业与自身直接后向关联排在第 4 位，数值为 1.18，高于大部分产业部门的直接消耗系数，说明轨道交通产业用于自身的消耗较大。同时，这些产业部门具有明显的“高带动能力、低附加值”特征，自身的价值升值能力要弱于其带动其他产业部门的能力。

（2）轨道交通产业不加权完全后向关联效应较大的分别为电力、热力生产和供应（1.21），石油炼焦产品和核燃料加工品（1.56），金属制品、机械和设备修理服务（1.14）等 23 个部门，产业部门数量与直接后向关联数量基本持平，按产品性质分类，同样在此种方法下关联效应数值大于 1 的第二产业部门数量多于第三产业部门。其中，轨道交通产业部门与自身不加权完全后向关联排在第 4 位，数值为 1.09，与直接后向关联相比较，排名不变，数值略微小些，但其数值依然高于大部分产业部门，也说明轨道交通产业具有较高的完全关联需求系数。同时，采用列昂季耶夫逆矩阵的列测度轨道交通产业不加权完全后向关联系数，考虑了产业第二轮的间接消耗，说明这些产业部门在增加第二象限内的单位（最终使用）所带来的动态效应将高于产业部门在直接后向关联下的动态效应。

（3）测度的加权的轨道交通产业后向关联效应数值大于1的产业部门有电力、热力生产和供应（8.93），通信设备、计算机和其他电子设备（3.14）、轨道交通（2.47），信息传输、软件和信息技术服务（1.97），交通运输设备（1.68），农、林、牧、渔产品和服务（1.67），煤炭采选产品（1.52），公共管理、社会保障和社会组织（1.37），建筑（1.32），卫生和社会工作（1.06）共计10个部门。与前面两种方法得到的结果不同的是，关联系数大于1的产业部门中，出现了第一产业部门，且与轨道交通产业关联性较大的产业部门数量大幅减少，由于突出了产业规模在产业关联效应测度时的作用，故加权的关联效应与前两种方法计算关联数值排序的产业部门有比较大的差异，其中轨道交通产业数值是前两种方法的2倍多，排在43产业部门的第3位。

（4）从三种不同的测度轨道交通产业后向关联效应的整体情况来看：一方面，未考虑加权轨道交通产业的两种方法测算的数值相差不大，且轨道交通产业各部门后向关联效应排序也大同小异，但考虑加权后的轨道交通产业后向关联效应数值出现较大变化是由于产业规模的影响，削弱了规模小、效应高的部分产业关联效应。例如在未考虑产业规模的情况下，农、林、牧、渔产品和服务数值为0.94，排序为33，依此判定其影响力，该产业对其他产业的带动能力比较弱，但农、林、牧、渔产品和服务业在四川省拥有庞大的产业规模，在加权产业规模的情况下，数值是1.67，排序第6，其产业影响随之提高。另一方面，三种方法下的轨道交通产业部门均排在43产业部门前列，都属于关联效应较大的产业类型，在一定程度上反映了轨道交通产业在带动四川省各经济行业方面有较大的贡献，且根据测度加权下的关联效应数值变化，体现出城市化的发展历程，也扩大了轨道交通产业规模，其影响值可以达到2以上。

三、产业类型划分

（一）类型划分

产业关联效应数值用以衡量产业间依赖程度和彼此的联系情况，也可以根据产业关联效应相应系数选出对区域经济体系起主导作用的相关产业,根据赫希曼基准,主导型产业是指感应度系数和影响力系数都大于 1 的产业,也就是说“双高”产业通过投入产出在很大程度上能主导其他产业的生产;对应的低关联效果产业是指两者系数值都低于 1 的产业,即“双低产业”,对于带动其他产业发展的效果比较差;基础性产业是指感应度系数大于 1 而影响力系数小于 1 的产业,具有明显需要受到其他产业影响才能发展的特征,这类产业与下游产业的关联紧密,易于带动[53];领导型产业指感应度系数低于 1 而影响力系数高于 1 的产业,具有很强的影响其他产业发展的能力,主要是影响上游产业[54]。根据上述产业分类标准,建立一个以影响力系数为横轴,感应度系数为纵轴,且坐标原点为 $O(1,1)$ 的产业类型坐标系,如图 3-1 所示。

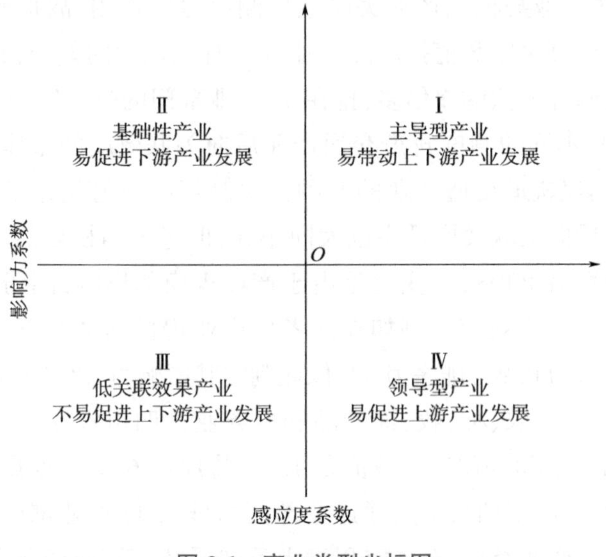

图 3-1 产业类型坐标图

根据“前向关联分析”和“后向关联分析”两部分中三种方法测度轨道交通产业前向关联和后向关联数值,前向关联系数(FL^0,FL^1,FL^3)代表感应度系数,后向关联系数(BL^0,BL^1,BL^3)代表影响力系数,其中直接关联和不加权关联结果大致相同,故在对轨道交通产业关联产业进行分类时,只需要考虑不加权的关联效应结果和加权的关联效应结果,即各产业部门按照(BL^1,FL^1)和(BL^3,FL^3)数值大小进行分类可以代表三种方法下的产业类型,分类结果见表 3-12。

表 3-12 (BL^1,FL^1)产业分类表

产业类型	产业分类依据	产业部门
主导型产业	$BL^1>1,FL^1>1$	金属制品、机械和设备修理服务(1.14,2.02),轨道交通(1.09,1.00),仪器仪表(1.09,1.41),燃气生产和供应(1.08,1.12),通用设备(1.06,1.05),化学产品(1.05,1.11),金属制品(1.04,1.16),交通运输设备(1.04,1.00),造纸印刷和文教体育用品(1.04,1.46)
领导型产业	$BL^1>1,FL^1<1$	电力、热力生产和供应(1.21,1.00),石油炼焦产品和核燃料加工品(1.20,0.93),煤炭采选产品(1.07,0.38),非金属矿物制品(1.07,0.71),金属冶炼和压延加工产品(1.06,0.75),电气机械和器材(1.06,0.79),专用设备(1.05,0.35),非金属矿和其他采矿产品(1.05,0.44),木材加工和家具(1.04,0.33),纺织服装鞋帽皮革羽绒及其制品(1.04,0.88),通信设备、计算机和其他电子设备(1.04,0.97),建筑(1.04,0.67),纺织品(1.03,0.50),金属矿采产品(1.01,0.34)
基础性产业	$BL^1<1,FL^1>1$	住宿和餐饮(0.96,1.56),租赁和商务服务(0.95,1.73),交通运输、仓储和邮政(0.95,1.12),卫生和社会工作(0.95,1.21),综合技术服务(0.95,1.09),文化、体育和娱乐(0.94,1.73),农林牧渔产品和服务(0.94,1.03),信息传输、软件和信息技术服务(0.93,1.05),金融(0.87,1.36),公共管理、社会保障和社会组织(0.86,1.41),教育(0.84,1.07),房地产(0.80,1.42),其他制造品和废品废料(0.80,1.41)
低关联效果产业	$BL^1<1,FL^1<1$	研究和试验发展(0.99,0.77),食品和烟草(0.99,0.70),水的生产和供应(0.98,0.80),居民服务、修理和其他服务(0.95,0.85),水利、环境和公共设施管理(0.94,0.93),石油和天然气开采(0.90,0.60),批发和零售(0.88,0.94)

同样,根据计算得到考虑加权的产业关联效应值,按照上述原理进行划分,本次产业分类直接用产业部门编号代替产业名称进行归纳分类,不再列出产业名称,见表 3-13。

表 3-13 (BL^3,FL^3)产业分类表

产业类型	产业分类依据	部门编号及对应坐标
主导型产业	$BL^3>1$,$FL^3>1$	24(8.93,1.80)、20(3.14,2.59)、27(2.32,15.84)、31(1.97,2.65)、18(1.68,1.36)、1(1.67,5.74)、42(1.37,1.48)
领导型产业	$BL^3>1$,$FL^3<1$	2(1.52,0.25)、40(1.06,0.69)、43(1.02,0.71)、12(0.81,3.54)
基础性产业	$BL^3<1$,$FL^3>1$	33(0.92,2.26)、38(0.91,1.13)、28(0.87,4.50)、32(0.87,6.06)、29(0.38,1.75)、34(0.14,1.07)、6(0.12,4.49)、13(0.10,2.02)、14(0.06,1.42)、30(0.03,1.59)
低关联效果产业	$BL^3<1$,$FL^3<1$	17(0.85,0.71)、39(0.83,0.82)、16(0.69,0.78)、41(0.69,0.53)、25(0.53,0.10)、19(0.49,0.43)、8(0.48,0.10)、9(0.40,0.21)、35(0.32,0.11)、11(0.26,0.37)、7(0.25,0.15)、10(0.24,0.31)、37(0.17,0.07)、15(0.17,0.49)、36(0.15,0.28)、21(0.07,0.02)、22(0.04,0.12)、26(0.04,0.04)、23(0.03,0.01)、4(0.02,0.24)、5(0.02,0.14)、3(0.01,0.25)

(二)分析结论

从表 3-12、表 3-13 可以看出,根据不加权关联效应与加权关联效应分别划分四川省各产业部门,分类结果有一定的差异性,对轨道交通产业类型结果划分差异主要体现在后向关联性中:

(1)结合表 3-12、表 3-13 产业划分类型结果综合评价,四川省轨道交通产业在产业类型划分中属于带动性较强的产业:一方面,对于前向关联性产业,产业中的金属制品、通用设备、交通运输设备等原材料供应行业表现出强烈的需求拉动效果;另一方面,对于后向关联性产业,产业中的交通运输、仓储和邮政业对需要轨道交通产业提供产品服务的产业部门也有一定的产业带动能力。

(2)轨道交通产业按(BL^1,FL^1)划分是在第一象限,即这些产业部门是主导型产业,前向、后向关联性都很强,在与产业关联时易带动上下游产业发展;而按(BL^3,FL^3)划分是在第四象限,即领导型产业,后向性关联不强,前向

性关联仍然较强,易于带动与轨道交通产业关联性质为前向关联的产业。轨道交通产业由主导型产业变成领导型产业的主要原因是四川省轨道交通产业的最初投入和最终产品还未达到一定的规模,即在考虑产业加权的效果下,会影响轨道交通产业的后向关联系数,且影响是使产业后向关联系数变小。

第四节　轨道交通产业波及指标测算

一、生产诱发系数与最终依赖度系数

在研究产业关联程度的指标中,轨道交通产业部门的产品使用主要有两种用途。第一种用途是作为其他产业的生产要素分配给其他产业部门,参与中间生产活动,整个环节称为中间使用,是主要的产品用途;第二种用途是作为最终产品直接被社会使用,不参与中间生产活动,此类产品需求作为最终需求与其他产业产生关联。而生产诱发系数的主要作用在于测算投资、消费、出口等最终需求对产业生产的诱导程度;同时通过计算各个产业部门对最终需求项目的依赖程度,可以对各个产业部门进行分类。分析整理四川省2017年、2015年、2012年、2010年投入产出表,计算出轨道交通产业的生产诱发系数与最终依赖度系数,见表3-14、表3-15。

(一)生产诱发系数

产业生产诱发系数能够揭示某个产业的最终需求项目对生产的诱发作用。将轨道交通产业作为一个新的部门,分别计算生产诱发系数。表3-14中显示消费需求对轨道交通产业的带动最为明显,投资需求和出口需求的生产诱发系数相对较小,其诱发轨道交通产业生产活动的影响也不强。但是随着近些年城市的快速发展,在扩大内需的形势下,四川省轨道交通产业生产诱发系数值中三项数据都呈现稳定上升趋势,消费需求系数值增长较大,出口需求和投资需求则缓慢上升,投资需求系数稳定在0.18左右,出口需求稳定在0.12左右,三项指标中消费需求系数值较大,说明轨道交通产业在市场的消费需求下,有明显的生产诱发作用,这也符合实际情况。随着城市发展,轨道交通产业的技术不断突破,人们日益依赖轨道交通产业的最终产

品，持续增加了对轨道交通产业的消费需求，从而发挥了较好的产业生产诱发作用。

表 3-14 轨道交通产业最终需求生产诱发系数值

年 份	投资需求	出口需求	消费需求
2017 年	0.184 4	0.128 3	0.523 4
2015 年	0.182 2	0.129 2	0.487 5
2012 年	0.176 6	0.112 8	0.388 4
2010 年	0.163 3	0.109 8	0.268 7

(二)最终依赖度系数

由表 3-15 可知，轨道交通产业属于投资依赖型产业，轨道交通产业的发展主要由投资需求带动，且这些年投资需求和出口需求的系数值稳定增长，消费需求系数在 2012 年呈现下滑趋势，但在区域消费环境和城市需求的带动下，消费需求系数大幅增加，增速也最快，按照这种增长速度，轨道交通产业的最终依赖度系数很可能会由消费需求主导，这说明轨道交通产业将在未来的市场有大量的消费需求。

表 3-15 轨道交通产业最终依赖度系数值

年 份	投资需求	出口需求	消费需求
2017 年	0.437 6	0.102 1	0.360 2
2015 年	0.417 8	0.087 6	0.226 8
2012 年	0.383 4	0.043 2	0.135 6
2010 年	0.246 5	0.023 7	0.212 2

二、价格变动模型分析

(一)价格变动模型

产业的关联效应不只是简单的产品供给和需求关系，还有中间产品价格变动波及其他相关联产业影响，即产业的价格波及效应存在于国民经济体系中有关联效应的各产业中。某个特定产业供应中间产品，其供应的产品价格变动时，导致需求该产品的中间投入部门受到该产品价格波及影响，调整产业产品生产结构。本节根据产业部门调整产品价格变化而引起的价格波及效应,考虑特定产业产品价格变化而引起与其相关产业价格影响的角度分析轨道交通产业的价格波及影响,由于产业价格变动模型已被应用于较多产业价格波及效应分析,故参考相关学者研究思路,得到轨道交通产业的价格波及效应计算公式为

$$\Delta P_j = \sum_{i=1}^{n} a_{ij}\Delta P_i \tag{3-23}$$

将上式展开得到:

$$\begin{cases} \Delta P_1 = a_{11}\Delta P_1 + a_{21}\Delta P_2 + \cdots + a_{n-1,1}\Delta P_{n-1} + a_{n1}\Delta P_n \\ \Delta P_2 = a_{12}\Delta P_1 + a_{22}\Delta P_2 + \cdots + a_{n-1,2}\Delta P_{n-1} + a_{n2}\Delta P_n \\ \Delta P_{n-1} = a_{1,n-1}\Delta P_1 + a_{2,n-1}\Delta P_2 + \cdots + a_{n-1,n-1}\Delta P_{n-1} + a_{n,n-1}\Delta P_n \end{cases} \tag{3-24}$$

式中　ΔP_j——j 产业部门调整幅度;

　　a_{ij}——该产业部门直接消耗系数。

将上式首尾左右移项,矩阵表达式为

$$\begin{cases} a_{n1}\Delta P_n = (1-a_{11})\Delta P_1 - a_{21}\Delta P_2 - \cdots - a_{n-1,1}\Delta P_{n-1} \\ a_{n2}\Delta P_n = -a_{12}\Delta P_1 + (1-a_{22})\Delta P_2 - \cdots - a_{n-1,2}\Delta P_{n-1} \\ a_{n,n-1}\Delta P_n = -a_{1,n-1}\Delta P_1 - a_{2,n-1}\Delta P_2 - \cdots + (1-a_{n-1,n-1})\Delta P_{n-1} \end{cases} \tag{3-25}$$

$$\begin{pmatrix} a_{n1} \\ a_{n2} \\ \vdots \\ a_{n,n-1} \end{pmatrix} \Delta \boldsymbol{P}_n = (\boldsymbol{I} - \boldsymbol{A}_{n-1}^{\mathrm{T}}) \begin{pmatrix} \Delta P_1 \\ \Delta P_2 \\ \vdots \\ \Delta P_{n-1} \end{pmatrix} \tag{3-26}$$

通过上述矩阵公式,将特定产业部门(如轨道交通运输业)商品价格提高 ΔP_n,得到与其相关联的$(n-1)$个产业部门价格变化幅度计算公式,即

$$\begin{pmatrix} \Delta P_1 \\ \Delta P_2 \\ \vdots \\ \Delta P_{n-1} \end{pmatrix} = [(\boldsymbol{I} - \boldsymbol{A}_{n-1})^{-1}]^{\mathrm{T}} \begin{pmatrix} a_{n1} \\ a_{n2} \\ \vdots \\ a_{n,n-1} \end{pmatrix} \Delta \boldsymbol{P}_n \tag{3-27}$$

式中，$\begin{pmatrix} a_{n1} \\ a_{n2} \\ \vdots \\ a_{n,n-1} \end{pmatrix} \boldsymbol{\Delta P}_n$ 为指定产业部门价格调整 $\boldsymbol{\Delta P}_n$，结合产业部门直接消耗系数得到的对与其相关联产业产品价格的直接影响，再乘以 $[(\boldsymbol{I}-\boldsymbol{A}_{n-1})^{-1}]^{\mathrm{T}}$ 得到指定产业部门产生的对与其相关联产业的产品价格的全部直接影响与部分影响，简化为

$$\begin{pmatrix} \Delta P_1 \\ \Delta P_2 \\ \vdots \\ \Delta P_{n-1} \end{pmatrix} = \begin{pmatrix} \dfrac{b_{n1}}{b_{nn}} \\ \dfrac{b_{n2}}{b_{nn}} \\ \vdots \\ \dfrac{b_{n,n-1}}{b_{nn}} \end{pmatrix} \Delta P_n \tag{3-28}$$

式中，b_{nj} 为列昂季耶夫逆矩阵中第 n 行的各个系数值。

（二）轨道交通产业价格波及效果预测

根据投入产出表结构，产业的产品价格由两部分构成，一部分是生产过程中消耗的中间产品价值，另一部分是固定资产折旧、劳动报酬、折旧等自身消耗的毛附加价值；这两部分中任意一个因素发生变化，都会波及各产业产品价格。因此，根据上述价格变动公式，结合新编制的 2017 年四川省 43×43 部门投入产出表，分析当轨道交通产业产品价格上调 20% 时，各产业产品价格受到的波及效果，结果见表 3-16。

表 3-16 各产业价格波及表

产业编号	产业部门	价格变动率/%	排序
1	农、林、牧、渔产品和服务	0. 11	18
2	煤炭采选产品	0. 21	9
3	石油和天然气开采产品	0. 10	22
4	金属矿采选品	0. 18	10
5	非金属矿和其他采矿产品	0. 12	14

续上表

产业编号	产业部门	价格变动率/%	排序
6	食品和烟草	0. 11	18
7	纺织品	0. 09	25
8	纺织服装鞋帽皮革羽绒及其制品	0. 09	25
9	木材加工和家具	0. 11	18
10	造纸印刷和文教体育用品	0. 09	25
11	石油炼焦产品和核燃料加工品	0. 10	22
12	化学产品	0. 11	18
13	非金属矿物制品	0. 12	14
14	金属冶炼和压延加工品	0. 13	12
15	金属制品	1. 28	2
16	通用设备	0. 10	22
17	专用设备	1. 13	4
18	交通运输设备	0. 65	6
19	电气机械和器材	0. 81	5
20	通信设备、计算机和其他电子设备	0. 04	40
21	仪器仪表	0. 13	12
22	其他制造产品和废品废料	0. 04	40
23	金属制品、机械和设备修理服务	1. 20	3
24	电力、热力生产和供应	0. 12	14
25	燃气生产和供应	0. 07	30
26	水的生产和供应	0. 06	33
27	建筑	0. 07	30
28	批发和零售	0. 09	25
29	交通运输、仓储和邮政	1. 63	1
30	住宿和餐饮	0. 06	33
31	信息传输、软件和信息技术服务	0. 07	30
32	金融	0. 05	38

续上表

产业编号	产业部门	价格变动率/%	排序
33	房地产	0.32	7
34	租赁和商务服务	0.06	33
35	研究和试验发展	0.18	10
36	综合技术服务	0.28	8
37	水利、环境和公共设施管理	0.06	33
38	居民服务、修理和其他服务	0.09	25
39	教育	0.03	42
40	卫生和社会工作	0.05	38
41	文化、体育和娱乐	0.06	33
42	公共管理、社会保障和社会组织	0.12	14

根据价格波及模型求得各产业价格变动率可以看出，当轨道交通产业部门产品价格上调20%时，各产业受到价格波及程度不一，其中属于第三产业中的交通运输、仓储和邮政首当其冲，受到的价格影响较大，其产品价格会在原来价格的基础上上调1.63%，其他产业中价格上调超过1%的还有金属制品、金属制品机械和设备修理服务及专用设备，这些产业都属于第二产业。因此，当轨道交通产业价格变动时，第三产业受到的价格波及程度最大，但是价格波及最广的是第二产业。而从上文测度不考虑加权效应的轨道交通产业后向关联结果来看，轨道交通产业部门产品的主要去向和分配也包括了金属制品、机械和设备修理服务，非金属矿物制品，金属冶炼和压延加工品等产业部门，因此更支持了当轨道交通产业价格变动时，这些产业部门会受到一定程度的价格波及效应。其中受到价格波及影响程度最大的是第三产业的交通运输、设备和仓储业，但是对于第三产业中的其他产业，受到轨道交通产业价格波及效应较小；而轨道交通产业价格波及最多的是第二产业，这可能是由于轨道交通装备制造的需求，需要大量的钢铁等金属制品和原材料。

根据沈悦等[50]使用投入产出法研究价格变动时创立的价格稳定平台理论，即国民经济产业部门中某一产业部门价格调整引起其他产业部门价格变动时，除了少部分出现突变的曲线外，其余产业部门价格影响曲线走势都趋近于稳定，轨道交通产业价格波及如图3-2所示。

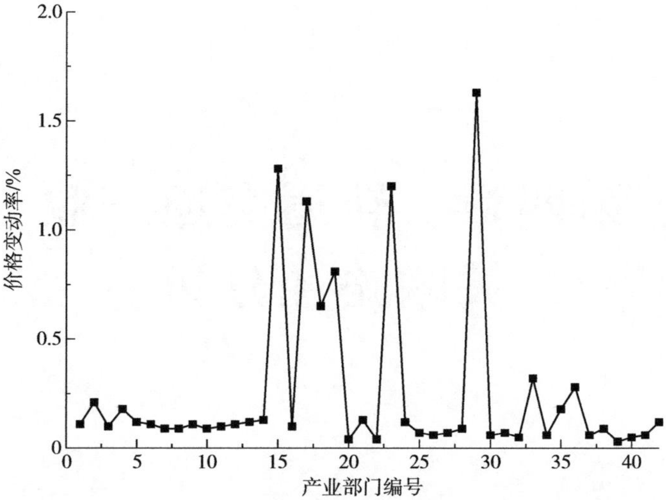

图 3-2 轨道交通产业价格波及

根据轨道交通产业价格波及曲线,除少数几个突出的产业波及影响较大产生了高点外,其余产业部门都处于低影响区域,即波及平稳区域,且受到的价格影响波及较小,这也说明轨道交通产业价格变动不会导致国民经济体系大部分产品价格突变,属于稳定发展产业。

第四章　轨道交通产业关联路径分析

第一节　轨道交通产业分析

一、产业类型分析

根据轨道交通产业直接关联程度划分的产业类型，选择4种产业类型中排序第一的产业进行简要分析，为接下来研究轨道交通产业关联路径的作用方式奠定基础。

（一）金属制品、机械和设备修理服务业

金属制品、机械和设备修理服务业是轨道交通产业发展的根本力量，轨道交通的建设需要金属制品、机械设备的支持。同时，轨道交通的发展对机械和设备修理服务业等原材料供应、零部件制造和生产的产业部门具有明显的需求拉动作用。

（二）电力、热力生产和供应

电力、热力生产和供应是轨道交通产业的保障，给轨道交通产业的发展提供动力支撑。能源革命的核心就是要改变交通运输力、热力和电力这三大能源需求的动力来源和服务方式，轨道交通产业的发展会促进电力、热力生产的改革与创新。

（三）交通运输、仓储和邮政

交通运输、仓储和邮政是轨道交通产业运输部分的中坚力量，为轨道交通产业运输部分发展提供动力源泉。轨道交通产业的发展是为了更好地解决运输问题，同时又促进了国民经济的发展。

（四）研究和试验发展

研究和试验发展是轨道交通产业发展的保障，轨道交通产业发展离不开科研单位与科研人员的试验与研发，同样研究和试验发展又促进了轨道交通产业的不断发展。

二、轨道交通产业网络模型

（一）思路与流程

构建轨道交通产业关联网络模型的最大优势在于将轨道交通产业与其他产业部门的潜在经济联系转化为可视化的网络模型，即将“看不见”的关联因子按照相关规则（投入产出理论）转化为“看得见”的点和边的有向网络图形，此外产业网络图也有利于研究人员发现产业间关联路径及自身内部结构。

不同的产业网络模型有着不同的研究目的，而本书研究的是轨道交通产业关联效应即产业间的产品关联路径信息，因此主要构建的基础网络应是无权重、有向的、有重复边的，再者轨道交通产业关联路径网络是基于第三章第二节中轨道交通产业关联指标数据经过相关原则进行筛选和转化来构建的，进而才能分析轨道交通产业关联的路径信息，故其建模流程如图 4-1 所示。

（二）产业网络邻接矩阵

城市化进程的显著特点是各产业分工有比较详细的划分，各产业需要彼此协同才能完成社会生产活动，因此各产业间的交流也愈加频繁，但是各产业间的交流内容的侧重点有所不同，部分产业以劳务输出为主，部分产业以原材料供应为主，还有部分产业以最终产品输出为主，产业间交流的内容呈现出来的现象表明产业间的往来关联存在不均衡的特点。以轨道交通产业

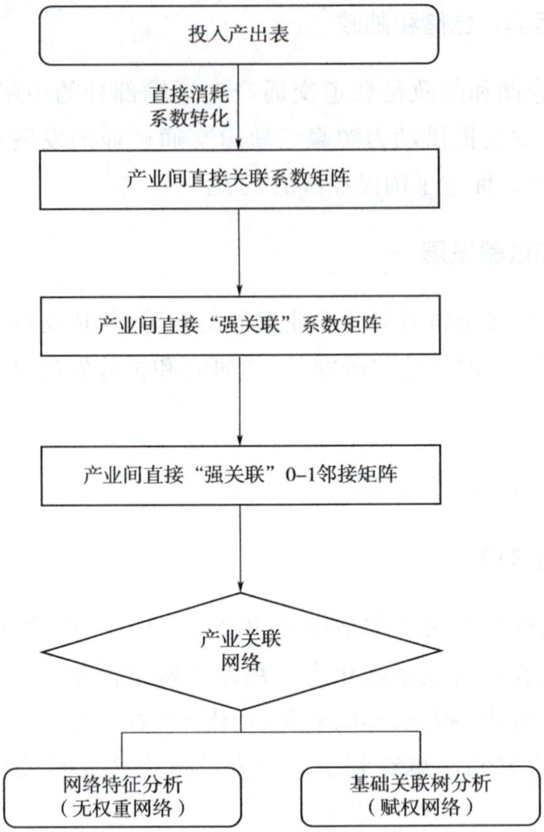

图 4-1 轨道交通产业网络建模流程

为例，轨道交通产业与四川省划分的42个产业部门中，金属冶炼与延压加工品、仪器仪表等产业交易流量大，与文化、体育和娱乐及卫生和社会工作则表现出较小的交易流量。

用产业网络模型分析产业关联路径，因涉及的产业部门较多，若不区分产业间的关联性强弱，同等地考虑在四川省轨道交通产业网络模型中，则将是个庞大的网络关联图，且无法体现出产业间重要的关联关系。因此，为更好地表示产业间交易流量大小，借鉴相关学者[55-56]区分产业间交易流量大小的相关概念，使用“强关联”“弱关联”思想对与四川省轨道交通产业关联关系进行产业筛选。主要思路为首先标定与四川省轨道交通产业关联性强弱的临界值，再通过投入产出法求得各产业与轨道交通产业直接系数矩阵并进行一一比较，大于标定的临界值，则视为强关联产业，反之则为弱关联产业。

关于产业关联强弱的临界值如何符合产业关联理论计算条件，研究者们使用了多种方法，为清晰明了地反映出不同方法的特点，收集整理了具有代表性的研究方法，见表 4-1。

表 4-1　产业关联性强弱判定方法

方法名称	临界值确定	特点
参考部门数目的确定方法	$1/n$	简单明了，但忽视产业间经济关联基础
	$(20/n)\%$	
熵最大化法	***H*** 矩阵信息量最大为基准	应用比较复杂，适用范围小
	条件概率最大为基准	
敏感性或相关系数法	技术系数拐点敏感性试算方式确定	具有很强的主观性，应用过程中容易引起较大误差
	技术系数超过 0.05 为显著性	
经验判断法	均值	临界值是外生的，具有很强的主观性
	0.5%、1%和 5%多个临界值	
威弗-托马斯指数法	n 行内生获得 n 个临界值	利用平均分布数列和与观察数列方差最小的近似平均分布数列，判断观察数列中的关键元素数目

其中，通过对上述方法的研究与整理，威弗-托马斯指数法能考虑产业间的交易流量的差异性，数值计算更具科学性，不存在误差，故可用于确定本书研究的与轨道交通产业关联性强弱的临界值的数学方法。

以威弗-托马斯指数为基础，结合投入产出法，综合计算四川省轨道交通产业关联性强弱为主要思路。

Step1　参照新编的四川省 2017 年投入产出表中的 43 个产业，定义 $F(i,m)$ 为对应于第 m 个产业的第 i 项的消耗系数，其中 $i=1,2,\cdots,n;1\leqslant m\leqslant n$。

Step2　将 $F(1,j),F(2,j),\cdots,F(n,j)$，按从大到小的顺序排列（$j=1,2,\cdots,m$），排序后新的样本序列为 $FF(1,j),FF(2,j),\cdots,FF(n,j)$。

Step3　第 i 个产业的第 j 项系数的威弗-托马斯指数为

$$w(i,j)=\sum_{i=1}^{n}\left(s(k,i)-100\times\frac{FF(k,j)}{\sum_{i=1}^{n}FF(k,j)}\right)^2 \tag{4-1}$$

式中，$s(k,i)=\begin{cases}100/i & k\leqslant i\\0 & k>i\end{cases}$。

Step4 根据威弗-托马斯指数，确定轨道交通产业与其他产业关联性强弱系数值，判定标准如下：

$$u=\{u\,|\,w(u,j)=\min w(i,j),i=1,2,\cdots,n\} \tag{4-2}$$

由此可得，第 u 个产业的指标值 $F(u,j)$ 为该产业的临界值。

Step5 根据上述步骤，逐一计算 43 个产业部门所对应的产业临界值。

Step6 将求得的 43 个产业临界值与所对应的各产业直接关联系数进行比对，筛选出产业间的“强关联”系数矩阵。

Step7 根据所得的产业间“强关联”系数矩阵，用“强关联”系数矩阵中产业个数与其对应的直接消耗系数的和分别除以产业总个数和依据投入产出表求得的产业直接消耗系数总和，即“强关联”系数矩阵中有关联中的边占比和直接消耗系数总和占比，求出的系数值反映强关联产业对全部产业经济系统的代表能力。

Step8 建立邻接矩阵。“强关联”系数矩阵可以建立带有权重的产业关联网络，因此需要将有权重的系数矩阵转换为无权重的 0-1 矩阵来研究轨道交通产业关联路径网络，见表 4-2。

表 4-2 产业网络 0-1 矩阵准则

判定公式	“强关系”矩阵	矩阵设定
$a_{ij}<u$	不存在	0
$a_{ij}>u$	存在	1

(三)产业关联路径网络分析

产业网络的最大优势是可以解释产业间的经济关联性，建立轨道交通产业关联网络可获取研究需要的相关数据和产业关联结构等。首先分析关联网络的基本特征，获取的主要数据是根据产业网络的产业关联度和产业网络路径长度及前/后向关联网，最后利用产业关联网络细分出特定产业的基础关联树进行特征分析。

1. 产业关联度

产业关联度作为判别节点产业关联其他产业数量的一种方式，在关联网络中以边（或者弧）的形式出现。在关联网络有向图中，按边的方向可分为出度和入度。出度是由某一特定产业节点指向其他节点的边（弧）的数量，入度则是以其他产业节点为起点连向特定节点的边（弧）的数量。关联网络中特定节点的出度和入度统称为产业的关联度，用来确定特定产业在整个关联网络中充当需求者或供给者的相对身份。根据本书研究需求，可将2017年四川省轨道交通产业的出度和入度分别进行描述，轨道交通产业关联入度指的是其他（上游）产业提供给轨道交通产业进行生产活动的中间产品数量，轨道交通产业关联出度指的是其他（下游）产业作为需求方收到来自轨道交通产业提供的产品数量。特别的是，在整个产业网络模型中，特定产业的中间产品既可能用于自身消耗又可能提供给其他产业进行生产活动，即出现自环现象，故轨道交通产业关联度不仅仅是简单的出度和入度之和。

2. 前/后向关联网

产业网络关联图中，固定特定产业节点，分析中间产品的流出情况，形成产业前向关联网；分析中间产品的流入情况，形成产业后向关联网。前向关联网络是以某一产业为起点，通过中间产品提供给其关联产业，然后其关联产业加工中间产品后再向前提供给其他产业，各产业如此持续向前将中间产品提供给最终需求产业部门，实现中间产品到最终产品的转换，即由上至下顺流形成产业关联网络中的前向关联网。相反，后向关联网络是指某一产业发展自身产业时要从其他产业部门获取所需中间产品，而后者实现生产活动同样需要再向后获取中间投入产品，各产业如此持续向后获取中间投入产品，实现的是最终产品到中间产品的逆向转换，即由下至上逆流形成产业后向关联网。

3. 产业网络路径长度

在产业关联网络图中，以某一产业节点 V_1 作为起点，其中经过一系列节点，最后到达终点 V_n，则可认为 V_1 到 V_n 的网络路径是（$V_1, V_2, \cdots, V_n$）。而在无权重关联网络图中，两节点之间的节点距离是指连接两个产业节点边数量最少的最短路径，也称两产业节点的网络路径长度，记为 d_{ij}；产业关联图中，任意两节点网络路径长度最大值，也称网络长度直径，记为 D，用公式表示为

$$D = \max d_{ij} \tag{4-3}$$

两个产业节点间的所有网络路径长度之和除以两个产业节点的所有路

径数量，表示两个产业节点间网络路径长度平均值，记作 AVG，其数学表达式为

$$AVG = \frac{1}{N(N-1)/2} \sum_{i \geqslant j} d_{ij} \tag{4-4}$$

式中，N 为产业节点个数。

4. 产业基础关联树

产业基础关联树包含于整个产业关联网络中，是产业关联网络中最小的一种关联图结构，其最大的特征是能用较少的边表示特定产业与其他产业间的关联性。对于一个区域的产业关联网络，特定的产业与较多产业都有一定的关联性，其中有一个关联性最强的产业，即代表特定产业与整个产业系统的关联，从而可生成产业关联结构，即为产业关联树。

在产业网络结构中，节点和边分别代表产业和产业之间的关联性，边的权重是产业关联系数，关联树即为产业网络中的最大权树，在表示关联树时，对产业关联系数进行排序，可形成产业间的关联层次。最具关联性的产业放于最上方，一般关联性产业排列于中间，弱关联性产业排列于下方，形成一种关联性依次向下递减的树形结构，产业基础生成树简单直接地反映了产业间产品（经济）联系，一定程度上代表了整个经济系统的支撑产业结构，也展示了产业关联网络中关联产业随产品波动而受到相应的影响和波及的过程，这有助于分析产业网络关联路径。

第二节　轨道交通产业关联网络及特征

一、轨道交通产业关联网络

根据第一节中产业网络建模思路和流程，以新编制的四川省 2017 年 43 部门投入产出表为参照，结合第三章所得到的轨道交通产业直接消耗系数矩阵，运用 Weaver-Thomas 指数法处理直接消耗系数中每个产业对应的列向系数，得到产业关联性强弱系数值，通过比较得到产业“强关联”系数的 0-1 邻接矩阵，从而有利于相关网络分析工具得到四川省轨道交通产业关联路径网络模型。

其中，附录 1 是以 0-1 矩阵表示轨道交通产业的“强关联”产业矩阵，数

字“1”表示产业所在行与产业所在列具有产业“强关联”关系，数字“0”则表示产业所在行与产业所在列无“强关联”关系。

根据产业“强关联”系数矩阵（0-1 矩阵），借助社会关联网络软件 UCINET 在构建可视化产业网络模型的优势，得到如图 4-2 所示包含轨道交通产业关联网络拓扑图，红色节点（No. 43）代表轨道交通产业，编号所对应的产业部门名称见附录 2。该产业关联网络拓扑图有 276 条边，在未得到“强关联”系数矩阵前四川省 2017 年产业直接消耗系数总和 17.907 5，进行“强关联”系数矩阵转换后，数字“1”元素个数为 393，数字“0”元素个数为 1 456，即四川省 2017 年 43 产业部门的整体关联关系用 21% 的边进行表示，该产业网络拓扑图具有较强的代表性。

从图 4-2 可以看出，轨道交通产业与四川省其他关联性较强的产业并不多，即轨道交通产业（No. 43）为起点或终点的边的数量并不多。

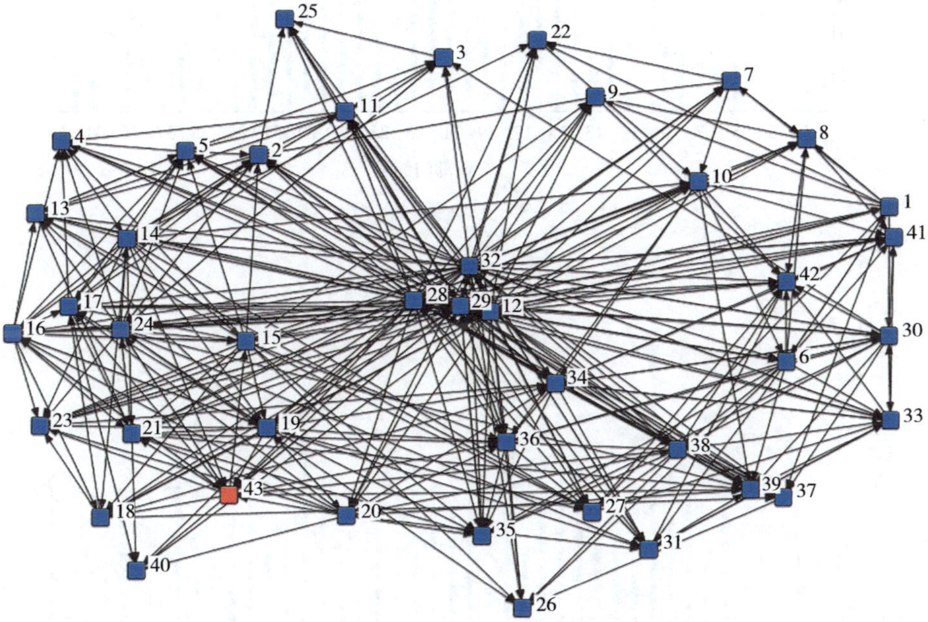

图 4-2　产业网络拓扑图

二、产业关联网络图形分析

（一）轨道交通产业关联度

根据轨道交通产业网络拓扑图，可提取轨道交通产业出入度数值。产业关联度是反映产业影响能力及范围的重要指标，其数值越大表明直接影响能力越强，产业关联入度反映了后向直接“强关联”产业数量，产业关联出度反映了前向直接“强关联”产业数量。四川省 2017 年各个产业部门的产业关联入度如图 4-3 所示，产业关联出度如图 4-4 所示。由图可知，四川省轨道交通产业的出入度在全部产业关联出入度中比较靠前，这说明了轨道交通产业的直接“强关联”产业较为广泛，在市场中有较多的产业关联效应。

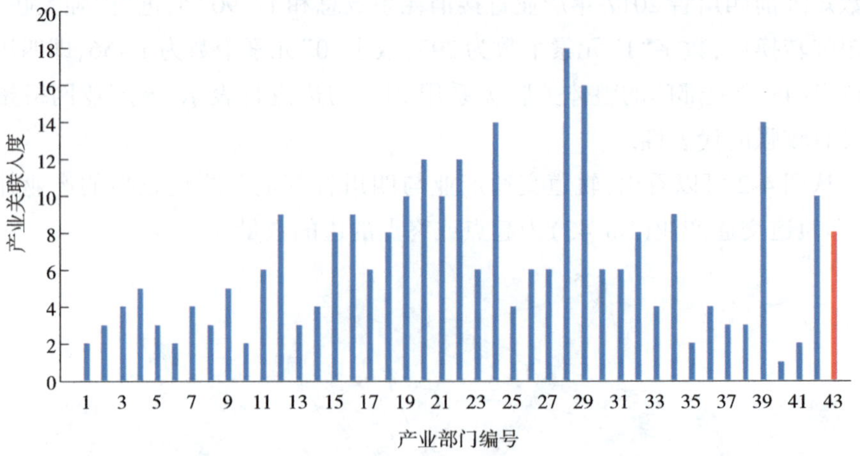

图 4-3 产业关联入度

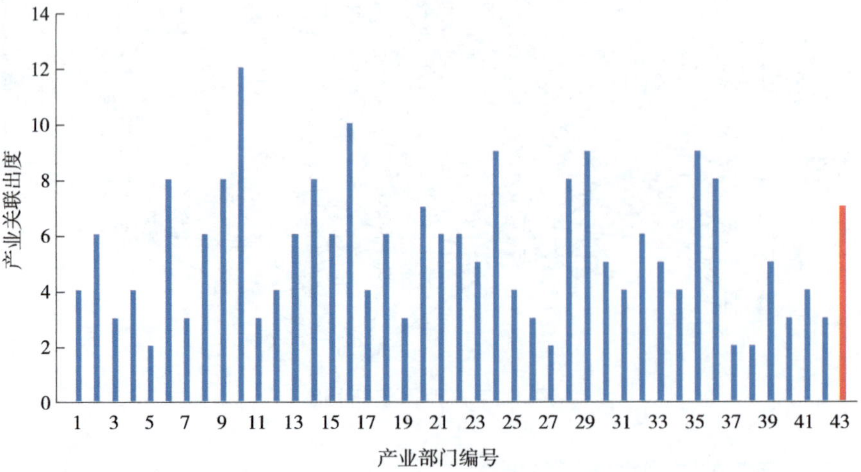

图 4-4 产业关联出度

特别的是，分析轨道交通产业关联路径时，出现的产业关联度和产业关联程度中前后关联程度比较相似，但是产业关联度（包括出度和入度）代表的是与轨道交通产业的直接进行中间产品的产业节点个数，而产业关联程度中的前/后关联是指所有产业间的产品联系，二者都同时代表与轨道交通产业的关联范围，但是不能衡量产品关联的具体程度。

（二）轨道交通产业前/后向关联网

利用社会网络分析工具可以将轨道交通产业与其他产业部门的关联关系进行可视化，但整体产业网络拓扑图关联线网密集，不能清楚地分析以轨道交通产业为中心的重要关联网络，所以需要继续在产业关联网络基础上进行“淬炼”，利用社会网络分析工具中 Netdraw 模块提取轨道交通产业关联子网络，更有助于理清轨道交通产业的个体性质。其实现步骤为：首先确定一个研究的中心节点，即轨道交通产业节点（No. 43），再对与轨道交通产业节点相连的节点进行选定，将与轨道交通产业相连的所有边筛选出来，生成轨道交通产业子网络（Ego）。

根据上述步骤，在整体产业关联网络拓扑图中提取轨道交通产业（No. 43）子网络，图 4-5 直观展现了轨道交通产业在产业间直接关联网络中的作用，也形象地表达了以轨道交通产业为中心的前向关联网和后向关联网。

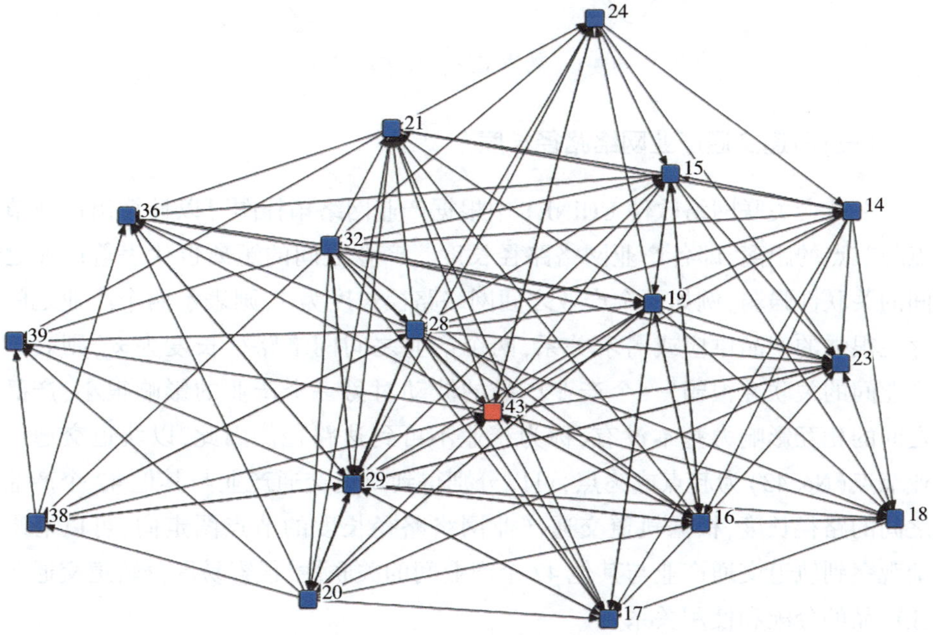

图 4-5　轨道交通产业子网络

对轨道交通产业子网络进一步进行整理，得到轨道交通产业直接关联产业结构中的前向关联产业和后向关联产业，如图 4-6 所示。其中，轨道交通产业中直接前向关联有编号为 15、17、18、21 等共 7 个产业，直接后向强关联产业有 8 个，这也说明了轨道交通产业在整个产业结构中处于需求带动型产业，能与多个产业建立产品需求关系。

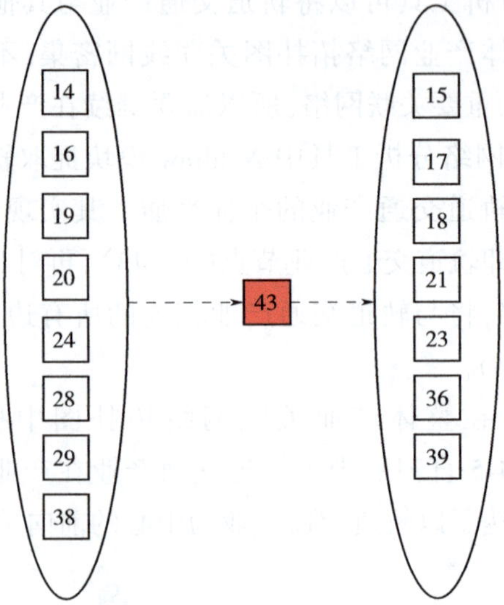

图 4-6 轨道交通产业关联结构

(三)轨道交通产业网络路径长度

在社会关联网络软件 UCINET 中根据产业网络拓扑图可以计算出产业节点与节点的距离，即各产业网络路径长度。产业之间的距离也代表着产业之间的关联性强弱，例如两个产业之间网络路径长度为 1，则表示两个产业之间存在很强的产品供应或需求关系，两个产业之间网络路径长度为∞，则表示产业间的关联性很弱，一个产业产品的波动对另一个产业的影响很小，产品之间的相互影响力基本没有，称为产业不可到达路径。因此，以轨道交通产业节点(No. 43)为起点或终点，可以分别得到轨道交通产业与其他 42 个产业之间的路径长度，根据轨道交通产业网络路径长度的节点图走向，可以清晰地观察到轨道交通产业与其他 42 个产业间的关联性，很容易区分轨道交通产业产品的分配和使用关系。

表 4-3 中显示，以轨道交通产业为起始点的网络路径长度均存在∞，其中

以轨道交通产业节点(No. 43)为起点的产业不可达路径有 2 条,则可视为轨道交通产业后向关联结构存在 2 个几乎没有关联性的产业,不可达路径分别为 No. 43→No. 1 和 No. 43→No. 8;以轨道交通产业节点为起点的可达路径的平均网络路径长度为 2. 6;以轨道交通产业节点为终点的产业不可到达路径有 6 条,则可视为轨道交通产业前向关联结构存在 6 个几乎没有关联性的产业,例如路径 No. 43→No. 10 等;以轨道交通产业节点为终点的可达路径的平均网络路径长度为 1. 8。

表 4-3　轨道交通产业与其他产业节点的路径长度

起始节点	1	2	3	4	5	6	7	8	9	10	11	12
43 为起点	∞	3	3	3	4	4	4	∞	4	3	3	3
43 为终点	3	2	3	2	3	3	3	3	3	∞	2	3
起始节点	13	14	15	16	17	18	19	20	21	22	23	24
43 为起点	3	3	1	2	1	1	2	2	1	4	1	2
43 为终点	2	1	2	1	2	2	1	1	2	3	2	1
起始节点	25	26	27	28	29	30	31	32	33	34	35	36
43 为起点	3	3	4	4	2	3	3	3	3	3	4	1
43 为终点	3	2	2	1	1	∞	2	2	3	∞	2	3
起始节点	37	38	39	40	41	42	43	—	—	—	—	—
43 为起点	3	3	1	4	4	3	0	—	—	—	—	—
43 为终点	3	1	2	∞	∞	∞	0	—	—	—	—	—

此外,根据轨道交通产业网络拓扑图及其子网络,结合轨道交通产业网络路径长度,以轨道交通产业作为最终产业节点,搜索与其相关联产业的边并提取出来,生成具有顺向结构的子网络,再经过整理可得到最短路径产品供给结构图,如图 4-7 所示。

为保证以轨道交通产业为最终产业节点的关联网络结构具有连通性,且生成的是轨道交通产业最短路径产品供给结构图,则将不可到达路径节点用绿色底正方形圈数字编号,不出现在轨道交通产业产品顺向供给结构图中。

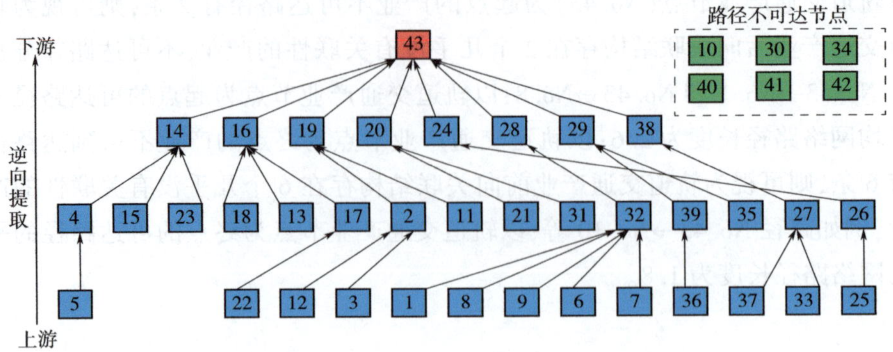

图 4-7 最短路径产品供给结构图

最长路径产品供给结构图生成方法与最短路径产品结构图类似(绿色底正方形为不可达到节点),同样以轨道交通产业节点为起点,根据产业网络拓扑图顺向整理,使得每个产业的“强关联”性产业都出现在最长路径产品供给结构图中,如图 4-8 所示。

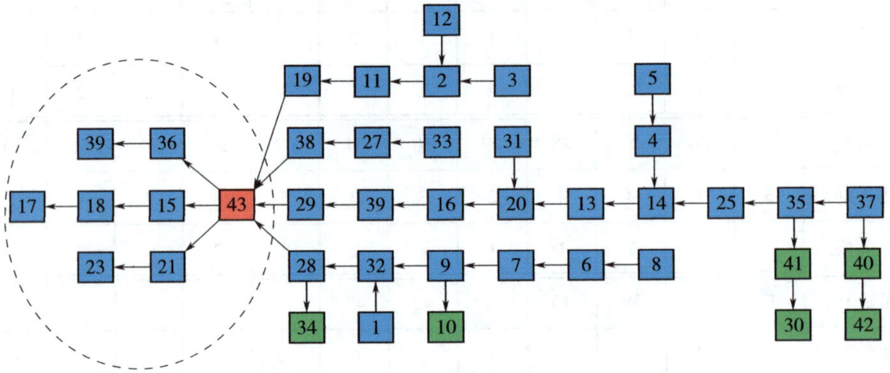

图 4-8 最长路径产品供给结构图

在产品供给结构图中,两幅图都体现轨道交通产业产品供给方向,但最短路径产品供给结构主要展示的是轨道交通产业后向关联的广度。最长路径产品供给结构则主要展示的是轨道交通产业后向关联的深度。造成两条路径对轨道交通产业产品供给结构的差异影响主要是由于上游产业中间和直接产品投入的范围和时效。可以明确的是,在同一条路径中,节点的距离决定了产品波动而引起的产业关联影响,因此对于从事轨道交通产业领域的企业来说,可以根据经营的轨道交通产业产品材料供给方,参照最短路径产品供给结构和最长路径产品供给结构,总结产业产品受影响的产业种类和产业距离,在市场环境下,有针对性地进行企业经营。例如,有经营轨道交通产业领域内产品的企业要保障生产活动原材料的供应持续，可考虑分析产业路径中关联产业多且原材料供给渠道范围广的产业节点，即可研究最短路径产品供给结构中的 No. 22→No. 17→No. 16→No. 43 或者 No. 12→No. 2→No. 19→No. 43 路径中的某一产业节点；而若轨道交通产业产品领域内经营企业在某一时期的战略目标是减少原材料产品价格波动等因素带来的影响，可考虑在产业路径中接入节点路径长度最长的产业，即可研究最长路径中 No. 37→…→No. 16→…→No. 43 这一路径中的某一节点产业。特别的是，轨道交通产业领域内的企业在实际的经营活动中，不仅要考虑产品供给结构的路径长度及供给范围，还需结合市场需求及产业网络边的权重及产业内的竞争关系，综合确定产品供给战略。

第三节　轨道交通产业基础关联树分析

一、直径及网络结构分析

产业基础关联树对比最短/最长路径长度产品供给结构的显著优势是，产业基础关联树可分析整个产业体系的最关键的产业路径，可根据关联树中的边的权重及边的走向对产业节点进行分类。根据产业基础关联树建构原则，产业关联网络的权重最大边构成了关联树中节点产业相连的边，体现的是产业间最具关联性的产业，因此，关联树中存在一条贯穿和支撑整个产业系统的主要产业链，即关联树中产业直接，它也是分析关键产业和节点产业关联子网络结构的基础，如图 4-9 所示。

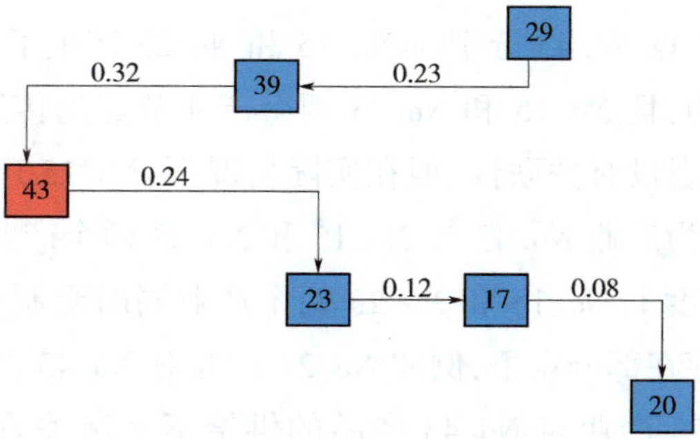

图 4-9　轨道交通产业基础关联树

对四川省 2017 年基础关联树归纳和整理，以直径产业链为主通道，生成关联产业节点关联网络结构图，如图 4-10 所示。关联树直径是一个包含 12 个节点的通道，直径上的一个节点代表一个产业，直径上的边上方的数值代表前向关联产业间权重之和，边下方的数值代表后向关联产业间权重之和。

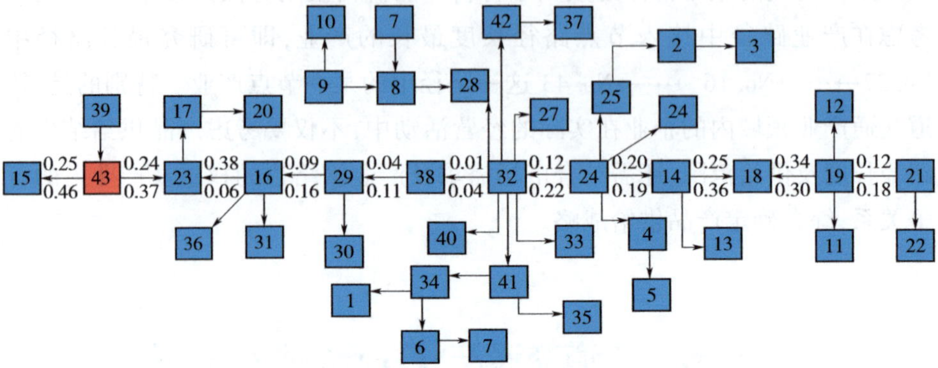

图 4-10 关联网络结构

分析上述轨道交通产业关联树直径及关联网络结构可知，直径上产业节点关联方向并不一致，同时具有前向关联和后向关联，但这不会影响根据产业基础关联树分析各产业产品分配和使用。具有双向箭头方向的产业节点表示为原材料供应产业，例如产业节点 No. 18 和 No. 23 等；而单向箭头所指产业节点表示为原材料需求型产业，这类产业的主要性质是需要从其他产业购买相应的原料才能进行生产活动，产业依赖性很高，例如产业节点 No. 15、No. 17 等。同时从产业基础关联树图的结构分析，边的方向代表产品的流动方向，也就是说两个产业之间有产品供需关系才会产生产业关联效应，这样的产业关联下才会出现传递产业产品波动影响，否则两个产业间是无法有关联效应的。产业节点 No. 43 分别与 No. 15 和 No. 23 产生了后向关联，在产业网络结构是联通的，且 No. 15 和 No. 23 两个产业节点的传递方向不一致，没有连通，相当于两者没有关联性，但在实际情况下，No. 15 产业和 No. 23 产业仍有关联效应，因为产业 No. 43 为 No. 15 和 No. 23 两个产业提供生产活动的原材料，在一定程度上 No. 15 和 No. 23 两个产业同时受制于 No. 43 产业，也因此两个产业会存在部分竞争，例如 No. 23 产业对 No. 43 产业产品需求发生变化时，会将 No. 23 产业与 No. 43 产品的供给不平衡关系转移给 No. 15 产业，这意味着 No. 23 产业对 No. 15 产业造成了产业波及影响，其波及路径可生成为 No. 15←No. 43→No. 23。除了产品供给平衡的关系不稳定时会产生产业波及影响，产品的需求不平衡关系也会造成产业波及影响，例如，No. 43 和 No. 16 两个产业分别指向 No. 23 产业，No. 43 和 No. 16 两个产业间不存在同向边，也即两者关联网络不连通，无产业关联效应，但是从投入产出理论及产业网络稳定性角度来分析，No. 23 产业获取 No. 43 和 No. 16 两个产业的产品比例是保持稳定的，现在 No. 23 产业对 No. 16 产业产品的需求量突然增加时，会造成 No. 23 产业对 No. 43 产业的需求也同样按照一定比例增加，这也算是 No. 16 产业对 No. 43 产业造成了产业波及影响，其波及路径可生成为 No. 43→No. 23←No. 16。

此外，由图中产业基础关联树直径定义为长度最大产业节点组成可知，轨道交通产业基础关联树除了直径长度可以唯一确定外，其余的都是可变的，例如直径通道 No. 19 除了与 No. 18 组成轨道交通产业基础关联树直径，还可以与产业 No. 12 和 No. 11 组成轨道交通产业基础关联树直径，因为两者节点长度相同，均为两个路径，同样直径上产业节点相连情况也存在类似情况，此时，若需确定唯一由产业节点的轨道交通产业基础关联树直径，可通过对边进行赋权计算，使得权重之和最大的产业节点成为轨道交通产业基础关联树直径。

从轨道交通产业基础关联树图可以看出，直径通道上连接产业节点的边上下两方都有数值，其中边上方数值表示该产业前向关联产业对产品的直接消耗，边下方数值表示产业后向关联产业对产品的直接投入情况，上下方数值之和则表示该产业对其他产业关联能力的大小，比较上下方数值可判定该产业是产品供给型产业还是产品需求型产业。

二、轨道交通产业作用性分析

图 4-10 轨道交通产业基础关联树中产业连接最大权重路径为 No. 43→No. 15，权重数值为 0. 46，这是交通运输设备对轨道交通产业的直接消耗系数，是轨道交通产业最强关联的产业。这是因为轨道交通产业包含轨道交通装备制造业，轨道交通产业的发展得益于轨道交通装备的先进性和舒适性，轨道交通工具加强了两者产业的联系。

除去最强产业关联外，与轨道交通产业节点直接相连的路径还有 No. 43→No. 24（轨道交通产业对电力、热力生产和供应的直接消耗）、No. 43→No. 23（金属制品、机械和设备修理服务对轨道交通产业的直接消耗）这两条路径。

而与轨道交通产业直接关联的这两个产业都属于第二产业,且有轨道交通产业作为需求产业的关联路径,也有轨道交通产业作为供给产业的关联路径。这也在一定程度上说明,轨道交通产业在产业网络中输入和输出都具有直接关联性产业,既能带动其他产业发展,同时也需要其他产业提供原材料才能发展,正是这样的性质,才使其能够不断发展壮大。

第五章　基于 VAR 模型的轨道交通产业经济关联实证分析

第一节　基本 VAR 模型

一、VAR 模型构建

向量自回归(VAR)模型作为一种非结构化的多方程模型,其将每一个内生变量视为构建模型中所有内生变量的滞后值的函数来构建模型[57],进一步助推单变量自回归模型扩展为具有时间序列性质的多变量自回归模型,主要用来拟合各个变量之间的关系,常应用于计量经济学领域,且是交通运输经济领域用得较多的一种方法。由于本章主要研究轨道交通产业(Y)、交通运输设备(X_1)与交通运输、仓储和邮政(X_2)这三个产业之间的经济关联关系,因此利用向量自回归模型对这三个变量之间的动态关系加以解释,VAR 模型矩阵表达式如下:

$$\begin{bmatrix} y_{1t} \\ y_{2t} \\ \vdots \\ y_{nt} \end{bmatrix} = \boldsymbol{\theta}_1 \begin{bmatrix} y_{1t-1} \\ y_{2t-1} \\ \vdots \\ y_{nt-1} \end{bmatrix} + \boldsymbol{\theta}_2 \begin{bmatrix} y_{1t-2} \\ y_{2t-2} \\ \vdots \\ y_{nt-2} \end{bmatrix} + \cdots + \boldsymbol{\theta}_k \begin{bmatrix} y_{1t-k} \\ y_{2t-k} \\ \vdots \\ y_{nt-k} \end{bmatrix} + \boldsymbol{\rho} \begin{bmatrix} x_{1t} \\ x_{2t} \\ \vdots \\ x_{nt} \end{bmatrix} + \begin{bmatrix} \varepsilon_{1t} \\ \varepsilon_{2t} \\ \vdots \\ \varepsilon_{nt} \end{bmatrix} \tag{5-1}$$

式中　y_t——内生变量向量;

$\boldsymbol{\theta}$——内生变量系数矩阵;

$\boldsymbol{\rho}$——外生变量系数矩阵；

k——滞后阶数；

x_t——外生变量向量；

ε_t——随机干扰项。

基于 VAR 模型，将所选取的轨道交通产业、交通运输设备及交通运输、仓储和邮政做对数运算以消除异方差[58]，再将三个内生变量代入 VAR 模型，可生成具体模型如下：

$$\ln Y_t=\alpha_0+\alpha_1\ln(X_1)_{t-1}+\alpha_2\ln(X_1)_{t-2}+\cdots+\alpha_k\ln(X_1)_{t-k}+\beta_1\ln(X_2)_{t-1}+\beta_2\ln(X_2)_{t-2}+\cdots+\beta_k\ln(X_2)_{t-k}+\gamma_1\ln(Y)_{t-1}+\gamma_2\ln(Y)_{t-2}+\cdots+\gamma_k\ln(Y)_{t-k}+\delta_t \tag{5-2}$$

$$\ln(X_1)_t=\varphi_0+\varphi_1\ln(Y)_{t-1}+\varphi_2\ln(Y)_{t-2}+\cdots+\varphi_k\ln(Y)_{t-k}+\omega_1\ln(X_2)_{t-1}+\omega_2\ln(X_2)_{t-2}+\cdots+\omega_k\ln(X_2)_{t-k}+\sigma_1\ln(X_1)_{t-1}+\sigma_2\ln(X_1)_{t-2}+\cdots+\sigma_k\ln(X_1)_{t-k}+\mu_t \tag{5-3}$$

$$\ln(X_2)_t=\varphi_0+\varphi_1\ln(Y)_{t-1}+\varphi_2\ln(Y)_{t-2}+\cdots+\varphi_k\ln(Y)_{t-k}+\partial_1\ln(X_1)_{t-1}+\partial_2\ln(X_1)_{t-2}+\cdots+\partial_k\ln(X_1)_{t-k}+U_1\ln(X_2)_{t-1}+U_2\ln(X_2)_{t-2}+\cdots+U_k\ln(X_2)_{t-k}+\tau_t \tag{5-4}$$

式中　t——样本个数；

k——滞后期数；

δ_t,μ_t,τ_t——随机扰动项。

$\alpha_0,\cdots,\alpha_k;\varphi_0,\cdots,\varphi_k;\varphi_0,\cdots,\varphi_k;\beta_1,\cdots,\beta_k;\gamma_1,\cdots,\gamma_k;\omega_1,\cdots,\omega_k;\sigma_1,\cdots,\sigma_k;\partial_1,\cdots,\partial_k;U_1,\cdots,U_k$ 为待估参数。

二、产业数据检验

（一）平稳性检验

在建立向量自回归模型前，首先要对所选取变量进行平稳性检验，避免因原始时间序列数据的不稳定造成错误回归模型[59]。大多数学者采用 ADF 单位根检验方法检验数据序列的平稳性，进而对选取的变量进行协整性检验，本书为使检验结果更加准确，先使用 ADF 单位根检验方法检验数据平稳性，再利用 p-p 检验数据的平稳性。ADF 单位根检验结果见表 5-1。

表 5-1　ADF 单位根检验结果

变量	检验形式	ADF 值	1%临界值	5%临界值	10%临界值	平稳性
$\ln(X_1)$	$(c,t,0)$	1.352	−3.543	−2.347	−1.468	不平稳
$\Delta\ln(X_1)$	$(c,0,1)$	−1.870	−1.987	−1.148	−0.345	平稳
$\ln(X_2)$	$(c,t,0)$	−1.853	−5.348	−3.456	−2.456	不平稳
$\Delta\ln(X_2)$	$(c,0,2)$	−2.434	−2.874	−2.145	−1.684	平稳
$\ln(Y)$	$(c,t,0)$	−1.348	−3.334	−2.875	−2.465	不平稳
$\Delta\ln(Y)$	$(c,0,2)$	−2.708	−2.846	−2.134	−1.876	平稳

表 5-1 检验结果显示，轨道交通产业、交通运输设备及交通运输、仓储和邮政原序列均存在单位根，这说明数据时间序列不平稳。交通运输设备产业总值在经过一阶差分后，其 ADF 值在 1%水平下显著，轨道交通产业及交通运输、仓储和邮政两个变量产业总值在经过二阶差分后，两者的 ADF 值也在 1%水平下显著，继续进行 p–p 检验，结果见表 5-2。

表 5-2　数据的 p–p 检验结果

变量	检验形式	ADF 值	1%临界值	5%临界值	10%临界值	平稳性
$\ln(X_1)$	$(c,t,0)$	−3.326	−4.847	−3.896	−3.562	不平稳
$\Delta\ln(X_1)$	$(c,0,1)$	−1.456	−1.648	−1.366	−1.286	平稳
$\ln(X_2)$	$(c,t,0)$	−2.584	−4.869	−3.284	−2.973	不平稳
$\Delta\ln(X_2)$	$(c,0,1)$	−1.252	−1.345	−1.186	−1.052	平稳
$\ln(Y)$	$(c,t,0)$	0.346	−3.245	−2.943	−1.345	不平稳
$\Delta\ln(Y)$	$(c,0,2)$	−2.843	−2.656	−2.140	−1.104	平稳

检验结果显示，这三个变量都在 5%的显著水平下拒绝有单位根的原假设，这说明这三个时间序列数据都是平稳的，与 ADF 单位根检验结果一致。

（二）VAR 模型的估计

1. Johansen 协整检验

VAR 模型是依据数据的统计性质建立的，在建立模型之前需要通过协整检验判断变量关系是否平稳，通过 AIC 准则和 SC 准则确定最佳滞后期数 K，这样 VAR 模型能反映出绝大部分变量间相互影响[60]。首先通过 Johansen 协整检验时间序列 $\ln(X_1)$、$\ln(X_2)$、$\ln(Y)$，检验结果见表 5-3。

表 5-3 变量 $\ln(X_1)$、$\ln(X_2)$、$\ln(Y)$ 的 Johansen 检验结果

原假设	特征值	迹统计量	5%临界值	P 值
$r=0$	0.952	56.834	29.797	0.000
$r=1$	0.643	25.323	15.495	0.006
$r=2$	0.243	2.348	3.814	0.024

由表 5-3 中检验结果可知,在 5% 的检验水平下,变量 $\ln(X_1)$、$\ln(X_2)$、$\ln(Y)$ 存在长期稳定的协整关系,也就是说轨道交通、交通运输设备及交通运输、仓储和邮政这三个产业存在稳定的均衡关系。

2. 最佳滞后阶数的确定

根据最佳滞后阶数应使 AIC 和 SC 两个准则同时取值最小原则[61],当滞后阶数为 2 时,取值最小,见表 5-4。

表 5-4 最佳滞后阶数选择

Lag	Log$L$	LR	FPE	AIC	SC	HQ
0	8.240	NA	0.003	−0.458	−0.548	−0.356
1	86.435	103.746	2.32e-09*	−6.843	−6.235	−6.573
2	98.648	12.683	2.42e-09*	−8.623*	−8.464*	−7.803

注:* 表示最佳滞后阶数。

3. VAR 模型的建立

在确定滞后阶数为 2 后,为防止 VAR 模型出现伪回归,保证 VAR 模型的精确性和稳定性,利用 AR 单位根检验来验证模型的稳定性,结果如图 5-1 所示。所有 AR 特征根的倒数的模都落在单位圆内,说明 VAR 模型是平稳的[62]。

选取 VAR 估计模型中的系数,构建模型估计方程如下:

$$\begin{bmatrix} \ln(Y) \\ \ln(X_2) \\ \ln(X_1) \end{bmatrix} = \begin{bmatrix} 2.324\,879 & 0.238\,234 & 0.463\,458 \\ 2.876\,934 & 1.238\,856 & -0.664\,323 \\ 1.624\,498 & 0.982\,476 & 0.262\,482 \end{bmatrix} \times$$

$$\begin{bmatrix} \ln(Y)_{t-1} \\ \ln(X_2)_{t-1} \\ \ln(X_1)_{t-1} \end{bmatrix} \begin{bmatrix} -0.237\,343 & -1.132\,345 & -0.383\,232 \\ -0.132\,738 & 0.543\,438 & 0.137\,438 \\ -0.239\,871 & 0.387\,434 & -0.273\,239 \end{bmatrix} \times$$

$$\begin{bmatrix} \ln(Y)_{t-2} \\ \ln(X_2)_{t-2} \\ \ln(X_1)_{t-2} \end{bmatrix} + \begin{bmatrix} 1.542\,326 \\ 1.673\,829 \\ -3.973\,232 \end{bmatrix}$$

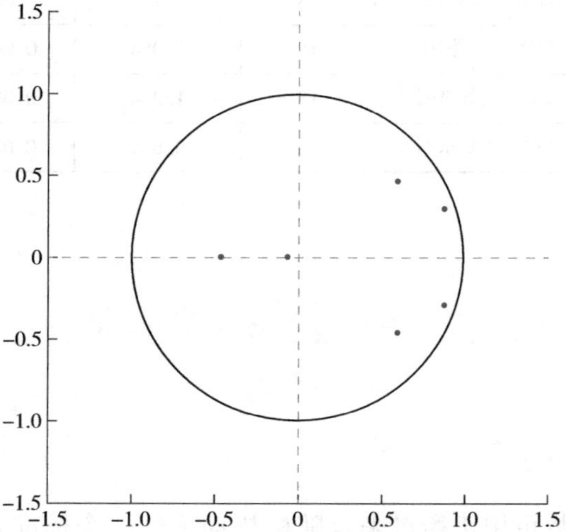

图 5-1　AR 特征根的倒数的模的单位圆结果

4. Granger 因果关系检验

Granger 因果关系检验能反映所检验变量之间的因果动态关系，根据检验结果中的 P 值判断一个变量对一个或多个变量的影响结果是否显著，也就是拒绝或者接受原假设[63]。表 5-5 显示，在 5% 的显著性水平下，$\ln(Y)$ 与 $\ln(X_1)$ 存在双向格兰杰原因，这说明交通运输设备产业增加值逐年增加的同时，对轨道交通产业有正向的促进作用，轨道交通产业总值增加会使交通运输设备产业总值上升；$\ln(Y)$ 与 $\ln(X_2)$ 之间存在双向促进作用，交通运输、仓储和邮政产业总值增加也就是客、货运物流量的增加，进而转化为交通运输、仓储和邮政产业总值的增加，同时轨道交通产业总值的增加带来更多的客、货运输活动从而刺激运输行业需求的增长；$\ln(X_1)$ 是 $\ln(X_2)$ 的单向格兰杰原因，这说明轨道交通产业带动了交通运输、仓储和邮政业的发展，使得交通运输占有了更多的经济市场份额。

表 5-5 三变量因果关系检验表

原假设	样本数	F 统计量	P 值	检验结果
$\ln(X_1)$不是 $\ln(Y)$的格兰杰原因	18	2.356	0.039	接受
$\ln(Y)$不是 $\ln(X_1)$的格兰杰原因	18	3.245	0.000	拒绝
$\ln(X_2)$不是 $\ln(Y)$的格兰杰原因	18	2.453	0.001	拒绝
$\ln(Y)$不是 $\ln(X_2)$的格兰杰原因	18	2.054	0.000	拒绝
$\ln(X_1)$不是 $\ln(X_2)$的格兰杰原因	18	1.234	0.001	拒绝
$\ln(X_2)$不是 $\ln(X_1)$的格兰杰原因	18	0.689	0.001	拒绝

第二节 产业经济关联实证分析

一、脉冲函数响应

脉冲响应函数可用于衡量来自随机扰动项的一个标准差冲击，对内生变量当前和未来取值影响的变动轨迹，能比较直观地刻画出变量之间的动态交互作用及其效应[64]。因此，本节利用上述建立的 VAR 模型，借助脉冲响应函数分析得出三个变量之间的脉冲响应图和脉冲响应值，进一步分析变量间的动态关系。

（一）交通运输设备产业总值与轨道交通产业总值的冲击响应结果

根据图 5-2 和表 5-6 的结果显示，交通运输设备在第 1 期对轨道交通产业响应结果为 0.075，第 2 期增加到为 0.113，第 4 期之后出现持续下降趋势，在 10 期内冲击响应曲线比较波动，但在前 9 期内，每一期的冲击响应值一直为正，且前 10 期内交通运输设备对轨道交通产业累计冲击响应值结果为 0.846。这表明，随着交通运输设备的增加，轨道交通产业也在不断增加。从图 5-3 和表 5-6 显示结果来看，轨道交通产业对交通运输设备第 1 期冲击响应结果为 0，第 2 期出现短暂的上升，同样在第 4 期到达最大冲击响应值为 0.051，从第 5 期开始持续下降，不过 10 期内的冲击响应值总值为正，这表示随着时间推移，轨道交通产业总值的增加，交通运输设备产业总值也持续增加。

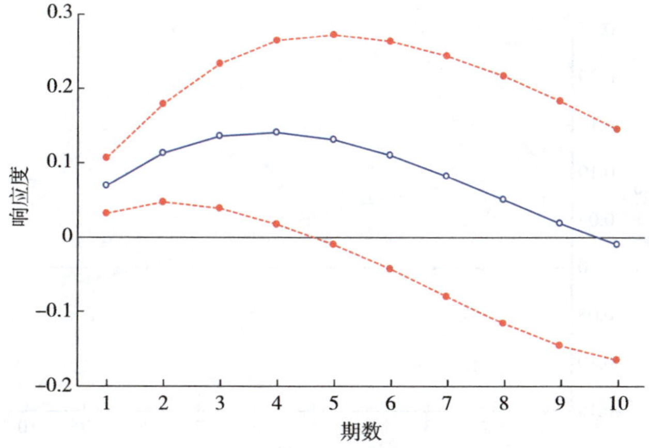

图 5-2　$\ln(X_1)$ 对 $\ln(Y)$ 的脉冲响应曲线

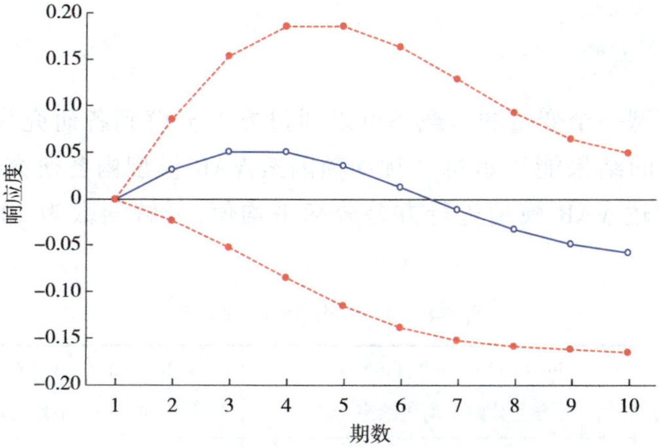

图 5-3　$\ln(Y)$ 对 $\ln(X_1)$ 的脉冲响应曲线

（二）交通运输、仓储和邮政产业总值与轨道交通产业总值的冲击响应结果

根据图 5-4 和表 5-6 的结果显示，交通运输、仓储和邮政产业总值对轨道交通产业总值一个单位的冲击，当期值为 0.06，在第 2 期达到最大值为 0.091，而后又开始持续下降，到第 8 期脉冲响应值为 0，而后持续下降，整个 10 期的脉冲响应值波动曲线呈现为先增后减，但脉冲响应累计总值为正。这表示，在产业发展前期，交通运输、仓储和邮政产业总值不断增加会促进轨道交通产业的发展，而后随着交通运输、仓储和邮政的不断发展对轨道交通产业冲击会减弱，但是总体来看对轨道交通产业的发展是正向促进的。

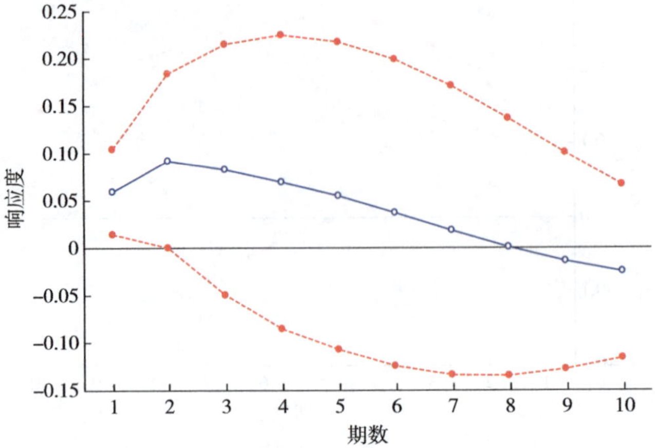

图 5-4 $\ln(X_2)$ 对 $\ln(Y)$ 的脉冲响应曲线

二、方差分解

VAR 模型一个变量的承载率可以通过方差分解到各研究变量上，所以方差分解后的结果能显示每个扰动项因素 VAR 模型内各研究变量的贡献率[65]。对上述 VAR 模型进行方差分解平均值，分解期数为 10 期，结果见表 5-6。

表 5-6 方差分解平均贡献率

变量名称	$\ln(Y)$ 对 $\ln(X_1)$、$\ln(X_2)$ 的方差分解平均贡献率/%	$\ln(X_1)$、$\ln(X_2)$ 对 $\ln(Y)$ 的方差分解平均贡献率/%
$\ln(X_1)$	38.580	6.330
$\ln(X_2)$	45.346	3.354

从表 5-6 结果可以看出，在 10 期内，轨道交通产业总值对于交通运输设备产业总值及交通运输、仓储和邮政产业总值方差分解的平均贡献度很显著，很显然轨道交通产业带动了国家相关产业的融合，刺激了对交通运输设备材料的大量需求，承担了大量的运输任务，通过直接或间接的方式拉动了相关产业总值的增长。

第六章　轨道交通产业的驱动环节识别与效应分析

第一节　轨道交通产业内外在关系分析

一、内在关系分析

轨道交通作为助力国家经济、科技高质量发展的新兴产业，具有复杂的产业链结构。其中，科技研发、规划设计及原材料供应作为轨道交通产业链中的上游单位，对产业发展具有重要的技术和材料支持作用；工程建设与装备制造单位作为中间产业部门，有效衔接了上游技术产业部门和下游运营管理、运营服务及运营维护部门的关系，是轨道交通产业链的中间环节。基于对轨道交通产业的构成分析，明确轨道交通产业上中下游三个环节的功能与联系，如图 6-1 所示。

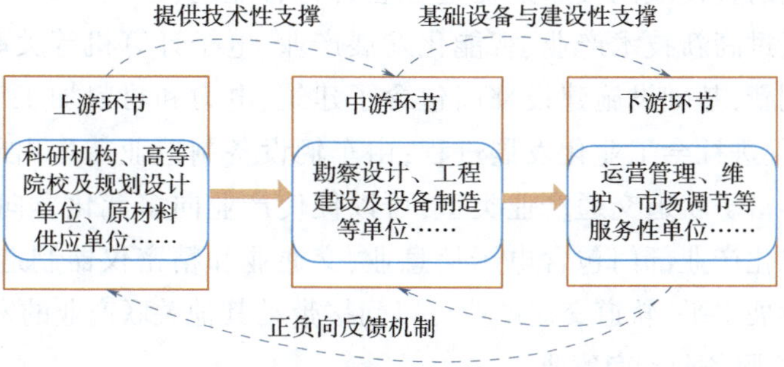

图 6-1　轨道交通产业内在关系分析

图6-1清楚解释了上游企业为了创造更高的市场经济效益,需要向中游企业提供必要的技术支撑和生产建设的必备材料,同时,中游企业若要提高自身的市场影响力,离不开先进技术的推动和基础设施设备的保障。中游企业作为轨道交通产业链中工程建设和产品制造的重要组成部分,决定了下游企业运营管理水平的差异和运营服务质量的好坏。同时,运营环境的优良程度与轨道交通产品的安全性、舒适性密切相关,可以如实反馈给上游和中游企业,促进上游技术研发与材料性能的提高,改善中游勘察设计、工程建设与设备制造的生产品质。

因此,轨道交通产业上中下游不同环节之间具有相互交错的直接与间接联系,涉及众多的产业部门,使得经济发展水平、科技研发环境、社会发展需求和人口流向等因素均会对轨道交通产业发展产生影响。将轨道交通产业按照产业链系统构成划分为上游、中游和下游三个环节,理清轨道交通产业各环节的内在联系是进行轨道交通产业驱动环节识别的关键。

二、外在关系分析

轨道交通作为复杂运输系统的主要方式,不是单一的、孤立的系统,其生产、建设、运营、管理等活动均离不开经济支持与社会发展需求,同时,轨道交通作为经济社会发展的基础性、关键性产业,其发展水平的提高可以激发经济活力,促进社会进步,可以说轨道交通产业与外部经济、社会等系统之间存在相互促进、相辅相成的发展关系。由此可见,轨道交通产业发展与经济、社会环境等外部系统具有密切关联,对轨道交通产业与外部系统的关系进行分析,如图6-2所示。

由图6-2可以看出,轨道交通每个产业环节都需要多个部门的共同参与,不同产业间的直接或间接联系促进社会各行各业的发展。如产品技术研发部门可以通过高新技术产业、智能化发展产业、电子计算机等关联产业推动社会科技创新;基础设施建设部门包含了建筑、电力和材料加工等多个关联产业,可以促进社会工业化发展进程;由车辆设备制造业衍生出的新材料加工与制造丰富了轨道交通产业类型,可以促使产业向多元化方向发展;车辆运行及信息化产业部门包含电子信息业、交通业和精密仪器制造等,可以提高信息化发展水平;轨道交通产业可以间接带动其他关联产业的发展,如旅游服务业、餐饮服务业和商贸业。

通过上述分析可知,轨道交通产业不仅为其他产业带来了长足的发展空

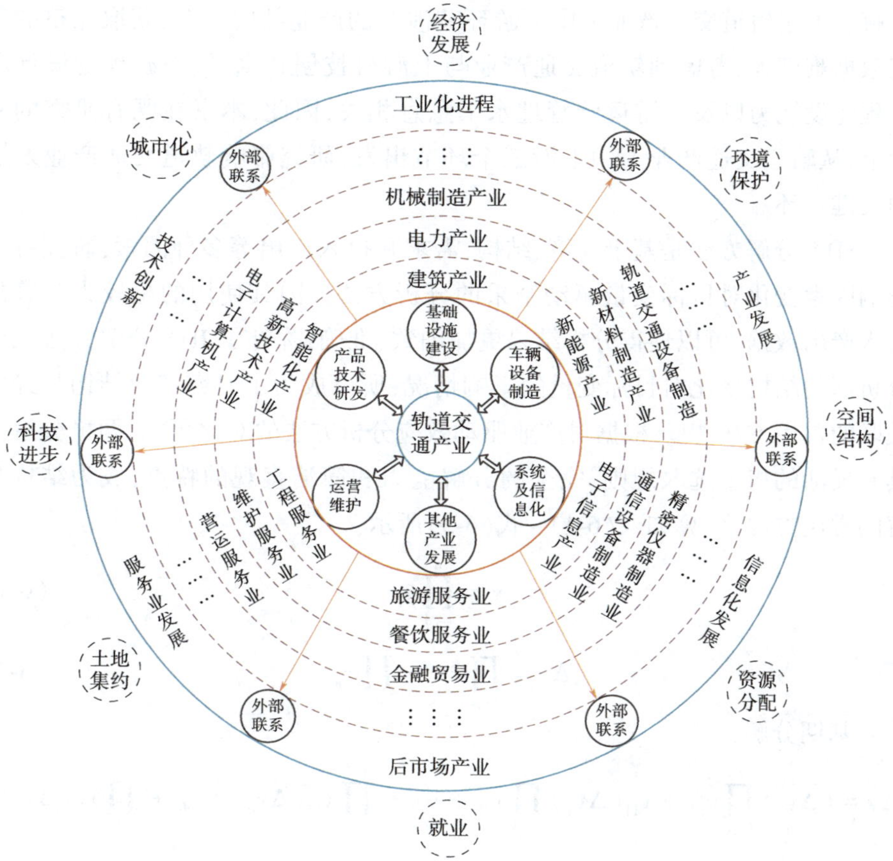

图 6-2　轨道交通产业与外部系统关系分析

间，提供更多的发展机遇，同时可以为环境保护和土地集约化发展提供新方案，对空间布局优化和区域资源分配也起到良好的指示作用。总之，轨道交通与外部经济、社会、环境等系统之间存在着千丝万缕的联系，对轨道交通产业与外在系统的关系分析是研究轨道交通产业外在驱动效应的基础。

第二节　驱动环节识别模型

一、SDA 方法

通过对其他产业的驱动效应研究，可以发现研究学者大多从相互关联的多个产业部门出发，考虑对碳排放、能源消耗和水资源利用等进行驱动效应分解。由于轨道交通产业上中下游环节涉及的产业部门众多,获取完整的研究数据难度大,考虑到轨道交通产业与上游科技创新水平、中游规划设计和工程建设能力以及下游运营管理水平息息相关,因此,本书在既有研究的基础上,从轨道交通产业上中下游三个环节出发,研究影响轨道交通产业发展的关键一环。

SDA 分解方法是基于经济、结构、需求和投入产出等多种因素,研究各类影响因素变化对目标变量驱动结果的分析方法。因其使用的是较为完善的投入产出数据,可以使得分析结果更加细致、准确,弥补了 IDA 分解方法无法分析部门结构变化对目标变量的影响情况,所以成为了研究产业结构与经济关联的常用方法[66]。根据对产业驱动效应分析方法的对比可知,两极分解法具有灵活的权重选取规则、完全的分解能力和简洁直观的特点,成为结构分解的常用方法,计算如式(6-1)~式(6-5)所示:

$$y = \prod_{i=1}^{n} x_i \tag{6-1}$$

$$\Delta y = \prod_{i=1}^{n} x_{i1} - \prod_{j=1}^{n} x_{j0} \tag{6-2}$$

基期分解:

$$\Delta y = (\Delta x_1)\prod_{i=2}^{n} x_{i0} + x_{11}(\Delta x_2)\prod_{j=3}^{n} x_{j0} + \cdots + \prod_{k=1}^{n-2} x_{k1}(\Delta x_{n-1})x_{n0} + \prod_{l=1}^{n-1} x_{l1}(\Delta x_n) \tag{6-3}$$

计算期分解:

$$\Delta y = (\Delta x_1)\prod_{i=2}^{n} x_{i1} + x_{10}(\Delta x_2)\prod_{j=3}^{n} x_{j1} + \cdots + \prod_{k=1}^{n-2} x_{k0}(\Delta x_{n-1})x_{n1} + \prod_{l=1}^{n-1} x_{10}(\Delta x_n) \tag{6-4}$$

$$E^P(\Delta x_i) = \frac{1}{2}\prod_{j=1}^{i-1} x_{j0}(\Delta x_i)\prod_{k=i+1}^{n} x_{k1} + \frac{1}{2}\prod_{l=1}^{i-1} x_{j0}(\Delta x_i)\prod_{m=i+1}^{n} x_{m0} \tag{6-5}$$

式中 x_i——第 i 个影响因素的驱动作用;

y——i 个因素的总驱动;

x_{i1}——报告期内的驱动效应;

x_{j0}——研究基期的驱动效应。

利用两极分解法进行轨道交通产业驱动环节分析框架,如图 6-3 所示。

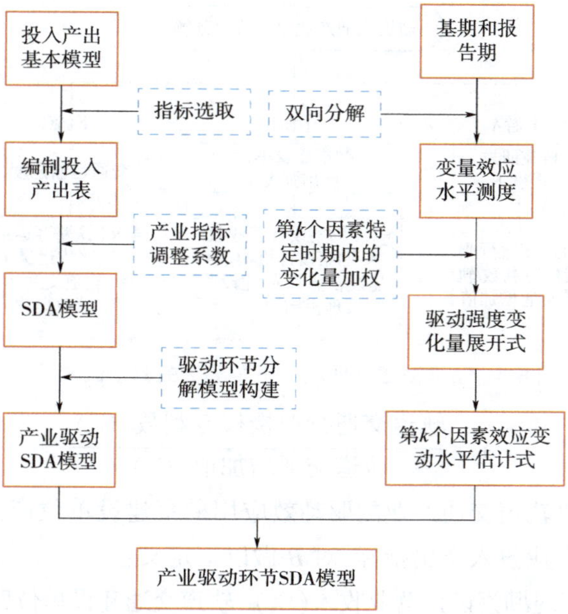

图 6-3　基于 SDA 模型的产业驱动环节分析框架

二、指标选取

基于轨道交通产业投入产出指标体系,结合轨道交通产业驱动环节划分特点,依次从科技研发、工程建设和运营状况三个方面建立驱动环节的测度指标。具体内容如下:选取研发投资强度和科技研发强度作为影响轨道交通产业上游发展的驱动因素;选取勘察设计单位产出强度作为影响轨道交通产业中游发展的驱动因素;选取轨道交通运输强度和城市化发展需求强度作为影响产业下游发展的驱动因素,得到影响轨道交通产业上中下游环节的驱动要素构成,如图 6-4 所示。

三、模型构建

上游环节对轨道交通产业的驱动效应用 A 表示,其中研发投资强度和科技研发强度分别定义为 A_1 和 A_2,结合第三章第二节确定的轨道交通产业投入产出指标,分别对 A_1 和 A_2 做以下定义:

$$A_1 = \frac{\text{轨道交通科研投资}(\mathrm{T}_1)}{\text{轨道交通研发项目数}(\mathrm{T}_3)} \tag{6-6}$$

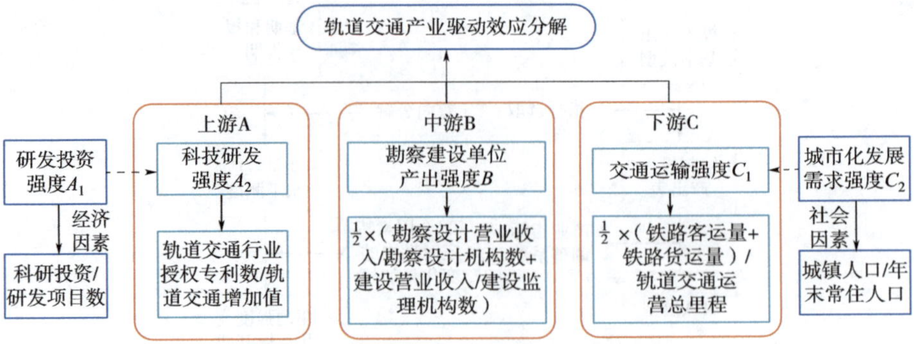

图 6-4 轨道交通产业上中下游环节的驱动因素分析

$$A_2=\frac{\text{轨道交通行业授权专利数}(\mathrm{C}_5)}{\text{轨道交通增加值}(\mathrm{C}_2)} \tag{6-7}$$

中游环节对轨道交通产业的驱动效应用勘察建设单位产出强度 B 表示，根据轨道交通产业投入产出指标，对 B 做以下定义：

$$B=\frac{1}{2}\times\left(\frac{\text{轨道交通勘察设计营业收入}(\mathrm{C}_3)}{\text{轨道交通勘察设计机构数}(\mathrm{T}_4)}+\frac{\text{轨道交通建设单位营业收入}(\mathrm{C}_4)}{\text{轨道交通建设监理机构数}(\mathrm{T}_5)}\right) \tag{6-8}$$

下游环节对轨道交通产业的驱动效应用 C 表示，其中交通运输强度和城市化发展需求强度分别用 C_1 和 C_2 表示，根据第三章第二节确定的轨道交通产业投入产出指标，对 C_1 和 C_2 做以下定义：

$$C_1=\frac{\left(\text{铁路客运量}(\mathrm{C}_6)+\text{铁路货运量}(\mathrm{C}_7)\right)}{2\times\text{轨道交通运营总里程}(\mathrm{C}_{13})} \tag{6-9}$$

$$C_2=\frac{\text{城镇人口}}{\text{年末常住总人口}} \tag{6-10}$$

为明确轨道交通产业上游、中游和下游不同环节对轨道交通产业的总驱动效应值，建立驱动效应结构分解模型，如式（6-11）所示：

$$CI=A\times B\times C=A_1\times A_2\times B\times C_1\times C_2 \tag{6-11}$$

式中 CI——轨道交通产业驱动效应值。

CI 反映产业链上中下游环节对轨道交通产业发展的综合驱动作用。当始终只有一个产业环节发生改变，其余环节的影响保持不变时，轨道交通产业驱动效应的改变量即为该环节带来的驱动效应值。

轨道交通产业基期与报告期的驱动效应变化表示为

$$\Delta CI=CI_1-CI_0=A_{11}\times A_{21}\times B_1\times C_{11}\times C_{21}-A_{10}\times A_{20}\times B_0\times C_{10}\times C_{20} \tag{6-12}$$

式中　CI_0——研究基期轨道交通产业驱动效应值；

CI_1——报告期轨道交通产业驱动效应值。

采用两极分解法分别从研究基期和报告期对式(6-12)进行分解,具体内容如下。

基期分解：

$$\Delta CI=\Delta A_1\times A_{20}\times B_0\times C_{10}\times C_{20}+A_{11}\times\Delta A_2\times B_0\times C_{10}\times C_{20}+A_{11}\times A_{21}\times\Delta B\times C_{10}\times C_{20}+A_{11}\times A_{21}\times B_1\times\Delta C_1\times C_{20}+A_{11}\times A_{21}\times B_1\times C_{11}\times\Delta C_2 \tag{6-13}$$

报告期分解：

$$\Delta CI=\Delta A_1\times A_{21}\times B_1\times C_{11}\times C_{12}+A_{10}\times\Delta A_2\times B_1\times C_{11}\times C_{21}+A_{10}\times A_{20}\times\Delta B\times C_{11}\times C_{21}+A_{10}\times A_{20}\times B_0\times\Delta C_1\times C_{21}+A_{10}\times A_{20}\times B_0\times C_{10}\times\Delta C_2 \tag{6-14}$$

式(6-13)和式(6-14)表示采用两级分解法得到的轨道交通产业驱动效应值。当其他因素保持不变时,上游研发投资强度 A_1、科技研发强度 A_2,中游勘察建设单位产出强度 B,下游运输强度 C_1 和城市化发展需求强度 C_2 发生改变引起的影响效应值如式(6-15)~式(6-19)所示。

上游研发投资强度 A_1 变化引起的驱动效应值为

$$(\Delta A_1\times A_{20}\times B_0\times C_{10}\times C_{20}+\Delta A_1\times A_{21}\times B_1\times C_{11}\times C_{12})/2 \tag{6-15}$$

上游科技研发强度 A_2 变化引起的驱动效应值为

$$(A_{10}\times\Delta A_2\times B_1\times C_{11}\times C_{21}+A_{11}\times\Delta A_2\times B_0\times C_{10}\times C_{20})/2 \tag{6-16}$$

中游勘察建设单位产出强度 B 引起的驱动效应值为

$$(A_{11}\times A_{21}\times\Delta B\times C_{10}\times C_{20}+A_{10}\times A_{20}\times\Delta B\times C_{11}\times C_{21})/2 \tag{6-17}$$

下游运输强度 C_1 变化引起的驱动效应值为

$$(A_{10}\times A_{20}\times B_0\times\Delta C_1\times C_{21}+A_{11}\times A_{21}\times B_1\times\Delta C_1\times C_{20})/2 \tag{6-18}$$

下游城市化发展需求强度 C_2 变化引起的驱动效应值为

$$(A_{11}\times A_{21}\times B_1\times C_{11}\times\Delta C_2+A_{10}\times A_{20}\times B_0\times C_{10}\times\Delta C_2)/2 \tag{6-19}$$

第三节　时间维度的驱动效应分析

根据式(6-15)~式(6-19)计算得到2001—2020年轨道交通产业上、中、下游环节带来的驱动效应值,见表6-1。

表 6-1 轨道交通产业驱动效应分解结果

时间段	上游环节		中游环节	下游环节		总驱动效应
	A_1	A_2	B	C_1	C_2	
2001—2002 年	6.93	−1.56	−0.67	0.41	1.17	6.28
2002—2003 年	2.62	11.31	3.79	0.49	1.55	19.76
2003—2004 年	1.40	−14.49	−1.04	5.22	1.47	−7.43
2004—2005 年	0.93	18.63	−1.19	3.03	2.02	23.43
2005—2006 年	0.87	0.85	18.41	3.69	2.43	26.24
2006—2007 年	0.68	−12.49	−3.65	6.54	2.36	−6.56
2007—2008 年	0.56	6.60	11.88	3.46	2.80	25.30
2008—2009 年	−11.16	4.49	8.01	−6.05	2.61	−2.10
2009—2010 年	22.66	52.23	−12.16	3.71	5.81	72.25
2010—2011 年	36.11	−6.18	144.81	16.12	6.26	197.13
2011—2012 年	−13.80	75.50	88.72	−21.24	11.46	140.64
2012—2013 年	17.03	−12.61	107.11	−4.37	11.53	118.67
2013—2014 年	32.09	−18.04	114.87	−46.25	12.88	95.56
2014—2015 年	156.17	197.66	23.82	−109.68	20.16	288.13
2015—2016 年	−79.40	6.98	456.75	13.36	27.67	425.36
2016—2017 年	−167.63	−53.92	70.74	100.71	30.80	−19.30
2017—2018 年	31.70	418.30	523.61	93.44	39.64	1 106.70
2018—2019 年	−327.71	−754.48	68.75	41.08	36.11	−936.30
2019—2020 年	−163.60	600.28	388.13	−420.57	47.38	451.62
2001—2020 年	308.16	508.54	774.37	22.50	411.68	2 025.30
贡献率	15.22%	25.11%	38.23%	1.11%	20.33%	100%
	40.33%		38.23%	21.44%		

由表 6-1 可知，2001—2020 年轨道交通产业上中下游环节带来的总驱动效应为 2 025.30。分因素来看，中游勘察建设单位产出强度 B 变化产生的驱动效应最大，对产业驱动贡献率为 38.23%；其次是上游科技研发强度 A_2 和下游城市化发展需求强度 C_2，分别产生了 25.11% 和 20.33% 的贡献率；轨道交

通运输强度 C_1 变化仅贡献了1.11%的驱动作用，是驱动效果最弱的因素。分环节来看，不同环节的累计驱动效应值整体表现为上游环节>中游环节>下游环节。

在上游驱动环节中，研发投资 A_1 和科研创新强度 A_2 对轨道交通产业的驱动作用没有明显的时间变化规律，累计驱动作用最高，占比40.33%。研发投资强度在2001—2015年期间主要发挥正向促进作用，2015年以后负驱动效应表现明显，尤其是2018—2019年研发投资强度的负向驱动作用达到最大。与研发投资强度相比，科技研发强度改变对轨道交通产业的驱动作用更强，负向抑制作用也更加明显。2015—2020年科技研发强度产生的驱动作用呈正负交替变化，2018—2019年驱动效应值为-754.48项/亿元，2019—2020年则达到600.28项/亿元，表明科技研发强度产生的驱动作用还不稳定。

在中游驱动环节中，2001—2010年期间，勘察建设单位产出强度 B 对轨道交通产业的驱动作用较小，且多表现为负向作用。2010年以后，产生的正向驱动作用逐渐增强，在2017—2018年达到最大，驱动效应值为523.61万元/个，表明勘察设计和工程建设单位对轨道交通产业具有良好的驱动作用，是促进轨道交通产业发展的重要环节。

在下游驱动环节中，2001—2020年期间，运输强度 C_1 对轨道交通产业的驱动作用逐渐增强，但负向抑制作用也愈加明显，累计驱动作用占比为21.44%。2019—2020年驱动效应最大，达到-420.57万人/km（或万t/km）。城市化发展需求强度 C_2 对轨道交通产业的驱动作用平稳上升，从2001—2002年的1.17增长至2019—2020年的47.38，是影响产业发展的第三类驱动因素。

轨道交通产业2001—2020年研发投资强度、科技研发强度、勘察建设单位产出强度、轨道交通运输强度和城市化发展需求强度带来的驱动效应变化如图6-5所示。

由图6-5可以看出，中游勘察建设单位产出强度 B 对轨道交通产业的驱动效应从2009—2010年逐渐开始显现，直至2019—2020年均表现为正向促进作用。上游科技研发强度 A_2 带来的驱动效应变化趋势与勘察设计单位产出强度基本一致，但驱动值略低于勘察设计单位产出强度。两者最大的区别在于2018—2019年时期，科技研发强度产生了较大的负向作用，与两个关联指标上升或下降的速度密切相关。

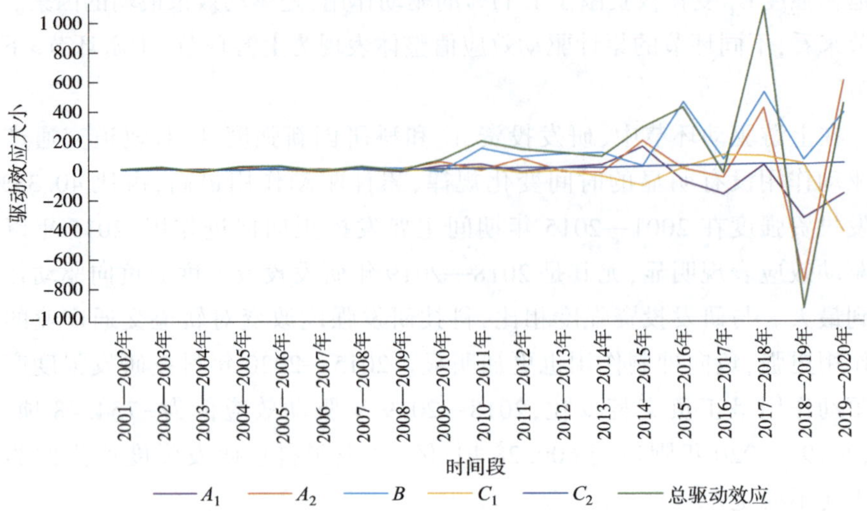

图 6-5 轨道交通产业驱动效应时序变化

通过数据分析发现，在 2018—2019 年期间，轨道交通行业的授权专利数大幅度减少，而行业增加值仍然保持增长趋势，使得科技研发强度骤降，表现出负向抑制作用。产业研发投资强度 A_1 带来的产业驱动效应从 2015 年至 2020 年均表现为抑制作用，通过数据溯源可以发现，产生这种现象的原因在于 2015—2020 年期间，研发投资强度 A_1 主要呈下降趋势，从 2015 年的 323.14 亿元/项下降至 2020 年的 213.73 亿元/项，表明轨道交通的研发经费投资不足以支撑产业研发项目数的增长水平，无法促进研发强度增长。

下游驱动环节中，运输强度 C_1 和城市化发展需求强度 C_2 对轨道交通产业的驱动作用并不显著，是驱动效应较弱的一环。其中，运输强度 C_1 在 2019—2020 年期间，轨道交通运营里程增长速度超过了客货运输量，导致运输强度 C_1 产生了明显的负向作用。

第四节　空间维度的驱动效应分析

根据式(6-12)~式(6-14)对 2005—2020 年我国 31 个省市自治区轨道交通产业的驱动效应值进行空间分解，详细结果见附录 3。根据国家统计局的常规区域划分标准，得到六大地区的轨道交通产业驱动效应值，见表 6-2。

表 6-2　区域轨道交通产业驱动效应值

时间段	华北	东北	华东	中南	西南	西北
2005—2006 年	-69. 02	-5. 12	-1 604. 82	4. 23	17. 63	2. 05
2006—2007 年	285. 72	60. 69	-84. 93	72. 59	24. 10	1. 76
2007—2008 年	-141. 87	25. 10	122. 25	-18. 53	-5. 14	19. 46
2008—2009 年	912. 26	16. 95	285. 55	126. 22	58. 64	38. 18
2009—2010 年	1 440. 07	195. 01	1 267. 60	805. 08	155. 91	85. 50
2010—2011 年	1 619. 19	237. 98	772. 77	614. 66	96. 00	36. 94
2011—2012 年	1 351. 80	-82. 73	1 668. 95	361. 77	77. 48	53. 52
2012—2013 年	2 426. 32	94. 89	1 725. 51	169. 24	161. 95	133. 39
2013—2014 年	2 514. 51	-219. 74	2 712. 84	467. 84	418. 50	32. 32
2014—2015 年	8 628. 04	130. 14	2 996. 49	2 338. 10	477. 06	881. 32
2015—2016 年	-34. 59	-84. 96	3 372. 22	-182. 01	-216. 89	384. 93
2016—2017 年	2 526. 75	-51. 01	1 252. 75	60. 92	-9. 73	-227. 15
2017—2018 年	11 205. 63	275. 37	10 832. 69	4 302. 45	819. 86	1 442. 98
2018—2019 年	4 864. 75	144. 19	1 909. 81	792. 70	-332. 51	502. 04
2019—2020 年	-5 266. 23	157. 99	2 950. 97	-627. 12	66. 34	178. 12
2005—2020 年	32 263. 33	894. 74	30 180. 66	9 288. 16	1 809. 22	3 565. 35

由表 6-2 可知，2005—2020 年间，不同区域轨道交通产业上游、中游和下游环节带来的综合驱动效应均为正向作用。其中，华北、华东地区的驱动效应表现较好，中南地区居中，西北地区的驱动效应约是中南地区的 1/3，是西南地区的近 2 倍，而东北地区的驱动效应表现较弱，驱动值不足西南地区的一半。空间驱动效应值整体表现为华北地区>华东地区>中南地区>西北地区>西南地区>东北地区。2005—2020 年期间，华北地区中北京和天津两地的轨道交通产业驱动效应较为突出；华东地区中上海、江苏、浙江的产业驱动效应较强；中南和西北地区的产业驱动主要集中在广州和陕西两地；西南和东北地区的产业驱动效应整体表现较弱，仅四川和辽宁能够达到全国平均水平，与北京、天津、上海、广东和陕西仍存在明显差距。

整体来看，轨道交通产业上中下游环节带来的综合驱动效应具有空间层次性，与轨道交通产业投入产出关系同样存在空间分级。采用式(6-15)～

式(6-19)进行计算,得到2005—2020年轨道交通产业上中下游不同环节对全国轨道交通产业的驱动效应值,见表6-3。

表6-3 2005—2020年轨道交通产业驱动效应分析

地区分布	上游环节		中游环节	下游环节		总驱动效应
	A_1	A_2	B	C_1	C_2	
北京	4 059.98	2 248.62	10 885.75	−6 545.29	471.15	11 120.22
天津	−15 073.15	20 249.48	13 383.79	−2 125.15	1 101.77	17 536.80
河北	−408.99	852.11	488.65	−4.35	221.89	1 149.31
山西	−1 628.39	2 283.34	1 449.47	−196.46	395.48	2 303.45
内蒙古	−317.79	308.84	105.14	26.74	30.67	153.61
辽宁	−149.65	336.95	430.61	−87.88	67.99	598.02
吉林	−10.61	48.55	86.48	−28.27	10.38	106.54
黑龙江	6.80	71.58	149.95	−57.49	19.36	190.20
上海	−9 524.85	13 107.87	32 941.83	−19 797.46	28.06	16 755.50
江苏	−4 111.12	5 229.44	2 867.09	−825.55	652.52	3 812.38
浙江	−4 905.22	5 176.98	3 485.62	−642.23	452.93	3 568.08
安徽	−15.45	672.08	829.71	−355.98	280.13	1 410.49
福建	−5.21	612.69	871.45	−137.07	224.42	1 566.29
江西	−120.05	428.05	379.09	−117.06	138.77	708.81
山东	−1 690.75	2 303.67	1 386.85	11.29	348.10	2 359.17
河南	60.16	177.69	216.90	−69.38	114.91	500.29
湖北	−171.10	615.96	734.76	−210.18	192.94	1 162.39
湖南	−541.31	831.84	933.38	−183.20	247.88	1 288.59
广东	−6 004.64	6 809.30	5 510.47	−1 081.58	616.75	5 850.31
广西	36.26	131.55	135.36	17.37	76.00	396.55
海南	34.29	12.13	24.67	7.61	11.35	90.04
重庆	−37.51	162.08	248.54	7.04	95.73	475.88
四川	139.96	186.50	353.27	−75.40	163.91	768.24
贵州	−33.89	193.25	213.70	−50.56	109.13	431.63
云南	−2.10	47.81	72.57	−15.55	28.10	130.83
西藏	1.32	0	0	0.76	0.55	2.63

续上表

地区分布	上游环节		中游环节	下游环节		总驱动效应
	A_1	A_2	B	C_1	C_2	
陕西	−218.91	1 262.03	593.39	516.90	559.88	2 713.30
甘肃	−54.32	234.24	158.47	−22.75	88.08	403.72
青海	10.97	12.11	13.43	−0.53	7.67	43.65
宁夏	35.97	51.49	45.44	16.17	32.44	181.52
新疆	62.03	33.16	83.27	5.87	38.85	223.17

由表 6-3 可知,2005—2020 年对北京市轨道交通产业驱动效应贡献较大的是中游勘察建设单位产出强度、上游研发投资强度和科技研发强度三个因素。城市化发展需求强度发挥了较弱的促进作用,可能的原因是北京的城市化发展水平已经很高,对轨道交通产业难以发挥更大的驱动作用。轨道交通运输强度却带来了明显的负向抑制作用,表明北京市轨道交通客货运输还未形成稳定的增长趋势,客货运输能力有待提升。

天津市轨道交通产业的驱动效应与北京市有所不同。研发投资强度对轨道交通产业具有较强的负向抑制作用,科技研发强度与勘察设计单位产出强度相比,前者的驱动效果更加明显,约是后者的 2 倍。城市化发展需求强度的驱动能力有所提升,轨道交通运输强度同样表现出了明显的负向抑制作用。

除此之外,由表 6-3 可以发现轨道交通研发投资强度和运输强度变化仅对全国少部分地区起到了较弱的促进作用,产生这一现象的原因与轨道交通科研投资和研发项目,以及轨道交通运营里程和铁路客货运量的增长速度有关。可能是因为科研投资与客货运量发展不足,也可能是由于研发项目增长速度超过了科研投资水平,或者运营里程增长速度超过了客货运量的平均增长速度,根本原因还需要进一步探讨。

第七章　轨道交通产业下游环节的驱动要素分析

第一节　驱动要素分解模型

一、LMDI 方法

指数分解分析方法近年来受到各行业研究学者的关注[67]，最常用的方法是由 Ang 等[68]开发的对数平均迪氏指数分解法，是广泛应用的分解法之一[69-70]。通过对产业驱动效应研究方法的对比分析可知，对数平均迪氏指数分解法与其他指数分解方法相比，可以提供完全的分解结果，解决剩余残差问题，同时更好地处理零值问题[71]，保证聚合结果的一致性[69,72]，被许多学者[73-74]应用于驱动因素的研究。对数平均迪氏指数分解法的核心思想是利用对数平均值取代传统的算术平均值作为权重系数进行分解计算[75]，其加法和乘法形式如式(7-1)~式(7-4)所示：

$$V = \sum_i V_i = \sum_i x_{i,1} \times x_{i,2} \times x_{i,3} \times \cdots \times x_{i,n} \tag{7-1}$$

$$\mathrm{d}V = \sum_i \mathrm{d}V_i = \sum_i V_i(\mathrm{dln}x_{i,1} + \mathrm{dln}x_{i,2} + \cdots + \mathrm{dln}x_{i,n}) \tag{7-2}$$

加法形式：

$$\begin{aligned}\Delta V &= \int_0^T \sum_i \mathrm{d}V_i = \sum_i \left(\int_0^T V_i \mathrm{dln}x_{i,1} + \int_0^T V_i \mathrm{dln}x_{i,2} + \cdots + \int_0^T V_i \mathrm{dln}x_{i,n}\right) \\ &= \sum_i w_i \ln\left(\frac{x_{i,1}^T}{x_{i,1}^0}\right) + \sum_i w_i \ln\left(\frac{x_{i,2}^T}{x_{i,2}^0}\right) + \cdots + \sum_i w_i \ln\left(\frac{x_{i,n}^T}{x_{i,n}^0}\right)\end{aligned} \tag{7-3}$$

乘法形式：

$$D_{i,k} = \exp\left\{ \sum_{i=1}^{m} \frac{L(V_{i,k}^T, V_{i,k}^0)}{L(V^T, V^0)} \times \ln\left(\frac{x_{i,k}^T}{x_{i,k}^0}\right) \right\} =$$

$$\exp\left\{ \sum_{i=1}^{m} \frac{(V_{i,k}^T - V_{i,k}^0)/(\ln V_{i,k}^T - \ln V_{i,k}^0)}{(V^T - V^0)/(\ln V^T - \ln V^0)} \times \ln\left(\frac{x_{i,k}^T}{x_{i,k}^0}\right) \right\} \tag{7-4}$$

w_i 表达式为

$$w_i = L(V_i^T, V_i^0) = \begin{cases} \dfrac{V_i^T - V_i^0}{\ln V_i^T - \ln V_i^0} & V_i^T \neq V_i^0 \\ V_i^T & V_i^T = V_i^0 \end{cases} \tag{7-5}$$

式中　$x_{i,n}$——第 n 个影响因素的驱动值；

ΔV——加法形式下目标变量的变化量；

$D_{x,k}$——乘法形式下目标变量的变化量。

由之前的分析结果可知，轨道交通运输强度对产业的驱动作用较小，以至于产生了明显的负向抑制作用，可能原因是运营里程增长速度超过了客货运量的平均增长速度。从轨道交通运营里程发展现状也可以看出，我国轨道交通运营里程在不断增长，而轨道交通运营里程持续增长的原因有待进行全方位的分析。因此，为了进一步分析影响轨道交通运营里程变化的驱动要素，改善轨道交通运输强度发展状况，根据 Ang[76] 提出的 LMDI 方法，对目标变量即轨道交通运营里程建立指标分解模型，分析每个因素的时空驱动效应值。

二、指标选取

在进行指标选取时，一方面基于产业驱动因素现状分析，结合轨道交通产业上中下游环节的投入产出指标和数据收集基础；另一方面参考 LMDI 方法在电力消耗[77]、能源消耗[78]、碳排放强度[79]和水资源利用[80]等领域的具体应用和指标选取方法，从宏观经济、社会系统和科技发展角度综合考虑影响轨道交通运营里程发展的关联因素，将影响轨道交通运营里程变化的因素归纳为：经济发展水平、科技创新实力和社会发展特征三种类型，尝试确定不同因素对运营里程变化的驱动效应值。

（一）经济发展水平

由驱动因素分析可知，经济发展水平越好就越能为轨道交通运营里程发展提供更多的资金支持,是保障运营里程发展的基础。同时轨道交通运营里程的发展亦可以反过来推动经济水平的提高[81],两者是相辅相成、相互促进的关系,相关学者也论证了轨道交通发展与经济增长的因果关系。

(二)科技创新实力

由驱动因素分析可知,技术创新是促进轨道交通产业发展的核心驱动力。一方面先进技术可以为轨道交通运营里程建设中存在的问题提供实际的解决方案,另一方面也可以为轨道交通产业发展创造更加先进的条件,对促进轨道交通运营里程发展、推动产业进入高质量发展阶段具有重要作用[82]。

(三)社会发展特征

社会发展特征主要指社会人口和就业情况。在其他条件基本相同的情况下,人口数量的急剧增长势必会影响人们对出行流动性的需求,另一方面轨道交通产业相关岗位的就业情况也是保障轨道交通运营里程发展的基础条件,是引起运营里程发生变化的原因之一。

根据上述对三类指标的理解,结合之前构建的轨道交通产业投入产出指标体系,基于数据完整性、可比性、可量化性及可获得性原则,分别选取具有代表性的可量化指标进行指数分解研究,具体如下:①经济发展水平方面,选取与轨道交通运营里程相关的经济指标,包括运营里程发展强度(operating mileage development intensity,ODI)、经济结构(economic structure,ES)和投入产出效率(input output efficiency,IOE)三个指标;②科技创新实力方面,选取研发投资成本(research and development investment cost,IC)、科技创新能力(scientific and technological innovation ability,TI)和人才驱动(talent driven,TD)三个指标;③社会发展特征方面,选取就业率(rate of employment,RE)和人口驱动(population driven,PD)作为促进轨道交通运营里程发展的二级指标。建立影响轨道交通运营里程发展的指标体系,见表 7-1。

表 7-1 轨道交通运营里程发展的影响指标

一级指标	二级指标	符号	释义	计算方法	表示
经济发展水平	运营里程发展强度	ODI	单位运输生产总值下轨道交通运营里程变化情况	轨道交通运营里程/轨道交通产业生产总值	OM/C-GDP

续上表

一级指标	二级指标	符号	释　义	计算方法	表示
经济发展水平	经济结构	ES	轨道交通产业生产总值对地区经济贡献度	轨道交通产业生产总值/地区生产总值	C-GDP/R-GDP
	投入产出效率	IOE	单位投资额下的生产能力	地区生产总值/固定资产投资	R-GDP/IA
科技创新实力	研发投资成本	IC	单位专利的投资额度	固定资产投资/专利数量	IA/NP
	科技创新能力	TI	单位人才的科技产出能力	专利数量/高技术人才数量	NP/NHT
	人才驱动	TD	高技术人才占比	高技术人才数量/从业人员数量	NHT/EM
社会发展特征	就业率	RE	行业就业率	从业人员数量/地区总人口	EM/P
	人口驱动	PD	人口流动需求	地区总人口	P

三、模型构建

通过上述分析，可以将轨道交通运营里程(operating mileage of rail transit，OM)增长情况分解为运营里程发展强度、经济结构、投入产出效率、研发投资成本、科技创新能力、高技术人才、就业率和人口八个因素的综合驱动效应，采用LMDI分解方法建立指数分解模型，如式(7-6)、式(7-7)所示：

$$\mathrm{OM}=\sum \mathrm{OM}_i^t=\sum\left(\frac{\mathrm{OM}_i^t}{\mathrm{C\text{-}GDP}_i^t}\times\frac{\mathrm{C\text{-}GDP}_i^t}{\mathrm{R\text{-}GDP}_i^t}\times\frac{\mathrm{R\text{-}GDP}_i^t}{\mathrm{IA}_i^t}\times\frac{\mathrm{IA}_i^t}{\mathrm{NP}_i^t}\times\frac{\mathrm{NP}_i^t}{\mathrm{NHT}_i^t}\times\frac{\mathrm{NHT}_i^t}{\mathrm{EM}_i^t}\times\frac{\mathrm{EM}_i^t}{\mathrm{P}_i^t}\times\mathrm{P}_i^t\right) \tag{7-6}$$

$$\mathrm{OM}=\sum \mathrm{ODI}_i^t\times\mathrm{ES}_i^t\times\mathrm{IOE}_i^t\times\mathrm{IC}_i^t\times\mathrm{TI}_i^t\times\mathrm{TD}_i^t\times\mathrm{RE}_i^t\times\mathrm{PD}_i^t \tag{7-7}$$

式中　i——31个地区；

t——不同区域对应的计算年份。

LMDI分解方法有乘法和加法两种计算形式，其最终分解结果与实际变化情况基本一致，这一点可以作为检验分解结果是否正确的判断依据。根据式(7-3)和式(7-4)可得运营里程发展强度、经济结构、投入产出效率、研发投资成本、科技创新能力、高技术人才、就业率和人口对轨道交通运营里程驱动作用的加法和乘法形式,如式(7-8)~式(7-16)所示:

$$\Delta V_{\mathrm{ODI}}=L(\mathrm{OM}_i^t,\mathrm{OM}_i^0)\times\ln\left(\frac{\mathrm{ODI}_i^t}{\mathrm{ODI}_i^0}\right)\quad \Delta V_{\mathrm{ES}}=L(\mathrm{OM}_i^t,\mathrm{OM}_i^0)\times\ln\left(\frac{\mathrm{ES}_i^t}{\mathrm{ES}_i^0}\right)\tag{7-8}$$

$$\Delta V_{\mathrm{IOE}}=L(\mathrm{OM}_i^t,\mathrm{OM}_i^0)\times\ln\left(\frac{\mathrm{IOE}_i^t}{\mathrm{IOE}_i^0}\right)\quad \Delta V_{\mathrm{IC}}=L(\mathrm{OM}_i^t,\mathrm{OM}_i^0)\times\ln\left(\frac{\mathrm{IC}_i^t}{\mathrm{IC}_i^0}\right)\tag{7-9}$$

$$\Delta V_{\mathrm{TI}}=L(\mathrm{OM}_i^t,\mathrm{OM}_i^0)\times\ln\left(\frac{\mathrm{TI}_i^t}{\mathrm{TI}_i^0}\right)\quad \Delta V_{\mathrm{TD}}=L(\mathrm{OM}_i^t,\mathrm{OM}_i^0)\times\ln\left(\frac{\mathrm{TD}_i^t}{\mathrm{TD}_i^0}\right)\tag{7-10}$$

$$\Delta V_{\mathrm{RE}}=L(\mathrm{OM}_i^t,\mathrm{OM}_i^0)\times\ln\left(\frac{\mathrm{RE}_i^t}{\mathrm{RE}_i^0}\right)\quad \Delta V_{\mathrm{PD}}=L(\mathrm{OM}_i^t,\mathrm{OM}_i^0)\times\ln\left(\frac{\mathrm{PD}_i^t}{\mathrm{PD}_i^0}\right)\tag{7-11}$$

$$D_{\mathrm{ODI}}=\exp\left(\sum\frac{L(\mathrm{OM}_i^t,\mathrm{OM}_i^0)}{L(\mathrm{OM}^t,\mathrm{OM}^0)}\ln\left(\frac{\mathrm{ODI}_i^t}{\mathrm{ODI}_i^0}\right)\right)$$

$$D_{\mathrm{ES}}=\exp\left(\sum\frac{L(\mathrm{OM}_i^t,\mathrm{OM}_i^0)}{L(\mathrm{OM}^t,\mathrm{OM}^0)}\ln\left(\frac{\mathrm{ES}_i^t}{\mathrm{ES}_i^0}\right)\right)\tag{7-12}$$

$$D_{\mathrm{IOE}}=\exp\left(\sum\frac{L(\mathrm{OM}_i^t,\mathrm{OM}_i^0)}{L(\mathrm{OM}^t,\mathrm{OM}^0)}\ln\left(\frac{\mathrm{IOE}_i^t}{\mathrm{IOE}_i^0}\right)\right)$$

$$D_{\mathrm{IC}}=\exp\left(\sum\frac{L(\mathrm{OM}_i^t,\mathrm{OM}_i^0)}{L(\mathrm{OM}^t,\mathrm{OM}^0)}\ln\left(\frac{\mathrm{IC}_i^t}{\mathrm{IC}_i^0}\right)\right)\tag{7-13}$$

$$D_{\mathrm{TI}}=\exp\left(\sum\frac{L(\mathrm{OM}_i^t,\mathrm{OM}_i^0)}{L(\mathrm{OM}^t,\mathrm{OM}^0)}\ln\left(\frac{\mathrm{TI}_i^t}{\mathrm{TI}_i^t}\right)\right)$$

$$D_{\mathrm{TD}}=\exp\left(\sum\frac{L(\mathrm{OM}_i^t,\mathrm{OM}_i^0)}{L(\mathrm{OM}^t,\mathrm{OM}^0)}\ln\left(\frac{\mathrm{TD}_i^t}{\mathrm{TD}_i^0}\right)\right)\tag{7-14}$$

$$D_{\mathrm{RE}}=\exp\left(\sum\frac{L(\mathrm{OM}_i^t,\mathrm{OM}_i^0)}{L(\mathrm{OM}^t,\mathrm{OM}^0)}\ln\left(\frac{\mathrm{RE}_i^t}{\mathrm{RE}_i^0}\right)\right)$$

$$D_{\mathrm{PD}}=\exp\left(\sum\frac{L(\mathrm{OM}_i^t,\mathrm{OM}_i^0)}{L(\mathrm{OM}^t,\mathrm{OM}^0}\ln\left(\frac{\mathrm{PD}_i^t}{\mathrm{PD}_i^0}\right)\right)\tag{7-15}$$

$$L(\mathrm{OM}_i^t,\mathrm{OM}_i^0)=\begin{cases}(\mathrm{OM}_i^t-\mathrm{OM}_i^0)/\ln(\mathrm{OM}_i^t/\mathrm{OM}_i^0) & \mathrm{OM}_i^t\neq \mathrm{OM}_i^0\\ \mathrm{OM}_i^t \text{ 或 } \mathrm{OM}_i^0 & \mathrm{OM}_i^t=\mathrm{OM}_i^0\end{cases}\tag{7-16}$$

上述不同指标的分析数据来源于《中国交通统计年鉴》、国家统计局历年统计年鉴和中国城市轨道交通协会官网。

根据指数分解模型特点，需要针对研究对象的某一特征，在对其进行全面了解和分析的基础上，综合考虑与之相关联的影响因素和该特征的关系，将该特征的变化情况表示成其他相关联因素的综合作用形式，并将不同因素对该特征变化的影响结果按照贡献程度进行分类考虑的一种分析方法。最终目的在于分析不同因素对该特征作用的贡献情况，分解结果中本身包含了不同因素的单位量级，是对研究对象驱动作用的直观展示。这种作用的好坏是通过不同因素的贡献程度进行分级考量的，故各个分解指标之间的相关性并不影响最终的研究结果，所以进行指数分解时不需要考虑不同指标的量纲和相关性，可以直接使用原始数据进行分解。这是与一般回归分析的最大区别，也体现了之前提到的“影响”效应和“驱动”效应的区别。从另一方面来看，分解得到的不同影响指标都是密切围绕研究对象的这一特征建立起来的，在某种程度上必然存在或多或少的相关关系，但这不是 LMDI 分解模型考虑的重点。

第二节 时间维度的驱动效应分析

一、加法分解

运用式(7-8)~式(7-11)进行加法分解，可以得到不同驱动要素对轨道交通运营里程的驱动效应值，见表 7-2。图 7-1 显示了轨道交通运营里程实际变化情况，对比可知表 7-2 中加法分解得到的轨道交通运营里程驱动效应值与实际增长情况基本一致，验证了分解结果的正确性。

表 7-2 轨道交通运营里程驱动效应加法分解

时间段	2008—2009 年	2009—2010 年	2010—2011 年	2011—2012 年	2012—2013 年	2013—2014 年
效应值/km	5 831	5 660	2 098	4 349	5 519	8 676

续上表

时间段	2014—2015 年	2015—2016 年	2016—2017 年	2017—2018 年	2018—2019 年	2019—2020 年
效应值/km	9 150	3 021	3 710	3 948	8 275	6 406

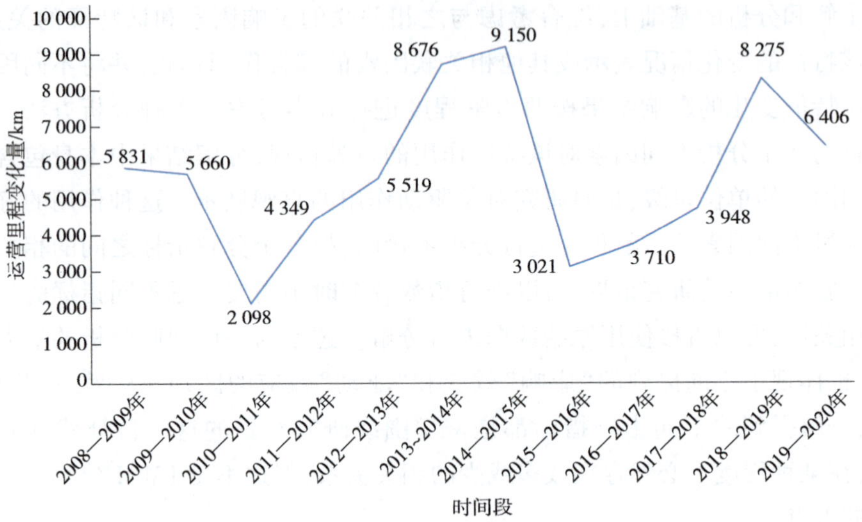

图 7-1 轨道交通运营里程实际变化量

由表 7-2 和图 7-1 可以看出,从时间层面上来看,我国轨道交通运营里程增长量呈现阶段性波动,2008—2010 年轨道交通运营里程变化量逐渐降低,2011—2015 年期间是我国轨道交通运营里程快速发展时期,2015—2020 年整体保持上升趋势。2008—2010 年、2011—2015 年和 2016—2020 年三个时间段内的轨道交通运营里程年均增长量基本稳定在 6 000 km 左右。2008—2020 年的累计驱动效应呈现"W"形发展趋势。

进一步分解可得到 2008—2020 年运营里程发展强度、经济结构、投入产出效率、研发投资成本、科技创新能力、高技术人才、就业率和人口对轨道交通运营里程的驱动效应值,见表 7-3。

由表 7-3 可知,2008—2020 年间对轨道交通运营里程变化起正向驱动作用的因素有科技创新能力、高技术人才、就业率和人口。其中,科技创新能力的贡献率最高,为 295%,促进运营里程平均增长 16 406. 920 km;其次是高技术人才,发挥了 95% 的驱动作用,推动运营里程平均增长 5 255. 881 km;就业率发挥了 19% 的促进作用,人口驱动效应的贡献率为 6%。从 2008—2010 年、

表 7-3 轨道交通运营里程驱动效应值

km

时间段	ODI	ES	IOE	IC	TI	TD	RE	PD
2008—2009 年	−449. 369	−1 197. 100	−12 811. 900	−2 600. 320	2 466. 133	15 120. 060	4 775. 399	527. 660
2009—2010 年	−3 899. 740	−7 212. 910	−1 292. 970	−13 593. 000	30 086. 830	4 173. 016	−3 171. 000	570. 042
2010—2011 年	−11 062. 000	−4 576. 510	4 587. 039	−2 578. 310	−7 407. 240	23 493. 390	−801. 164	443. 121
2011—2012 年	−6 197. 590	176. 489	−9 307. 640	−9 185. 630	16 294. 100	10 595. 480	1 473. 921	499. 859
2012—2013 年	−1 489. 650	−2 380. 470	−6 917. 970	1 800. 148	3 131. 170	10 790. 360	65. 1 583	520. 458
2013—2014 年	1 407. 194	−355. 253	−7 796. 100	10 744. 290	−1 774. 110	−326. 560	6 211. 976	564. 768
2014—2015 年	8 601. 397	−4 062. 710	−1 615. 650	−31 972. 700	42 405. 580	−2 633. 470	−2 269. 110	696. 210
2015—2016 年	−5 584. 290	1 793. 498	2 308. 877	−459. 717	1 071. 209	2 833. 933	359. 312	698. 479
2016—2017 年	−11 238. 400	7 259. 172	6 582. 755	−7 446. 820	13 352. 590	−2 371. 170	−3 143. 660	715. 611
2017—2018 年	−398. 984	−5 703. 500	8 825. 811	−39 715. 400	50 591. 840	−7 913. 720	−2 394. 790	656. 765
2018—2019 年	−4 961. 400	7 261. 391	−1 767. 990	−2 607. 540	2 747. 280	−8. 808	7 023. 888	588. 193
2019—2020 年	11 750. 160	−9 093. 040	−1 211. 520	−50 692. 000	43 917. 620	9 318. 058	4 712. 127	−2 295. 450
2008—2010 年	−4 045. 490	−8 177. 680	−14 301. 800	−14 898. 500	32 840. 160	17 172. 430	1 805. 400	1 096. 400
2011—2015 年	1 022. 320	−6 599. 700	−26 572. 300	−27 397. 300	58 434. 960	20 678. 650	5 827. 010	2 300. 320
2016—2020 年	−6 734. 420	557. 780	13 764. 930	−99 812. 100	110 699. 900	−1 752. 870	5 778. 710	−162. 870
均值	−1 960. 220	−1 507. 580	−1 701. 440	−12 358. 900	16 406. 920	5 255. 881	1 070. 171	348. 810
贡献率	−0. 350	−0. 270	−0. 310	−2. 230	2. 950	0. 950	0. 190	0. 060

2011—2015 年和 2016—2020 年三个时间段内四个驱动因素的对比可以看出，只有科技创新能力对轨道交通运营里程的促进作用在稳定增强，说明科技创新能力是促进我国轨道交通运营里程发展的主要动力。

同时表 7-3 显示抑制轨道交通运营里程增长的驱动因素也有四类。其中，研发投资成本带来的抑制作用最大，负向贡献率为-223%，是阻碍轨道交通运营里程增长的主要因素；其次是运营里程发展强度，负向贡献率为 35%，2008—2020 年间平均抑制轨道交通运营里程增长 1 960. 22 km；投入产出效率带来的抑制作用与运营里程发展强度作用接近，负向贡献率为-31%；经济结构对轨道交通运营里程变化的负向驱动作用相对最小，2008—2020 年间平均抑制轨道交通运营里程增长 1 507. 58 km，负向贡献率为-27%。从 2008—2010 年、2011—2015 年和 2016—2020 年三个时间段内四个驱动因素的对比可以看出，研发投资成本对轨道交通运营里程的抑制作用在不断增强，说明我国研发投资水平在逐渐下降，相反的是，经济结构对轨道交通运营里程的抑制作用在不断减弱，由 2008—2010 年带来的抑制作用逐渐过渡到 2016—2020 年的正向促进作用，说明我国轨道交通产业生产总值在地区经济生产总值中发挥的作用越来越大，产业发展形势向好。

二、乘法分解

同样地，运用式(7-12)～式(7-15)进行乘法分解，可以得到不同驱动要素对轨道交通运营里程的驱动效应值，见表 7-4。图 7-2 显示了轨道交通运营里程实际变化情况，对比可知表 7-4 中乘法分解得到的轨道交通运营里程驱动效应值与实际增长情况基本一致，说明乘法分解模型是正确且合理的。

表 7-4 轨道交通运营里程驱动效应乘法分解

时间段	2008—2009 年	2009—2010 年	2010—2011 年	2011—2012 年	2012—2013 年	2013—2014 年
效应值	1. 073 2	1. 066 2	1. 022 7	1. 046 9	1. 056 5	1. 084 1
时间段	2014—2015 年	2015—2016 年	2016—2017 年	2017—2018 年	2018—2019 年	2019—2020 年
效应值	1. 081 8	1. 025 0	1. 024 0	1. 036 9	1. 062 9	1. 045 8

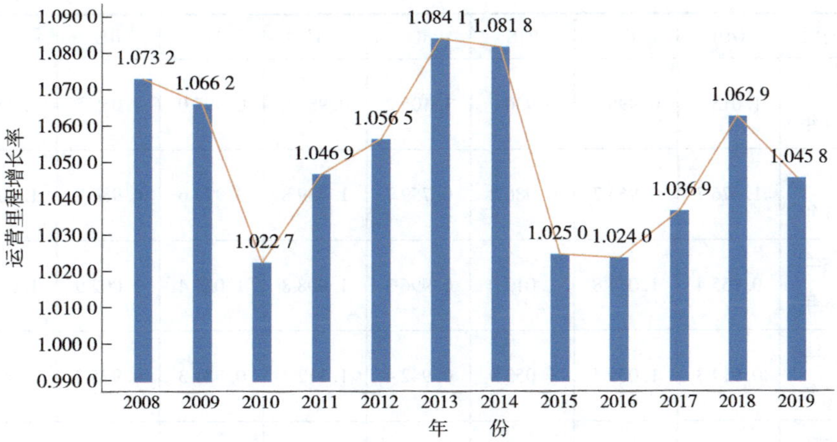

图 7-2　轨道交通运营里程实际增长率

图 7-2 显示轨道交通运营里程随时间的变化趋势与图 7-1 基本一致，分解结果验证了乘法形式与加法形式的一致性。2008—2010 年、2011—2015 年和 2016—2020 年三个时间段内的轨道交通运营里程增长速度基本保持在 1.05 倍左右。

进一步得到 2008—2020 年运营里程发展强度、经济结构、投入产出效率、研发投资成本、科技创新能力、高技术人才、就业率和人口的驱动效应值，见表 7-5。

表 7-5　轨道交通运营里程驱动效应值

时间段	ODI	ES	IOE	IC	TI	TD	RE	PD
2008—2009 年	0.994 6	0.985 6	0.856 3	0.969 0	1.030 3	1.201 0	1.059 5	1.006 4
2009—2010 年	0.956 8	0.921 6	0.985 5	0.857 3	1.405 9	1.048 4	0.964 7	1.006 5
2010—2011 年	0.887 0	0.951 6	1.051 0	0.972 4	0.922 8	1.290 2	0.991 3	1.004 8
2011—2012 年	0.937 1	1.001 9	0.907 1	0.908 2	1.186 2	1.117 4	1.015 6	1.005 3
2012—2013 年	0.985 3	0.976 6	0.933 4	1.018 1	1.031 7	1.113 5	1.000 6	1.005 2

续上表

时间段	ODI	ES	IOE	IC	TI	TD	RE	PD
2013—2014年	1.013 2	0.996 7	0.930 0	1.105 2	0.983 6	0.997 0	1.059 5	1.005 3
2014—2015年	1.076 7	0.965 7	0.986 2	0.759 7	1.439 8	0.977 6	0.980 7	1.006 0
2015—2016年	0.955 4	1.014 8	1.019 0	0.996 3	1.008 8	1.023 4	1.002 9	1.005 7
2016—2017年	0.914 3	1.059 6	1.053 9	0.942 4	1.112 3	0.981 3	0.975 3	1.005 7
2017—2018年	0.996 9	0.956 8	1.070 6	0.735 5	1.478 9	0.940 6	0.981 6	1.005 1
2018—2019年	0.964 1	1.054 9	0.987 1	0.981 0	1.020 4	0.999 9	1.053 1	1.004 3
2019—2020年	1.085 6	0.938 4	0.991 6	0.701 7	1.359 2	1.067 3	1.033 5	0.984 1
2008—2010年	0.953 7	0.908 6	0.845 6	0.839 7	1.469 6	1.223 0	1.021 4	1.012 9
2011—2015年	1.009 6	0.939 9	0.779 2	0.773 2	1.730 9	1.214 3	1.056 2	1.021 8
2016—2020年	0.951 3	1.004 1	1.107 5	0.477 0	2.272 5	0.987 1	1.043 8	0.998 8
平均值	0.980 6	0.985 3	0.981 0	0.912 2	1.165 0	1.063 1	1.009 9	1.003 7
贡献率	0.121 0	0.121 6	0.121 1	0.112 6	0.143 8	0.131 2	0.124 7	0.123 9

当驱动因素乘法分析结果大于1时,说明该因素可以产生正向促进作用,当结果小于1时,表明该驱动因素主要发挥抑制作用。由表7-5可知,同加法分解结果基本一致,科技创新能力、高技术人才、就业率和人口是促进轨道交通运营里程增长的驱动要素。其中,科技创新能力的贡献率最高,占比为14.38%,在2008—2020年期间带动轨道交通运营里程增长了1.165倍;其次高技术人才承担了13.12%的推动作用,促进轨道交通运营里程增长了1.06倍;就业率和人口驱动作用相当,各自发挥了12.47%和12.39%的贡献。

乘法分解结果也显示出 2008—2010 年、2011—2015 年和 2016—2020 年间科技创新能力是促进轨道交通运营里程发展的首要动力。

表 7-5 同样显示研发投资成本、运营里程发展强度、投入产出效率和经济结构阻碍了轨道交通运营里程增长，在 2008—2020 年期间分别推动轨道交通运营里程增长了 91.22%、98.06%、98.10% 和 98.53%，贡献率基本保持在 12% 水平。2008—2010 年、2011—2015 年和 2016—2020 年间研发投资成本和经济结构对轨道交通运营里程的驱动作用表现相反，研发投资成本抑制作用越来越强的同时，经济结构的促进作用越来越明显，经济结构在 2016—2020 年的平均增长率为 1.004 1，呈现正向促进趋势。由加法和乘法分解结果可以看出，不同驱动要素对轨道交通运营里程的作用方向和重要性程度是一致的，见表 7-6。

表 7-6　驱动要素对轨道交通运营里程的作用方向和重要性排序

正向驱动要素(+)	重要性	负向驱动要素(-)	重要性
科技创新能力	1	研发投资成本	1
高技术人才	2	运营里程发展强度	2
就业率	3	投入产出效率	3
人口驱动	4	经济结构	4

第三节　空间维度的驱动效应值分析

以加法分解为例，利用式(7-8)~式(7-11)对轨道交通运营里程的空间驱动效应进行分解分析，得到科技创新能力、研发投资成本、高技术人才、运营里程发展强度、就业率、投入产出效率、人口和经济结构对不同地区的驱动效应值，如图 7-3~图 7-10 所示。

(一)科技创新驱动

由图 7-3 可知，2008—2020 年期间科技创新能力对内蒙古地区的累计驱动作用最强，是唯一增长量在 25 000 km 以上的省份；其次黑龙江地区累计增长 15 305.78 km；河北、山西、吉林、河南、广西、陕西、甘肃和新疆地区的累计驱动量均在 10 000 km 以上。分时间段来看,科技创新能力驱动没有明显的时间变化关系,除了内蒙古地区外,2019—2020 年科技创新能力带来的驱动作用较突出。2010—2011 年由于单位人才的科技产出能力下降,使得科技创新能力对全国大部分地区轨道交通运营里程变化带来较小的抑制作用。

可以看出,2008—2020 年科技创新能力对全国大部分地区带来了积极作用,是促进轨道交通运营里程发展的主要驱动力,这一点与时间分解结果基本一致。

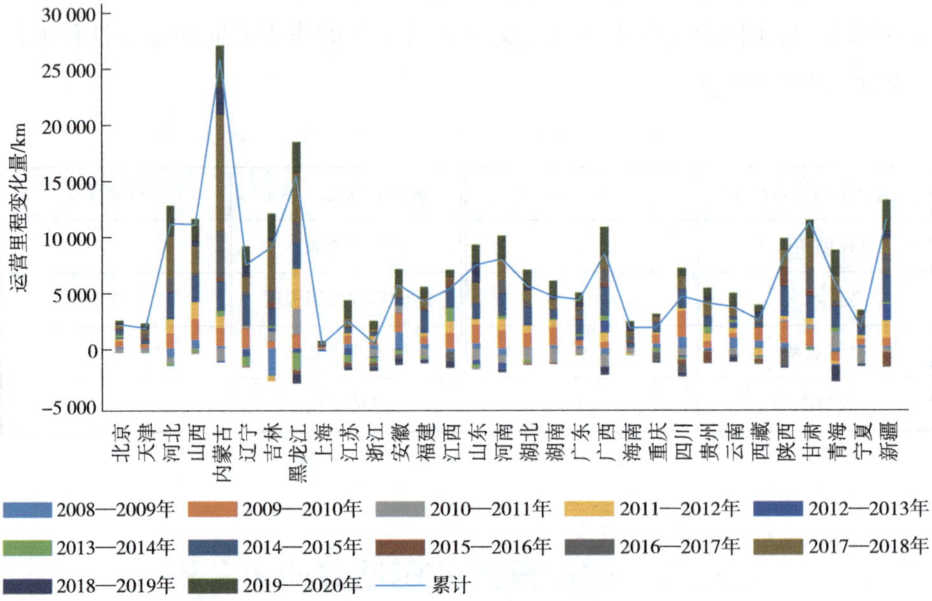

图 7-3 科技创新能力的空间驱动作用值

(二)研发投资驱动

图 7-4 显示了研发投资成本对不同地区轨道交通运营里程的驱动作用强度,可以看出研发投资成本对内蒙古轨道交通运营里程变化的负向驱动作用最强,2008—2020 年累计减少 24 489. 37 km,抑制作用与科技创新能力的促进作用几乎相抵;其次对辽宁轨道交通运营里程的抑制作用也比较明显,累计达到 15 000 km;对河北、山西、黑龙江地区的负向效应值也均在 10 000 km 以上。

可以看出,研发投资成本驱动效应没有表现出明显的时间变化趋势,其对大部分地区的驱动值保持在-5 000 km 以下,说明研发投资成本是抑制全国轨道交通运营里程增长的主要因素,尤其是内蒙古、辽宁和黑龙江等地。表明我国研发投资成本的支持力度还有待加强。

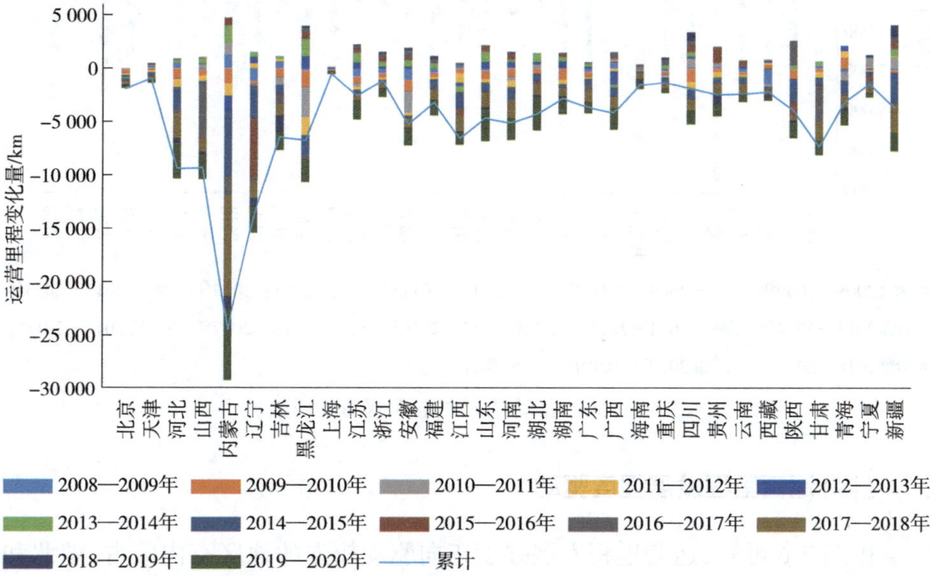

图 7-4　研发投资成本的空间驱动作用强度

(三)创新人才驱动

图 7-5 显示了人才驱动效应的空间作用强度,可以看出 2008—2020 年人才驱动效应对内蒙古地区轨道交通运营里程变化的正向促进和负向抑制作用结果相当,导致累计驱动作用不明显。其次是对黑龙江的综合抑制作用较大,累计影响运营里程增长-4 800 km。对广东、江苏和浙江地区主要在 2013—2014 年、2018—2019 年和 2019—2020 年产生了一定的负驱动作用。人才对江西、湖北、湖南、河南、安徽、福建、重庆、贵州等地的驱动作用仅在短期内出现负向抑制作用,说明这些地区的人才效应对轨道交通运营里程发展一直保持积极影响。

可以看出,人才驱动对大部分地区的驱动效应表现为正向促进,是推动轨道交通运营里程发展的有利因素。

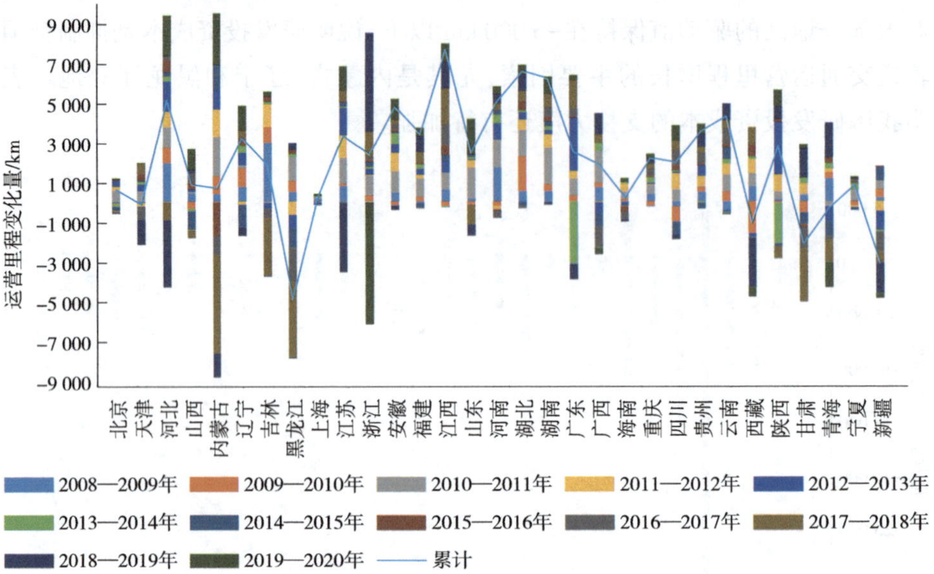

图 7-5 人才驱动效应的空间驱动作用强度

（四）运营里程发展强度驱动

由图 7-6 可知，运营里程发展强度正向驱动较强的地区有内蒙古、湖北和新疆，2008—2020 年期间，正向累计促进运营里程增长 4 800 km 以上，在 2016—2017 年和 2018—2019 年期间，对湖北、河南的抑制作用也较为明显，使得湖北、河南的累计驱动效应表现为负。河南运营里程发展强度仅在 2017—2018 年发挥促进作用，表明河南轨道交通运营里程发展强度有待提升。

可以看出，运营里程发展强度仅对少部分省份起到促进作用，大部分地区仍表现为负驱动，说明全国大部分地区轨道交通运营里程的发展还不够合理，无法促进地区轨道交通产业生产总值增长，发展强度有待进一步提高。

（五）就业率驱动

由图 7-7 可以看出，2008—2020 年就业率对浙江、内蒙古、河北、广东、江苏等地的正向驱动作用较强，累计达到 4 000 km 以上。对于浙江来说主要是在 2019—2020 年就业率发挥了积极作用，河北主要是 2018—2019 年的就业率贡献较大，广东在 2013—2014 年的就业率驱动作用较强，表明就业率对运

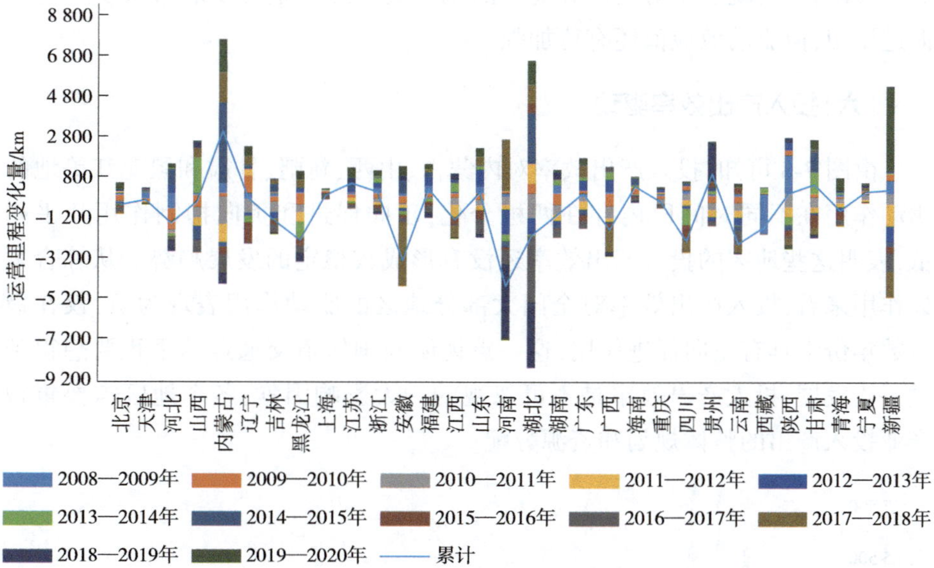

图 7-6　运营里程发展强度的空间驱动作用强度

营里程发展的空间驱动作用没有明显的时间关系。与此同时，就业率对浙江、江苏、河北、内蒙古、河北、广东、陕西等地的负向作用也比较突出，说明这些地区的就业水平还不稳定，在特定时期会出现极端化现象。

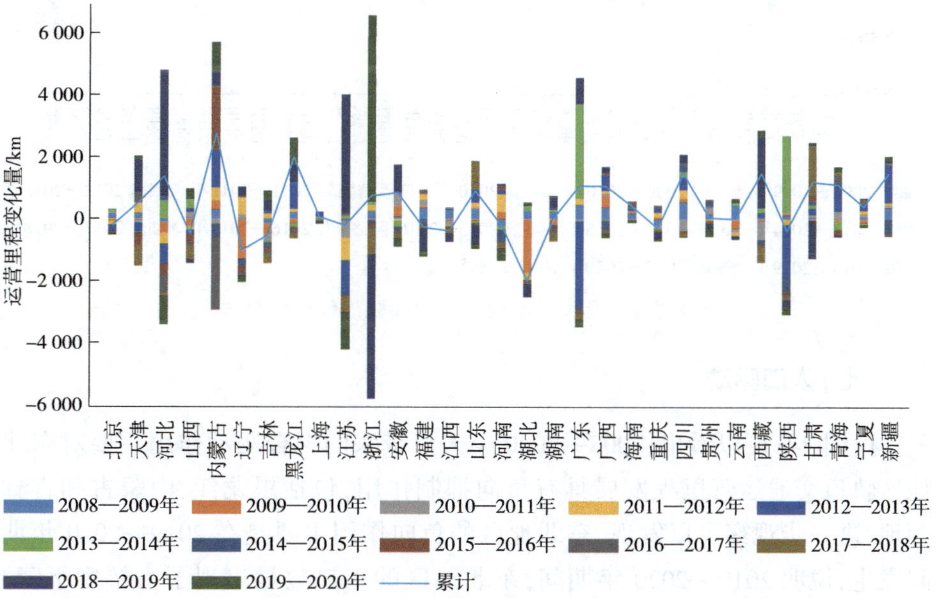

图 7-7　就业率的空间驱动作用强度

可以看出,就业率对大部分地区的轨道交通运营里程发展带来了一定的促进作用,但驱动效应值还有待加强。

(六)投入产出效率驱动

由图 7-8 可知,投入产出效率对内蒙古、山西、新疆、甘肃和黑龙江等地的驱动作用在不同时间段内存在两极分化,正向促进和负向抑制作用几乎相抵,表明这些地区的投入产出效率还没有形成较稳定的发展趋势。从综合累计作用来看,投入产出效率对全国大部分地区的驱动作用表现为负,仅在极少数年份中具有正向促进作用,这一点说明我国轨道交通运营里程要想得到进一步发展,投入产出效率是不可忽视的一大影响因素,各个地区需要重视产业投入产出的整体规划和资源分配。

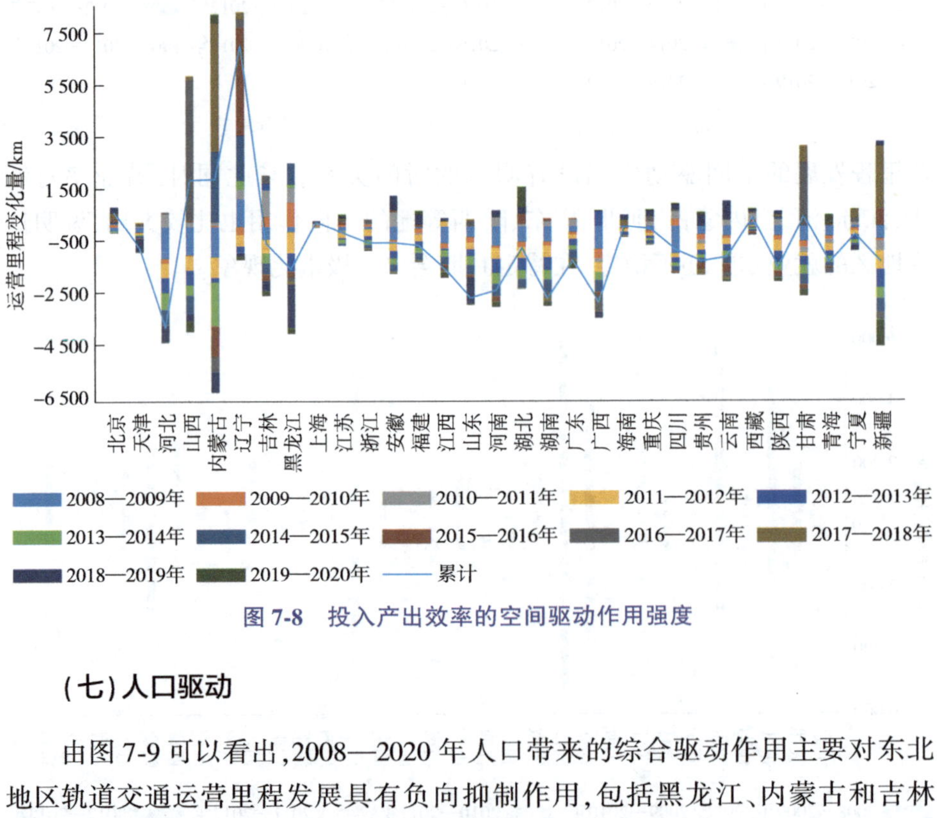

图 7-8 投入产出效率的空间驱动作用强度

(七)人口驱动

由图 7-9 可以看出,2008—2020 年人口带来的综合驱动作用主要对东北地区轨道交通运营里程发展具有负向抑制作用,包括黑龙江、内蒙古和吉林等地,进一步观察可以发现,东北地区的负向作用主要是在 2019—2020 年期间发生,说明 2019—2020 年期间,东北地区的人口数量出现了大幅度下降。除此之外,人口对山西、安徽、甘肃、湖南、天津、河北、江西等在 2019—2020 年的负向影响也比较明显，表明这些地区需要针对人口问题进行合理引导，提高人口对轨道交通运营里程发展的积极作用。

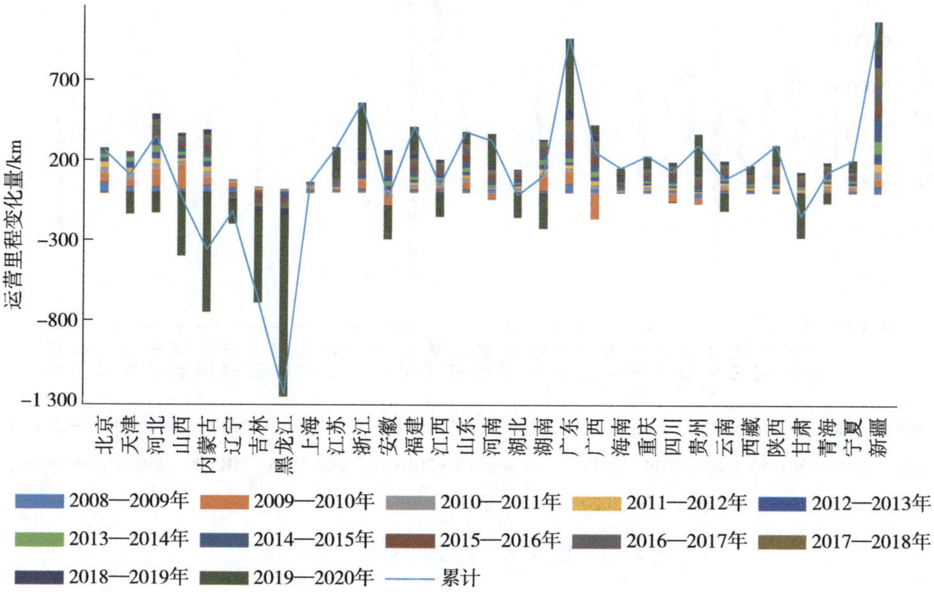

图 7-9　人口带来的空间驱动作用强度

可以看出，人口对大部分地区轨道交通运营里程的累计驱动是正向的，这一点表明人口需求驱动的确是促进轨道交通运营里程发展的有利因素，但不同地区的人口驱动作用存在明显差异，这种现象需要依托国家及地方政策加以改善。

（八）经济结构驱动

图 7-10 显示了经济结构带来的空间驱动作用，可以看出经济结构在湖北、河南、内蒙古、新疆、辽宁、黑龙江、安徽、四川和河北等地区的正负向驱动作用较为明显，但累计驱动效果没有对轨道交通运营里程发展起到突出作用，这些地区经济结构带来的正向驱动效应大部分与负向抑制作用相抵消，最终对轨道交通发展表现为负驱动。

可以看出，经济结构只对少数地区带来了较弱的促进作用，对大部分地区的作用仍然表现为负向抑制，这一点说明轨道交通产业生产总值在地区生产总值中的地位还未形成良好的发展优势，轨道交通产业发展的经济效益还有待提高。

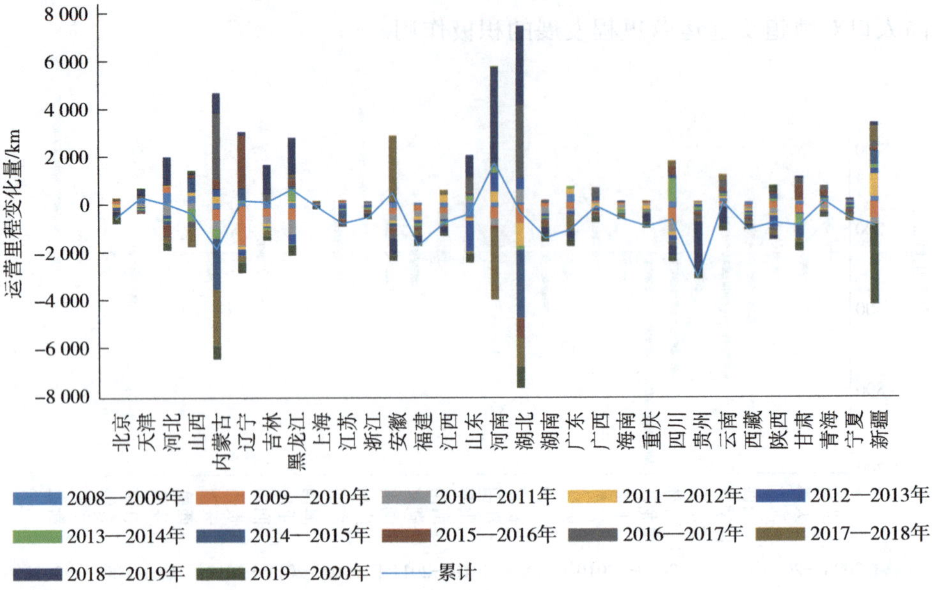

图 7-10 经济结构的空间驱动作用强度

第四节 空间维度的驱动效应分布

通过上述分析,可以看出不同驱动因素对轨道交通运营里程的空间驱动作用存在一定差异。根据国家统计局统计信息对我国区域的常规划分标准,将 2008—2020 年轨道交通运营里程的总驱动效应按照华北、东北、华东、中南、西南和西北进行驱动效应对比分析,见表 7-7。

表 7-7 不同区域轨道交通运营里程驱动效应值对比 km

效应类型	华北	东北	华东	中南	西南	西北
ODI	132. 91	−3 957. 71	−4 058. 42	−9 362. 30	−6 064. 04	−213. 13
ES	−2 824. 60	685. 11	−4 319. 32	−2 173. 81	−6 044. 95	−3 413. 38
IOE	−511. 39	4 663. 89	−6 476. 59	−10 376. 48	−3 322. 06	−4 394. 60
IC	−46 022. 63	−27 012. 04	−23 919. 52	−21 661. 55	−10 210. 23	−19 480. 91
TI	51 904. 53	31 774. 29	25 770. 83	32 607. 21	16 487. 57	38 338. 57

续上表

效应类型	华北	东北	华东	中南	西南	西北
TD	7 111. 67	153. 15	24 333. 77	22 356. 59	11 005. 55	−1 890. 16
RE	3 920. 99	424. 12	1 635. 35	360. 64	2 703. 64	3 797. 32
PD	312. 12	−2 058. 29	1 699. 29	1 778. 49	905. 82	1 548. 28
总驱动	14 023. 60	4 672. 50	14 665. 40	13 528. 80	5 461. 30	14 292. 00
排序	3	6	1	4	5	2

由表 7-7 可知，不同地区 2008—2020 年轨道交通运营里程的总驱动效应值整体表现为华东地区>西北地区>华北地区>中南地区>西南地区>东北地区。其中，西南和东北地区的轨道交通运营里程发展情况与全国其他地区相比差距较大。对华北、华东、中南、西南地区来说，科技创新能力、研发投资成本和高技术人才对轨道交通运营里程发展的驱动效应较为明显；对东北和西北地区来说，科技创新能力、研发投资成本和投入产出效率带来的驱动效应更大。

进一步可以得到 2008—2020 年期间运营里程发展强度、经济结构、投入产出效率、研发投资成本、科技创新能力、高技术人才、就业率和人口对全国轨道交通运营里程发展的平均驱动效应值，见表 7-8。

表 7-8　轨道交通运营里程平均驱动效应值

地区	ODI	ES	IOE	IC	TI	TD	RE	PD
北京	−50. 72	−52. 12	47. 74	−155. 59	177. 15	49. 99	−18. 21	21. 55
天津	−30. 25	18. 27	−68. 12	−76. 61	153. 78	−12. 32	41. 71	8. 68
河北	−125. 31	−3. 71	−322. 33	−783. 28	924. 71	424. 28	113. 62	29. 30
山西	−37. 30	−37. 73	149. 30	−778. 96	919. 25	73. 05	−40. 62	−3. 05
内蒙古	254. 66	−160. 09	150. 79	−2 040. 78	2 150. 49	57. 64	230. 25	−30. 48
辽宁	−21. 12	6. 68	581. 97	−1 156. 32	620. 99	266. 06	−85. 07	−10. 50
吉林	−113. 71	3. 16	−55. 57	−537. 40	751. 38	152. 88	−44. 03	−55. 52
黑龙江	−194. 98	47. 25	−137. 75	−557. 28	1 275. 48	−406. 18	164. 45	−105. 51
上海	−8. 83	−13. 73	14. 65	−38. 45	33. 34	17. 50	5. 01	5. 08

续上表

地区	ODI	ES	IOE	IC	TI	TD	RE	PD
江苏	38. 13	−70. 99	−20. 24	−216. 43	198. 44	276. 14	−18. 73	23. 42
浙江	4. 25	−50. 33	−52. 80	−92. 17	38. 39	198. 29	61. 26	46. 41
安徽	−277. 64	34. 33	−52. 86	−437. 58	467. 56	400. 50	69. 81	−2. 78
福建	15. 38	−148. 31	−62. 70	−269. 83	348. 92	286. 43	−23. 94	34. 09
江西	−110. 18	−70. 64	−136. 47	−549. 90	443. 54	640. 78	−32. 10	3. 83
山东	0. 69	−40. 29	−229. 31	−388. 94	617. 38	208. 18	74. 97	31. 55
河南	−386. 53	138. 33	−206. 21	−428. 88	660. 30	420. 23	−17. 70	26. 88
湖北	−175. 16	−31. 60	−71. 03	−359. 57	461. 88	549. 02	−165. 88	−1. 49
湖南	−90. 68	−123. 71	−231. 10	−233. 67	381. 80	516. 51	1. 29	8. 83
广东	−1. 89	−94. 60	−110. 24	−304. 23	360. 29	207. 19	88. 83	80. 17
广西	−152. 77	−14. 66	−244. 92	−349. 17	703. 36	154. 18	88. 92	21. 28
海南	26. 84	−54. 91	−1. 21	−129. 61	149. 65	15. 93	34. 60	12. 52
重庆	−35. 79	−83. 63	−9. 21	−108. 69	148. 76	183. 23	−25. 09	19. 20
四川	−197. 12	−60. 09	−77. 74	−154. 92	382. 59	163. 68	124. 88	10. 88
贵州	79. 24	−261. 24	−113. 18	−203. 30	332. 15	297. 29	3. 74	24. 54
云南	−210. 21	−2. 86	−101. 20	−199. 19	306. 41	360. 63	−1. 16	6. 86
西藏	−141. 46	−95. 92	24. 49	−184. 75	204. 05	−87. 69	122. 94	14. 00
陕西	−0. 91	−71. 96	−133. 44	−323. 86	670. 75	233. 13	−32. 24	24. 68
甘肃	37. 62	−80. 85	30. 25	−612. 11	937. 43	−177. 02	100. 29	−12. 48
青海	−72. 07	3. 40	−117. 57	−261. 29	480. 17	−27. 45	92. 65	10. 38
宁夏	5. 83	−54. 73	−29. 59	−119. 28	149. 20	69. 61	32. 84	17. 10
新疆	11. 78	−80. 32	−115. 87	−306. 87	957. 33	−255. 78	122. 92	89. 35

采用自然间断点分级法，将不同地区的空间驱动效应值划分为 5 种类型，分别是强驱动效应、较强驱动效应、中驱动效应、弱驱动效应和较弱驱动效应，得到不同地区轨道交通运营里程驱动效应的空间分布情况，不同因素对轨道交通运营里程的驱动效应大部分保持在较强水平。对轨道交通运营里

程发展具有强驱动效应的地区有 3 个，分别是内蒙古、陕西和新疆；较强驱动效应地区有甘肃、山西、河北、辽宁、山东、河南、江苏、安徽、湖北、湖南、上海、广西和广东 13 个地区；中驱动效应的地区为四川、云南、贵州、海南、江西、福建和浙江 7 个地区；弱驱动效应的地区为青海、宁夏、重庆、天津、吉林和黑龙江 6 个地区；驱动效应较弱的地区是北京和西藏。

北京地区轨道交通运营里程驱动效应比较弱的原因可能是区域轨道交通发展已经较为完善，各类驱动要素已经无法对其产生明显的促进作用。对西藏地区轨道交通运营里程驱动效应进行分析，可以发现不同因素产生的平均驱动效应值累计为负，主要与西藏地区研发投资成本不足、运营里程发展强度不高、经济结构不合理和高技术人才缺乏等因素有关。

第八章 轨道交通产业下游环节的经济驱动效应实证分析

第一节 铁路与西部经济发展关系

由第七章驱动效应的空间分布结果可以看出，各类驱动因素对西藏地区的综合驱动效应表现为负，对西部其他地区尤其是内蒙古、陕西和新疆等地具有明显的促进作用，表明西部地区轨道交通的发展极不平衡，不同地区存在较大差异。作为经济发展较为滞后的西部地区，对铁路与经济发展关系进行分析，建立铁路经济驱动模型，可以准确把握西部铁路对经济的带动作用，更好地促进西部经济高质量发展。

铁路与经济增长的弹性关系可表示铁路相关指标增长量与地区经济增长量之间的对比关系，直观地显示出铁路和经济发展速度的快慢。基于统计指标的可量化性、可获得性和可比性原则，从国家统计局和西部各地区的统计年鉴选取与铁路发展具有直接联系的铁路从业人员、铁路营业里程、铁路客运量和铁路货运量 4 项指标，用来表示铁路发展实际变化情况，对 2005—2019 年不同时期内西部铁路发展与经济增长关系进行对比分析，结果见表 8-1。

表 8-1 不同时期内西部铁路发展与经济增长关系

相关指标		2005—2010 年	2011—2015 年	2016—2019 年	平均值
经济增长率		19. 10%	12. 40%	9. 08%	13. 53%
铁路发展相关指标	铁路从业人员增长率	1. 28%	3. 07%	0. 85%	1. 73%

续上表

相关指标		时间段			平均值
		2005—2010 年	2011—2015 年	2016—2019 年	
铁路发展相关指标	铁路营业里程增长率	5. 43%	6. 01%	3. 86%	5. 10%
	铁路客运量增长率	7. 19%	12. 65%	13. 82%	11. 22%
	铁路货运量增长率	15. 04%	0. 31%	7. 00%	7. 45%
弹性系数	铁路从业人员	0. 067	0. 248	0. 094	0. 128
	铁路营业里程	0. 284	0. 485	0. 425	0. 377
	铁路客运量	0. 376	1. 020	1. 522	0. 829
	铁路货运量	0. 787	0. 025	0. 771	0. 551

通过表 8-1 中各指标的实际增长情况可以看出,随着时间的推移西部经济增长速度逐渐下降,均值保持在 13. 53% 水平。2005—2019 年间铁路从业人员和铁路营业里程增长水平较为平稳,铁路客运量和铁路货运量相比,客运发展在西部地区占主要优势,平均增长 11. 22% 左右。

从西部铁路发展对经济增长的弹性系数来看,除了铁路客运量在 2011—2019 年间大于 1 外,铁路从业人员、铁路营业里程和铁路货运量的弹性系数结果均小于 1,说明到 2019 年为止,西部铁路发展速度一直比较缓慢,整体落后于西部经济发展水平。总之,西部铁路总体发展状况不如经济发展形势良好。

从弹性系数时间变化来看,铁路从业人员和铁路货运量弹性系数随着时间变化上下波动,铁路从业人员弹性系数变化呈现倒“U”形发展趋势,铁路货运量弹性系数变化呈现“U”形分布;铁路营业里程和铁路客运量变化与经济发展的弹性系数随时间一直保持上升趋势,这也表明西部铁路在铁路营业里程和铁路客运量方面正努力缩小与地区经济发展水平的差距。在未来一段时间里,铁路客运量发展速度有望与经济发展水平相持平,成为促进经济发展的积极因素。

第二节 指标选取与变量检验

一、指标选取

铁路一直都是国家重点关注的基础产业,《西部大开发“十三五”规划》和《云南省铁路“十四五”发展规划》明确指出了西部铁路发展方向,为西部铁路发挥更多的经济效益创造了良好的条件。基于交通基础设施与经济发展静态关系研究[83-84],参考王晓艳[85]和薛婧等[86]研究交通基础设施对经济影响时的指标划分方法,依据系统性、科学性、关联性和可量化性原则,从铁路建设投入、铁路运营产出和地区经济效益三个方面进行考虑,选取影响西部经济发展的铁路运输指标。

(一)铁路建设投入指标

铁路建设前期需要投入大量的人力、物力和财力,考虑到统计数据的可获得性、连续性与可量化性,分别从人力和财力两个角度进行考虑。将铁路从业人员数量、交通运输业全社会固定资产投资和制造业全社会固定资产投资三个基本生产要素作为影响铁路建设水平的投入指标。其中,交通运输业全社会固定资产投资用来反映西部交通建设的整体投资情况,制造业全社会固定资产投资用来反映西部第二产业的投入水平,可以直接表明西部制造业的发展状况。

(二)铁路运营产出指标

铁路运营能力是衡量铁路发展水平的基本指标之一,本书参考既有研究选取铁路营业里程、铁路客运量和铁路货运量三个指标表示西部铁路的运营产出水平。其中,铁路营业里程指的是办理客货运输业务的铁路正线总长度,代表了交通基础设施的基本保障能力;铁路客货运量是从铁路运输能力角度反映了运营产出水平,是衡量铁路运营发展水平必不可少的指标类型。

(三)地区经济效益

铁路作为基础设施建设产业,铁路网建设投资水平、铁路网建设密度、铁路运营里程和铁路运输能力等因素均有利于保证经济发展活力。为了进一步分析西部铁路建设与运营状况对经济的驱动作用，选取西部地区第二产业增加值、人均地区生产总值、地区生产总值和交通运输业增加值作为西部经济发展水平的指标，量化西部铁路建设和运营产出带来的经济效益。

通过上述分析，分别从铁路建设投入、运营产出水平和地区经济效益三个方面共选取了 10 项指标进行铁路经济驱动效应研究。其中，铁路建设投入指标包括铁路从业人员数量（number of railway employees，NRE）、交通运输业固定资产投资（fixed asset investment in transportation industry，TFI）、制造业固定资产投资（fixed asset investment in manufacturing industry，MFI）；铁路运营产出指标包括铁路营业里程（railway operating mileage，ROM）、铁路客运量（railway passenger volume，RPV）和铁路货运量（railway freight volume，RFV）；经济效益指标包括第二产业增加值（added value of secondary industry，ASI）、人均地区生产总值（per capita GDP，P-GDP）、地区生产总值（regional GDP，R-GDP）和交通运输业增加值（added value of transportation industry，ATI）。为了提高统计模型计算的便捷性和清晰度，对各指标进行变量描述，见表 8-2。

表 8-2　指标变量描述

指标类型	指标含义	符号表示	指标描述
建设投入	铁路从业人员	NRE	T_1
	交通运输业固定资产投资	TFI	T_2
	制造业固定资产投资	MFI	T_3
运营产出	铁路营业里程	ROM	Y_1
	铁路客运量	RPV	Y_2
	铁路货运量	RFV	Y_3
经济效益	第二产业增加值	ASI	C_2
	人均地区生产总值	P-GDP	C_4
	地区生产总值	R-GRP	C_5
	交通运输业增加值	ATI	C_6

上述变量的数据来源于国家统计局和西部各地区的统计年鉴。根据国家统计局采用的区域划分方法和既有研究现状分析，将研究的西部地区界定为重庆、四川、云南、贵州、甘肃、宁夏、新疆、陕西、青海、广西、西藏、内蒙古等 12 个省、自治区、直辖市。综合考虑数据的可获得性及研究一致性原则，共收

集了2003—2019年西部铁路建设投入、运营产出水平和地区经济效益10项指标数据进行面板向量自回归分析，部分地区的缺失数据采用普通回归方法进行预测补充。最终收集到的样本容量包含了西部地区12个省份，总共17年的面板数据，即 $N=12$（N 为截面数），$T=17$（T 为年份）。

二、变量平稳性检验

由于需要研究西部铁路建设投入和运营产出阶段多个自变量对经济发展水平的影响力，在模型构建之前需要先对数据进行对数标准化处理，以消除不同统计指标量纲上和研究数据本身带来的误差，避免出现异方差现象。经过数据预处理之后，在建立模型之前，首先需要对各个变量进行平稳性检验，避免原始序列数据不稳定造成的伪回归；再进一步检验模型中哪些是内生变量，哪些是外生变量，更好地确定各个变量的作用。

本书采用ADF和LLC单位根检验方法进行变量平稳性检验，结果见表8-3。

表8-3 变量平稳性检验

变 量	检验形式(C,T,M)	ADF(t 值,p 值)	LLC(t 值,p 值)	平稳性
$\log(T_1)$	$(C,T,2)$	43.895 7(0.007 8)	—	平稳
$\log(T_2)$	$(C,T,2)$	39.350 7(0.002 5)	—	平稳
$\log(T_3)$	$(0,T,1)$	72.033 2(0.000 0)	—	平稳
$\log(Y_1)$	$(0,0,0)$	71.978 0(0.000 0)	—	平稳
$\log(Y_2)$	$(0,T,2)$	—	2.261 0(0.011 9)	平稳
$\log(Y_3)$	$(0,0,2)$	39.144 0(0.026 4)	—	平稳
$\log(C_2)$	$(0,T,3)$	78.717 9(0.000 0)	—	平稳
$\log(C_4)$	$(0,T,2)$	81.797 0(0.000 0)	—	平稳
$\log(C_5)$	$(0,T,0)$	86.835 3(0.000 0)	—	平稳
$\log(C_6)$	$(C,T,1)$	116.573 0(0.000 0)	—	平稳

由表8-3的检验结果可知，使用ADF和LLC方法得到的 p 值小于0.05，说明数据序列在95%显著性水平下拒绝原假设，即不存在单位根，属于平稳序列，可以进行PVAR模型构建与分析。

三、变量外生性检验

外生变量是指完全由经济系统外部确定并输入系统的变量，它只对系统产生影响而不受系统的影响。外生变量通常是由政策控制，作为政府实现政策目标的变量，又称为政策性变量。在进行变量外生性检验之前需要先确定模型的滞后阶数，通过 Eviews 软件检测模型滞后阶数有以下 4 种判断方法：①采用赤池信息量准则和施瓦兹准则最小法判断滞后阶数，当 AIC 和 SC 不是同时取最小时，需要采用似然比进行取舍；②根据 Eviews 中滞后阶数越小，自由度就越大的原则进行判断；③通过 Eviews 确定最大滞后阶数，将 * 号最多的阶数确定为滞后阶数；④对比滞后 1 阶、2 阶、3 阶的结果，根据经验进行验证。

本书采取方法③判断模型的滞后阶数，结果见表 8-4。可以看出当滞后阶数取 1 时，输出 * 号最多，所以模型的滞后阶数取 1 时较为合适，进一步对模型的外生变量进行检验，结果见表 8-5。

表 8-4　判断滞后阶数

滞后阶数	log*L*	LR	FPE	AIC	SC	HQ
0	−422. 677 00	NA	1. 80e-09	8. 241 47	8. 494 27	8. 343 89
1	1 329. 011 00	3 136. 356 00	3. 93e-23	−23. 219 26	−20. 438 92 *	−22. 092 61 *
2	1 478. 469 00	239. 132 50	1. 61e-23	−24. 161 31	−18. 853 39	−22. 010 44
3	1 597. 146 00	167. 277 70	1. 28e-23 *	−24. 517 06	−16. 681 56	−21. 341 96

表 8-5　变量外生性检验

变量	卡方检验	自由度	伴随概率
T_1	6. 859 86	9	0. 651 7
T_2	22. 486 84	9	0. 007 5
T_3	45. 399 31	9	0. 000 0
Y_1	16. 654 63	9	0. 054 4
Y_2	40. 144 10	9	0. 000 0
Y_3	60. 733 31	9	0. 000 0
C_2	80. 114 55	9	0. 000 0
C_4	32. 327 69	9	0. 000 2
C_5	93. 301 60	9	0. 000 0
C_6	196. 625 90	9	0. 000 0

表 8-5 的检验结果显示，变量 T_1 和 Y_1 的 p 值大于 0.05，说明铁路从业人员数量和铁路营业里程对经济的影响属于外生因素，建立模型时应将其作为外生变量进行处理。

第三节 经济驱动效应模型构建

一、PVAR 模型

通过产业驱动效应的方法分析可以看出，面板分析方法具有明显的分析优势，并且应用范围广。本节基于选取的 10 个统计指标，从铁路基础设施建设投入和运营产出状况带来的经济效益进行考虑，构建了西部铁路建设投入和运营产出经济驱动效应面板向量自回归模型，如式(8-1)所示：

$$\boldsymbol{y}_{it}=\boldsymbol{\lambda}_i+\gamma_t+\boldsymbol{c}_1\boldsymbol{y}_{it-1}+\boldsymbol{c}_2\boldsymbol{y}_{it-2}+\varepsilon_{it} \tag{8-1}$$

式中 $\boldsymbol{y}_{it}$——基于面板数据的 $n\times l$ 阶矩阵，是由研究变量构成的系数向量；

i——地区，即截面；

t——年份；

$\boldsymbol{c}_1$——滞后一阶的系数矩阵；

$\boldsymbol{c}_2$——滞后二阶的系数矩阵；

$\boldsymbol{\lambda}_i$——作为横截层面引入的个体效应向量，用来表征各地区国民经济发展情况；

γ_t——时间效应向量，表征特定时间冲击下对变量的影响，可以规避个体样本中有可能存在的结构差异；

ε_{it}——模型带来的随机误差。

最终系统将由多个方程组成，第 m 个方程可以表示为

$$\boldsymbol{y}_{it}^m=\boldsymbol{\lambda}_i^m+\gamma_t^m+\boldsymbol{c}_1\boldsymbol{y}_{it-1}^m+\boldsymbol{c}_2\boldsymbol{y}_{it-2}^m+\varepsilon_{it}^m \tag{8-2}$$

二、模型稳定性检验

在 PVAR 模型中，当特征根倒数的模小于 1 时，则表示该模型是稳定的，如果有一个特征根倒数的模等于 1(位于单位圆上)，则说明该模型不够稳定。为了保证模型的有效性，需要对 PVAR 模型进行稳定性检验，结果如图 8-1 所

示。可以看出该模型大部分的特征根均落在单位圆以内,表明该模型具有一定的稳定性,是有效的模型。

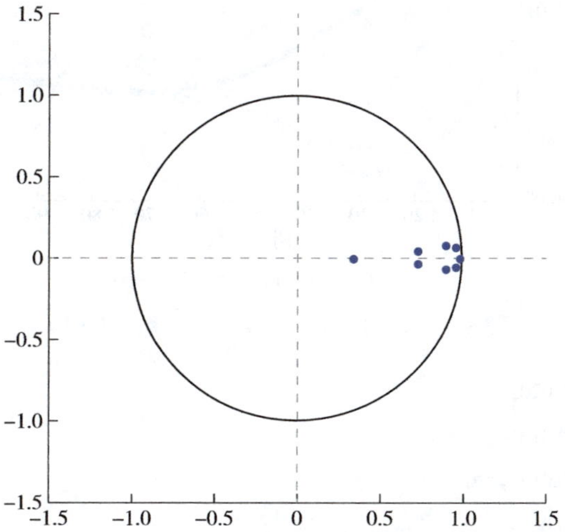

图 8-1　模型稳定性检验

第四节　驱动效应结果分析

一、脉冲响应函数

在 PVAR 模型中,变量的系数只能反映一个局部的动态关系,并不能捕捉全面的复杂的动态变化趋势,而要研究一个变量对另一个变量的实际影响过程,需要建立脉冲响应函数(impulse response function,IRF)进行冲击作用分析,可以更加全面地反映各变量之间的动态影响。

为了更加清楚地表示铁路建设投入和运营产出水平对西部经济的驱动作用,分别对交通运输业全社会固定资产投资 T_2、制造业全社会固定资产投资 T_3、铁路客运量 Y_2 和铁路货运量 Y_3 对西部第二产业增加值 C_2、人均地区生产总值 C_4、地区生产总值 C_5 和交通运输业增加值 C_6 进行脉冲响应函数估计,结果如图 8-2~图 8-5 所示。

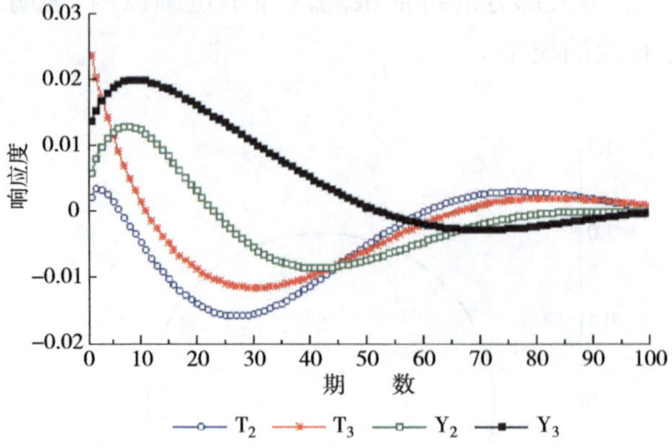

图 8-2 T_2、T_3、Y_2、Y_3 对 C_2 的脉冲响应

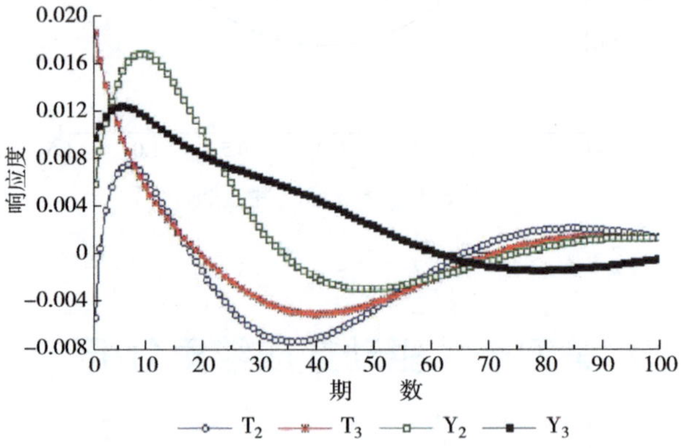

图 8-3 T_2、T_3、Y_2、Y_3 对 C_4 的冲击响应函数

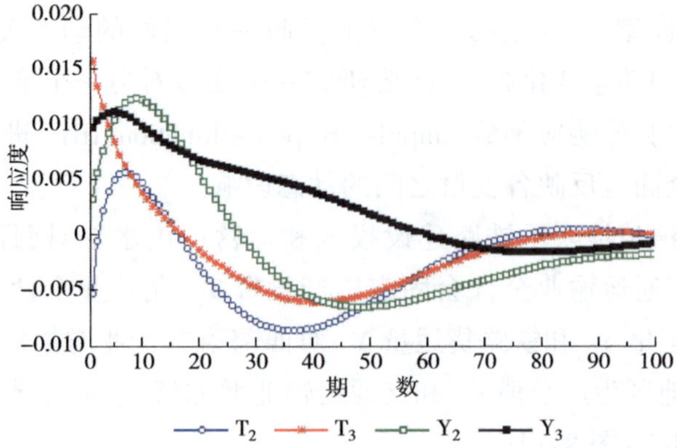

图 8-4 T_2、T_3、Y_2、Y_3 对 C_5 的冲击响应函数

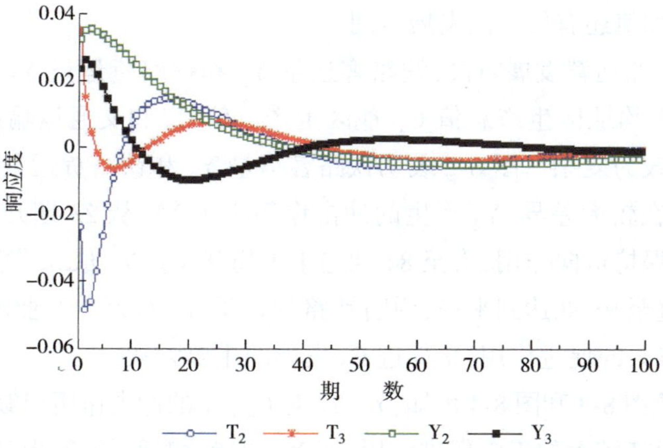

图 8-5　T_2、T_3、Y_2、Y_3 对 C_6 的冲击响应函数

对图 8-2~图 8-5 的脉冲响应函数估计结果进行以下分析：

(1)铁路建设投资前期，制造业全社会固定资产投资 T_3 对西部地区经济产出效能的冲击作用最大。T_3 对第二产业增加值 C_2、人均地区生产总值 C_4 和地区生产总值 C_5 的冲击形态基本一致，均表现为先强后弱，至 15~17 期转变为负向作用，直至 70 期左右稳定在 0 值附近。随着期数的增加，T_3 从 12 期开始对 C_2 产生负影响，并且在很长一段时间内一直保持负效应。T_3 对 C_4 和 C_5 的影响从 18 期以后也大都呈现相同程度的负冲击，大约进行到 70~80 期，T_3 发挥的作用趋于平稳。T_3 对交通运输业增加值 C_6 带来的冲击作用较为短暂，促进作用主要在 0~5 期和 13~40 期内，在 40 期左右基本达到稳定状态。

上述结果说明，在对制造业固定资产投资进行分配时，需要密切关注 T_3 发挥短期促进作用与长期抑制作用的过渡点，合理控制长期作用下的不良影响。结论比较符合制造业能够广泛推动社会发展这一现状，是推动西部经济发展重要的驱动力来源。

(2)交通运输业全社会固定资产投资 T_2 对 C_2 的促进作用较为短暂，在 7 个周期以后多产生抑制作用，表明西部交通运输业全社会固定资产投资不是促进第二产业增加值上升的主要因素。T_2 对人均地区生产总值 C_4 和地区生产总值 C_5 的冲击响应函数形态较为一致，前期对西部地区生产总值的作用主要是抑制作用，在 4~20 期内能够快速促进地区生产总值发展，但交通运输业全社会固定资产投资 T_2 不宜进行长期的高水平投资，大于 20 期以后会对西部经济发展产生负向作用。T_2 对交通运输业增加值 C_6 前 10 期内产生的冲击基本上是负向的，表明西部交通运输业的投入产出结构还不够合理，交通运输业增加值还有较大的发展空间。

(3)在铁路运营发展阶段，铁路客运量 Y_2 和铁路货运量 Y_3 对第二产业增加值 C_2、人均地区生产总值 C_4、地区生产总值 C_5 和交通运输业增加值 C_6 的冲击作用较为复杂。图 8-2 表明铁路客运量 Y_2 和铁路货运量 Y_3 对 C_2 的冲击作用存在较大差异，Y_2 产生的冲击作用小于 Y_3，从 23 期开始，Y_2 对 C_2 的作用一直保持负向作用，直至 84 期趋于平稳状态。Y_3 从 52 期开始进入负作用阶段，直至 98 期达到平稳，说明铁路货运量 Y_3 对第二产业增加值 C_2 具有更强、更持久的促进作用，是促进 C_2 发展的主要因素。

(4)对比图 8-3 和图 8-4 可知，Y_2、Y_3 对 C_4、C_5 的冲击作用相似，在 1~30 期内 Y_2 一直保持较大的正向促进作用，而 Y_3 的持续时间较长，保持在 1~60 期内，表明人均地区生产总值 C_4 和地区生产总值 C_5 想在短期内得到快速发展，可以通过提高铁路客运量 Y_2 的发展水平来实现，但从长期发展角度来看，最终需要依靠铁路货运量 Y_3 来带动。图 8-5 表示 Y_2 对交通运输业增加值 C_6 的正向影响较大，1~40 期内保持正向作用，是促进 C_6 发展的主要因素。Y_3 仅在短期内可以产生促进作用，从第 10 期开始出现抑制，表明交通运输业增加值 C_6 可以依靠 Y_3 得到快速发展，但从长期发展来看是不利的。

根据上述脉冲响应结果分析可以看出，铁路建设投资在短期内可以带动西部经济的发展，而铁路运营产出则需要经历一定时期以后，才能发挥明显的推动作用。这一点与铁路从投资建设到运营产出必然存在一定的发展周期差有关，而铁路投入则是以更直接的方式作用于市场经济，可以直接刺激经济发展。铁路建设投入阶段主要依靠制造业固定资产投资带动经济发展；铁路运营阶段，主要由铁路货物运输带来经济驱动作用。总结铁路建设投入和铁路运营产出阶段不同因素对西部经济长短期发展的影响情况，见表 8-6。

表 8-6 对西部经济的影响作用

影响因素	C_2(短期，中期，长期)	C_4(短期，中期，长期)	C_5(短期，中期，长期)	C_6(短期，中期，长期)
T_2	(+,−,+)	(−,+,−/0)	(−,+,−/0)	(−,+,−)
T_3	(+,−,0)	(+,−,0)	(+,−,0)	(+/−,+,−)
Y_2	(+,−,0)	(+,−,0)	(+,−,−)	(+,−,−)
Y_3	(+,−,0)	(+,−,0)	(+,−,−)	(+,−,+/0)

由表 8-6 可知,在不同发展时期,在铁路建设投入和铁路运营产出阶段各个因素对西部经济产生的影响作用不同。西部地区经济想要实现长期稳定的发展,需要针对不同因素带来的长短期影响进行最优组合,保证在有限资源供应的前提下,进行合理、有效的资源利用与分配,以最大程度地发挥不同驱动因素对西部经济的促进作用。

二、方差分解

方差分解主要是通过方差提取出 PVAR 模型中每个随机扰动的重要信息,据此对各个溢出变量的相对重要性进行分解,分析经济系统结构中每个变量的溢出效应对其他变量产生的贡献率。对西部铁路建设投入和运营产出阶段带来的经济驱动效应进行方差分解,结果如图 8-6~图 8-9 所示。整体来看,不同变量对西部经济的解释能力与图 8-2~图 8-5 的脉冲响应估计结果基本一致。

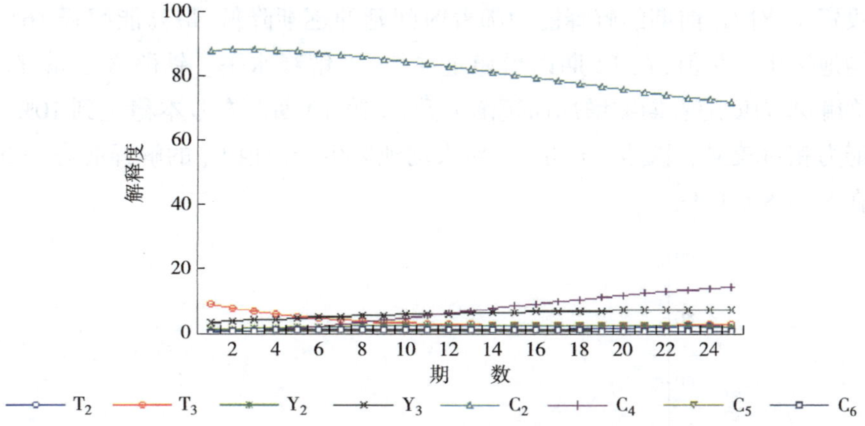

图 8-6　C_2 的方差分解结果

由图 8-6 可以看出,除自身以外,交通运输业全社会固定资产投资 T_2 对第二产业增加值 C_2 前期的解释作用不大,从第 20 期开始解释作用才逐渐上升,中后期解释水平一直稳定在 5% 左右,说明 T_2 最终只能对 C_2 带来 5% 的解释力度。制造业全社会固定资产投资 T_3 对第二产业增加值 C_2 前期具有较高的解释作用,解释能力在 10% 左右,中后期解释力度保持在 4% 的水平,表明制造业全社会固定资产投资 T_3 不利于经济长期发展。铁路客运量 Y_2 对 C_2 的解释力度大部分保持在 3% 水平。铁路货运量 Y_3 对 C_2 的前期解释能力不强,后期解释能力稳定在 9% 左右,相比铁路客运量对经济的促进作用更强。

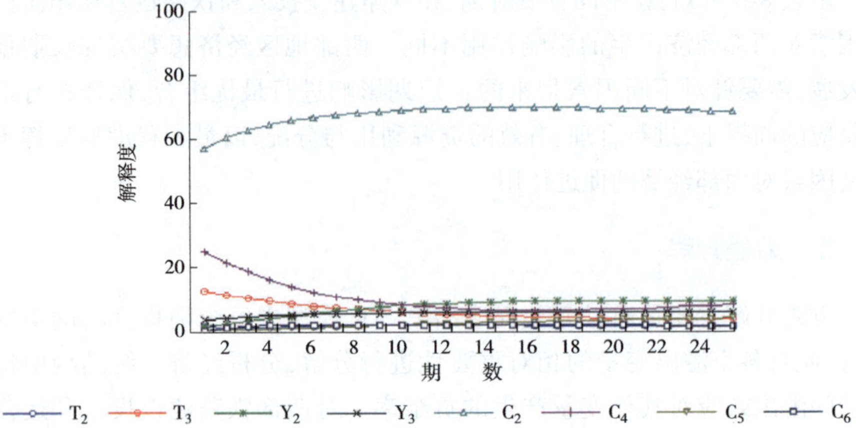

图 8-7 C_4 的方差分解结果

由图 8-7 可以看出,交通运输业全社会固定资产投资 T_2 对人均地区生产总值 C_4 的解释能力较弱,基本稳定在 3%~4%的水平。制造业全社会固定资产投资 T_3 对 C_4 前期的解释能力随着时间延伸逐渐降低,最高能解释 16%的人均地区生产总值,在 12 期以后稳定在 5%的解释水平。铁路客运量 Y_2 对 C_4 的解释力度随着期数增加而逐渐上升,从第 10 期左右基本稳定到 10%,解释能力相对较强。铁路货运量 Y_3 对人均地区生产总值 C_4 的解释能力一直稳定在 5%~8%水平。

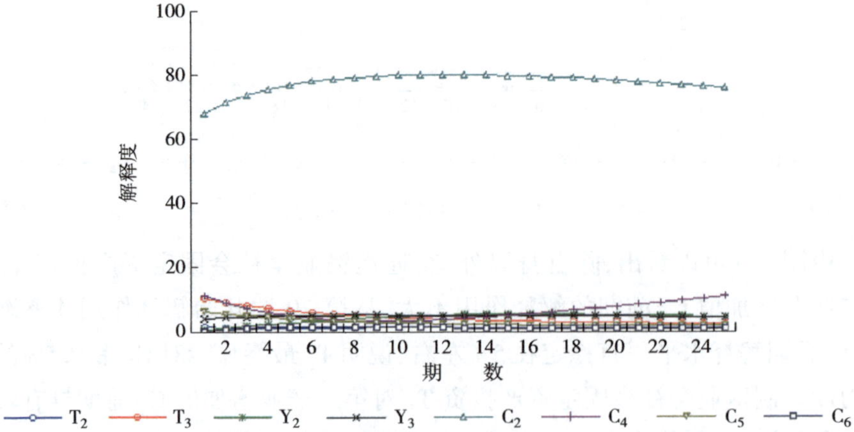

图 8-8 C_5 的方差分解结果

由图 8-8 可以看出,交通运输业全社会固定资产投资 T_2 对地区生产总值 C_5 前期的解释能力较弱,解释值基本稳定在 3%的水平。制造业全社会固定

资产投资 T_3 对 C_5 具有较高的解释作用，最高达到10%左右，中后期解释能力保持在5%水平。铁路客运量 Y_2 的解释力度逐渐上升，第10期达到最高5%，后期逐渐稳定在这一水平。铁路货运量 Y_3 对地区生产总值 C_5 的解释能力较弱，一直稳定在5%的解释水平。

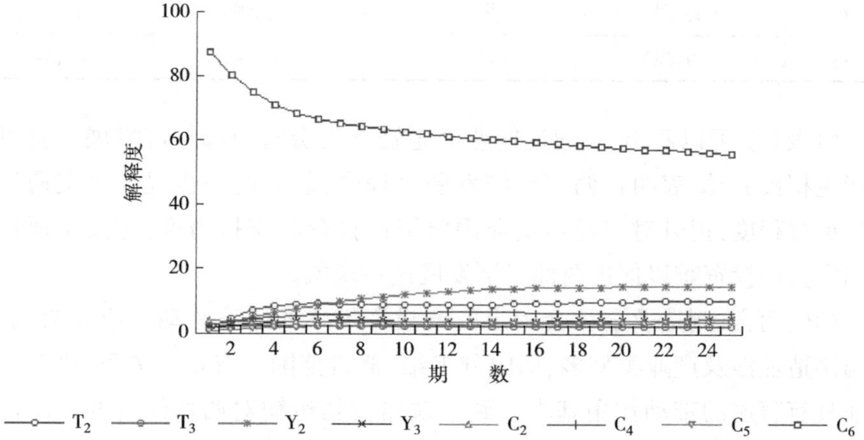

图8-9　C_6 的方差分解结果

由图8-9可以看出，交通运输业全社会固定资产投资 T_2 对交通运输业增加值 C_6 的解释能力较大，第5期就达到9%的水平，之后一直稳定在10%左右。制造业全社会固定资产投资 T_3 对 T_6 的解释能力较小，基本保持在4%水平。铁路客运量 Y_2 对 C_6 前期的解释能力不高，但到第10期可以达到13%的解释能力，后期一直稳定在17%左右，是促进交通运输业增加值的主要因素。铁路货运量 Y_3 对交通运输业增加值 C_6 的解释能力较弱，基本在3%～4%之间。

通过上述对西部经济驱动的方差分析结果可以看出，铁路在建设投入阶段主要依靠制造业全社会固定资产投资 T_3 促进第二产业增加值 C_2 上升，在运营发展阶段主要依靠铁路货运量 Y_3 带来积极作用。对于人均地区生产总值 C_4 和地区生产总值 C_5 来说，铁路运营发展阶段相对铁路建设投入阶段的重要性程度波动较小，但是铁路建设投入阶段制造业固定资产投资 T_3 发挥的作用更明显。铁路建设投入和运营发展阶段对交通运输业增加值 C_6 的重要性相比，铁路运营阶段客运量 Y_2 的驱动作用更为突出。总结铁路建设投入和运营产出阶段不同因素对西部经济发展的解释能力强弱，见表8-7。

表 8-7 各因素解释能力强弱

影响因素	C_2(前期,后期)	C_4(前期,后期)	C_5(前期,后期)	C_6(前期,后期)
T_2	(弱,弱)	(弱,弱)	(弱,弱)	(弱,强)
T_3	(强,弱)	(强,弱)	(强,弱)	(弱,弱)
Y_2	(弱,弱)	(弱,强)	(弱,强)	(弱,强)
Y_3	(弱,强)	(弱,强)	(强,强)	(弱,弱)

由表 8-7 可以看出,交通运输业固定资产投资对西部经济发展一直没能够产生积极驱动,表明在西部经济发展过程中,需要进一步提高对交通运输业的重视程度,提升对交通运输业固定资产投资的支持力度,打破交通运输业固定资产投资难以促进西部经济发展这一现象。

相较而言,制造业全社会固定资产投资带来的经济驱动效应较为明显,这与制造业涉及产业类型多、部门分工细、覆盖范围广有很大关系,结果与制造业具有普遍的带动作用基本一致。铁路货物运输对西部经济的贡献能力整体高于旅客运输,这与货物运输需求量大和西部货物运输条件优良有关。总体而言,西部地区需要根据不同时期的发展目标,制定更高效、更准确的发展策略,充分把握不同因素在发展前后期对地区经济的影响作用,保证西部经济快速且稳定地发展。

第九章　轨道交通产业集群竞争力分析方法

第一节　轨道交通产业集群内涵

一、轨道交通产业

轨道交通是指运营车辆需要在特定轨道上行驶的交通工具，广义的轨道交通包括传统铁路（普速铁路、高速铁路）、城市轨道交通（地铁、轻轨、有轨电车、磁悬浮轨道系统等），以及城际轨道交通（城际铁路与市域铁路等）一系列在特定轨道上行驶的车辆，如图 9-1 所示。狭义的轨道交通则不包括传统铁路。

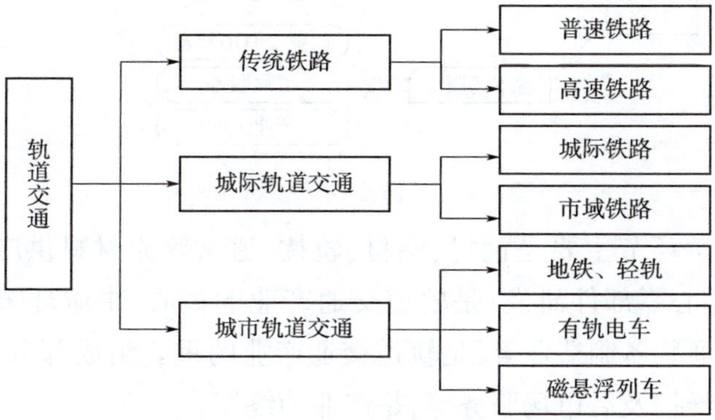

图 9-1　轨道交通常见分类

刘斐认为轨道是交通产业包含众多环节的链式系统[87]。在轨道交通产业细分上,郭寒英将城市轨道交通产业分为机车车辆制造产业、光机电与系统集成产业、新材料与节能产业、轨道交通服务产业及其他产业等五个细分产业[88];罗建等按照国民经济行业分类,将轨道交通产业分为轨道交通制造业、轨道交通工程建筑业与轨道交通运营服务业三种类型[89];杨鹏艳等基于国民经济行业分类,将轨道交通产业分为轨道交通建筑、制造、技术服务、运输、批发零售等五个类型[90]。虽然分类各有不同,但总的来说,轨道交通产业链环节主要是科技研发、原材料供应、勘察设计、规划建设、装备制造、运营维护等,如图 9-2 所示。

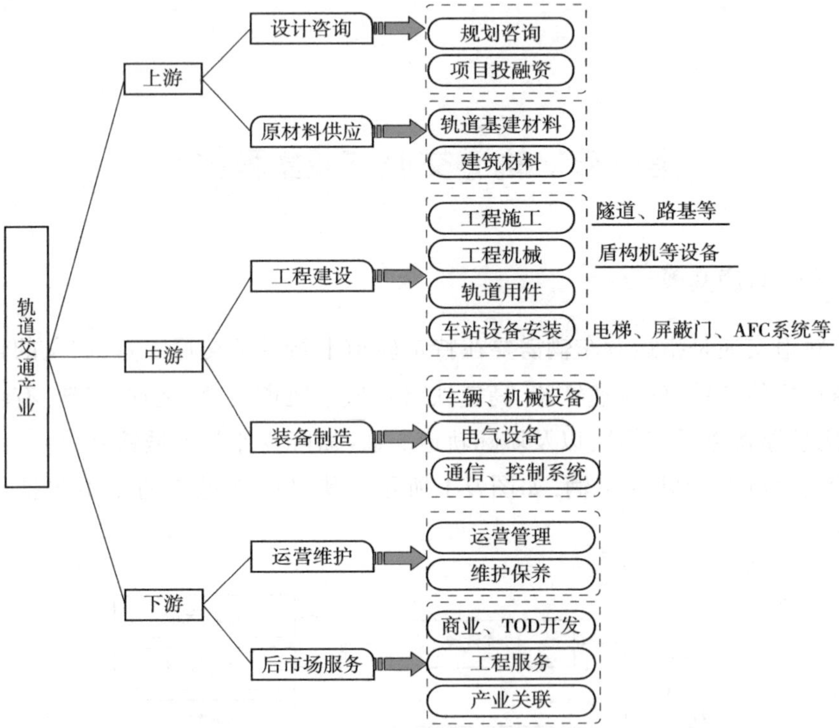

图 9-2 轨道交通产业链结构

其中,上游环节主要是钢材、铝材、轨枕、道岔等原材料供应,勘察设计,以及车辆与核心零部件研发,是轨道交通产业的核心;中游环节主要是工程建设、轨道交通装备制造业等,是轨道交通产业的重要组成部分;下游环节主要包括运营、维护及后市场服务等,是产业的终端。

二、轨道交通产业集群

在产业集群的概念界定上，国内外学者持有不同意见，使用最多的是哈佛大学教授迈克尔·波特提出的产业集群概念。总结不同学者关于产业集群的研究，见表 9-1。

表 9-1　关于产业集群定义的相关研究

研究者	时　间	产业集群相关定义
Porter M E	1998 年	产业集群是由于产业链中的上下游企业等具有区位优势的企业形成的经济集聚现象[91]
Theo J A、Den Hertog P	1999 年	企业、科研机构、中介及客户等为了降低交易成本、加快技术创新及获得合作经济效益等形成相互联系的链式网络称为集群[92]
Mytelka L、Farinelli F	2000 年	产业集群是知识密集度的提高及投资壁垒的消除而形成的，并且可以根据企业规模、创新、信任等因素将产业集群分为非正式集群、有组织的产业集群与创新型集群三类[93]
王冰、顾远飞	2002 年	簇群是由知识共享机制和信任机制中业务相关联的企业机构等在地理位置上集中形成的，形成簇群的企业间会进行知识共享并建立互信机制[94]
王缉慈	2004 年	产业集群是在经济、技术等结构变化的背景下产生的在地理位置上的集聚，相互存在关联的经济现象[95]
龚双红	2009 年	产业集群的企业间既相互独立又紧密关联，在特定的区域内形成了合作网络体系[96]
赵炳新等	2016 年	产业集群是产业关联、产业间关系耦合形成的网络体系[97]

轨道交通产业集群是一个复杂的有机整体，其集群的形成包括产业链上游的研发设计、工程勘测、装备制造等企业，中游的轨道交通工程建设、产品生产等部门，以及下游的咨询服务、运营管理等企业；此外，轨道交通产业集

群还包括地方政府、高校、科研院所等。参考相关研究，将轨道交通产业集群定义为：在某一区域范围内，与轨道交通相关的企业和机构在地理空间上聚集，通过垂直与水平的网络互相关联、互相竞争，并保持分工合作的新型产业组织形式和社会经济现象。

总的来说，轨道交通产业集群具有地理位置集中，企业间联系密切、分工明显，有相关机构的支撑等特征。

三、轨道交通产业集群特征

通过总结相关文献，结合轨道交通产业自身特征，总结出轨道交通产业集群的特征如下。

（一）地理位置上的空间集聚性

地理上的集中是产业集群的基本特征，也是形成产业集群的基本外在条件。当众多轨道交通产业相关企业、科研机构等在一定的地理空间范围内产生集聚，将会为轨道交通产业带来外部规模效应及地理位置上的集中，能够有效降低物流运输成本，同时使得企业之间的交流、信息的传递更加便捷。

（二）企业间联系紧密、分工合作性

轨道交通产业集群里的企业均属于同一产业，产业链上下游间存在供需关系、技术合作及技术交流等。产业链上的每个企业只负责某个环节，因此每个企业都有其局限性，或是自身规模的局限，或是销售渠道的局限等，因此轨道交通产业集群的另一特征是产业集群内的企业联系紧密且分工明确，大量的企业都只涉及产业链上的某一个具体环节甚至于某一个环节中的单一工序。

（三）产业链的相对完整性

轨道交通产业集群是一个经济组织系统，这个系统拥有完整的结构，其中包括某具体产业的产品从原料到成品，以及中间所涉及的各个流通环节。要形成轨道交通产业集群，至少需要一条完备的产业链，从规划设计到装备制造再到运营维护等，大多数产业集群在此之上还有辅助核心产业链的几条产业链，轨道交通产业链是包括工程链与产品链的双链结构。围绕这几条产业链形成一个庞大的利益共生体，共同构成一个产业集群。

（四）产业集群关系网络的复杂性

由于轨道交通产业集群有着庞大的企业数量及机构数量，企业之间既存在竞争又存在合作，因此产业集群内各方的关系复杂，除了产业集群自身存在网络关系，与其他产业也形成了前向关联与后向关联的网络结构[98]。轨道交通产业集群的社会网络囊括了人与人、人与企业、企业与企业之间的关系，相互进行信息和知识的交流，使得这一网络承担着重要的职能。

第二节　产业集聚与产业集群辨析

产业集群与产业集聚是两个关联密切却并不等同的概念。产业集聚是产业链上不同企业在地理空间上发生位置集聚，是单纯地理位置上的集中，但产业集聚是产业集群形成最重要的条件。产业集聚使得企业间各种要素整合并且降低了生产成本，促使产业集群的形成。产业集群则是产业集聚的进一步发展，不仅具备地理空间上的集聚，还包括企业之间各种交流合作、竞争、业务往来、信息共享等，企业之间存在信任机制与共享机制，是一个有机整体。产业集聚与产业集群之间的对比见表 9-2。

表 9-2　产业集聚与产业集群的对比[99]

产业类型	企业类型	分　工	产　品	机构支撑	根植性	集合形式	发展阶段	先后顺序
产业集聚	同类或不同类	简单劳动分工	同类或不同类	有或无	弱	空间集合	初级	先
产业集群	同类	专业化分工	同类	有	强	经济集合	高级	后

根据以上叙述，总结出产业集聚与产业集群之间的区别如下：

（1）产业集聚是处于动态变化的过程，产业集群是一种静态结果。

（2）产业集聚是产业集群形成的必备条件，当形成产业集聚且存在集聚经济的条件下就会形成产业集群。

第三节 产业生命周期理论

产业生命周期理论由 Vernon 在 1966 年提出的产品生命周期理论发展演化而来。20 世纪 70 年代，William J. Abernathy 和 James M Utterback 提出 Abernathy-Utterback(A-U)模型;20 世纪 80 年代，Gort 和 Klepper 在(A-U)模型的基础上提出 Gort-Klepper(G-K)模型;进入 20 世纪 90 年代后，Klepper 和 Graddy 提出 Klepper-Graddy(K-G)产业生命周期理论，Agarwal 和 Rajshere 提出 Agarwal-Rajshere(A-R)产业生命周期理论[100]，将产业生命周期划分为:萌芽期、成长期、成熟期与衰退期，呈"S"形曲线，即 Logistic 模型，本书采用 Logistic 模型对轨道交通产业集群演化阶段进行划分。

Logistic 模型，也称为阻滞增长模型，最初由英国统计学家 Malthus 在人口增长模型中提出，如式(9-1)所示。该模型是一种不受资源、环境、种群竞争等影响的理想化条件下的指数增长模型。

$$\frac{\mathrm{d}N(t)}{\mathrm{d}t}=rN(t) \quad N(t)\mid t=t_0=N_0 \tag{9-1}$$

式中 $N(t)$——t 时刻人口数量;

r——人口出生常数;

t_0——开始时间;

N_0——开始时间的人口数量。

但在实际生活中，模型在增长过程中受到环境、自然资源等因素的阻滞，即模型不能呈指数增长，荷兰生物学家 P. F. Verhulst 假设了自然资源有限、种群个体拥有相同增长率等条件，首次提出 Logistic 模型，如式(9-2)所示:

$$\frac{\mathrm{d}N}{\mathrm{d}t}=rN(1-\frac{N}{K}) \tag{9-2}$$

式中 rN——增长因子;

$1-\frac{N}{K}$——阻滞因子，$N=K$ 时，达到最大值，此时种群不再增长。

随后 Robert B. Pear 再次使用 Logistic 模型，并对模型进行调整，即被广泛应用的"S"形曲线，称为生命周期曲线，并将曲线按照不同的时段分为萌芽期、成长期、成熟期、衰退期(有少量种群会经历二次发展期)[101]，如图 9-3 所示。

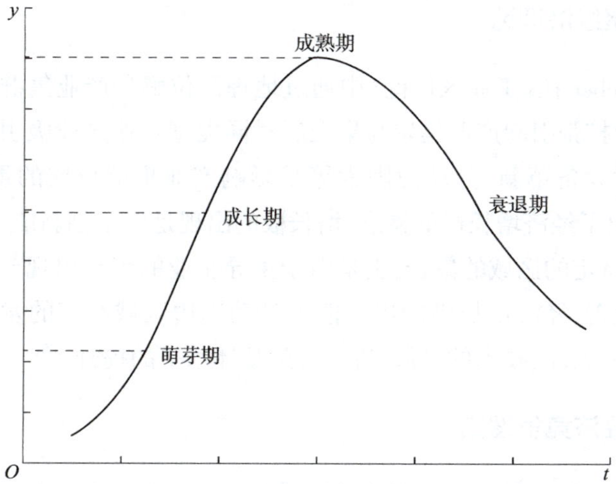

图 9-3　产业发展 Logistic 曲线

大致形态同样呈现“S”形曲线,且大量实证表明产业演进与生物进化存在相似性,该模型已运用到环境保护、农业等产业发展阶段研究中。

第四节　产业集群竞争优势理论

一、产业集群相关理论

产业集群、集聚作为一种普遍的经济现象,国外对于产业集群的形成与定义众说纷纭,并没有统一的定义。国外对产业集群形成动力的研究可以分为以下三类。

(一)外部经济理论

Adam Smith 在《国富论》中研究了分工和市场的关系,二者之间相互依存,通过对多个例子的总结得出分工会明显提高效率,是最早关注到产业集聚、产业集群问题的学者[102];Marshall A 在《经济学原理》中提出规模经济的概念,如由于产业集聚发展而引起产业区域企业生产成本降低,即外部规模经济效应,并提出产业区是由于企业追求外部规模经济而促成的,由于外部规模经济而形成产业集聚[103]。

(二)集聚经济理论

Alfred Weber 在《工业区位论》中通过地理区位解释产业集群,提出产业集群需经过企业扩张引起产业集聚与集聚后对同类型企业产业吸引力两个阶段,并且认为技术设备革新、劳动力因素等是影响产业集群形成的重要因素[104];Perroux F 提出了经济增长极的概念,增长极的出现是由于创新能力强的主导企业、产业等在特定的区域的集合,正是由于主导企业的带动出现产业集聚现象,推动产业链完善,经济增长极的出现能够带动周边区域经济的发展,同时也伴随着信息服务、人才、技术的扩散,进而得到整体水平的提升[105]。

(三)新经济竞争理论

Schumpeter 提出技术层面的创新与扩散会加速形成产业集群[106];Ahuja G 将产业集群与产业链联系起来,认为企业间的分工合作加速产业集群的形成[107]。

二、产业集群竞争力分析模型

竞争力最初用于衡量同领域内企业在市场占有率、产品质量等方面占据的优势,随着竞争力一词的不断发展,由企业竞争力发展到产业、产业集群、整个区域或者国家竞争力,且集群发展已经成为提高竞争力、增强创新能力的重要方法[108]。结合相关文献,将产业集群竞争力定义为:以产业集群所需要的企业、资源、市场等为基础,以集群企业与企业间相互分工合作、技术交流等动态网络关系为运行方式,以资源合理配置与风险规避为能力,在市场竞争中能为产业集群的整体绩效带来实质性功效的竞争优势。本书对产业集群竞争力的研究是以产业集群所需的基础资源展开论述。

(一)波特钻石模型

美国经济学家迈克尔·波特在 1990 年出版的《国家竞争优势》中提出国家竞争优势,通过对 10 个国家不同产业的竞争优势进行比较,产业竞争优势的影响因素可以概括为 6 个方面:生产要素、企业战略与竞争对手、需求条件、相关与支持性产业 4 个基本性因素,机会与政府 2 个辅助因素。基本性因素是内部影响因素,因素之间存在互相影响;而辅助性因素是外在影响因素,是单向影响的关系,如图 9-4 所示。

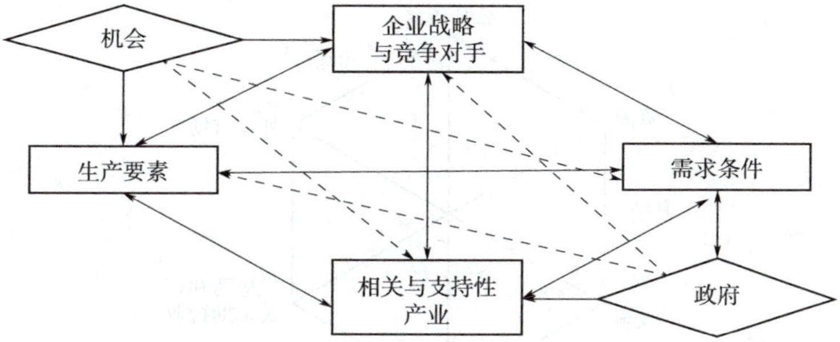

图 9-4 波特钻石模型结构

生产要素:一个国家特定产业竞争优势的基础性生产要素,主要包括自然资源、人力资源、资本资源等。产业所处位置与所拥有的自然资源也被称为初级生产要素,产业专业技术人才、创新人才及交通基础、信息等现代化配套设施是高级生产要素,在产业竞争中起到更为重要的作用。

企业战略与竞争对手:产业集群是由多个企业集聚及之间相互的战略联盟形成的,企业发展战略、组织管理等会影响产业的竞争优势,与同类企业之间的竞争会促进该企业技术上的改革创新及成本质量等多方面的改进,进而促使国内该产业整体竞争优势提高,在国际竞争中才更具有优势。

需求条件:需求条件主要包括国内外需求影响,及时对国内外需求的变化做出改变的企业更容易获得竞争优势,是其发展与创新的动力。

相关与支持性产业:产业集群的形成必定有一个完整的产业链,产业链上下游相关企业众多,并且与其他产业间存在着前后关联,单独存在的产业是不具有竞争力的,所以产业的竞争是整个产业链的竞争也是产业集群之间的竞争,一个产业获得其他产业的支持在提升自身竞争力的同时,也能带动其他产业的发展。

机会:产业发展的机会虽然是外在影响因素,但由于机会的不可控性,经常使得产业竞争的内在因素发生变化。

政府:政府在产业竞争中能够为企业提供相应的保障措施及资源,以提升产业的竞争优势。

(二)GEM 模型

在波特钻石模型的基础上,Padmore T 与 Gibson H 提出了 GEM 模型,即基础(grounding)-企业(enterprise)-市场(market)模型,基础、企业与市场称为三因素对,每个因素对应两个要素[109],如图 9-5 所示。

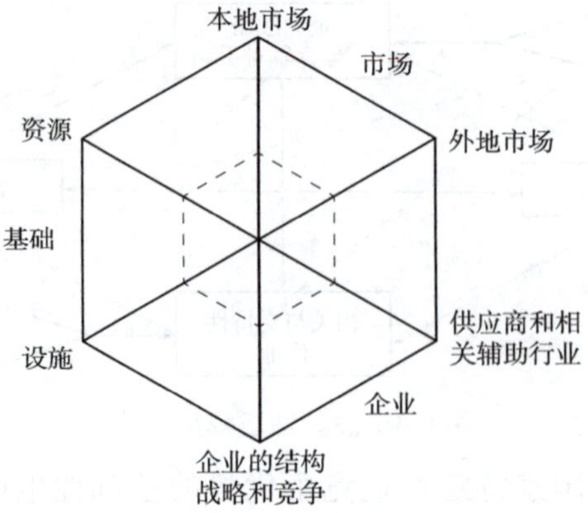

图 9-5 GEM 模型结构

GEM 模型与波特钻石模型相比,有以下方面的异同。在区别上,其一是衡量方式不同,波特钻石模型采用定性描述,而 GEM 模型是定量测度产业竞争力;其二是研究对象不同,波特钻石模型是研究国家层面的竞争优势,GEM 模型是以区域内的特定产业集群为研究对象。在联系上,波特钻石模型影响因素与 GEM 模型影响因素总体方向是一致的[110]。

因素对Ⅰ主要有资源与设施两个因素,能够为产业集群的形成提供支撑,也是集群产业具有竞争力的基本条件,资源与设施主要有自然资源与人力资源、产业发展环境、城市配套设施等。

因素对Ⅱ是产业集群结构因素与生产效率的决定性因素。企业结构、战略和竞争反映企业投入产出能力、经营效益;供应商和相关辅助行业则反映集群产业链的上下游产业结构与相关联的企业之间的支撑性以及相互促进发展能力。

因素对Ⅲ包含本地市场与外地市场,产业集群的市场占有率及市场需求前景都能反映出产业集群的竞争力。

GEM 模型在具体产业集群评价过程中常用的量化手段是 Likert 五刻度评分法或十刻度评分法,通过专家打分进行主观赋值,除了模型量化上的缺陷,GEM 模型自身也存在不足。如 GEM 模型中 6 个要素之间的权重是相等的,但是针对不同产业每个因素所占比重是不同的;在 GEM 模型中,政府要素与创新要素没有体现,但政府相关支持与产业技术创新在产业集群竞争中是不可或缺的[111]。针对 GEM 模型的缺点,不同的学者提出了相应的改进模型,如引入网络因素的 GEMN 模型[112],引入创新要素的 GEMI 模型[113],使得 GEM 模型不断完善,也更具有普适性。

(三)其他产业集群竞争力模型

因果关系模型是金碚在《中国工业国际竞争力:理论、方法与实证研究》中通过分析影响因素之间的因果关系来分析中国工业竞争力时提出[114]。因果关系模型将企业竞争力的影响因素分为四类:企业在竞争中存在的各种“关系”、企业资源、企业生存和发展的战略能力、企业合作因素。在因果关系模型中,市场占有率是其竞争力的外在表现,即竞争力“结果”,影响市场占有率的因素是获得竞争力的“原因”。能够体现竞争力结果的指标作为显性指标,反映实际竞争优势与潜在竞争优势的指标作为直接影响因素与间接影响因素,基本因果关系模型如图 9-6 所示。

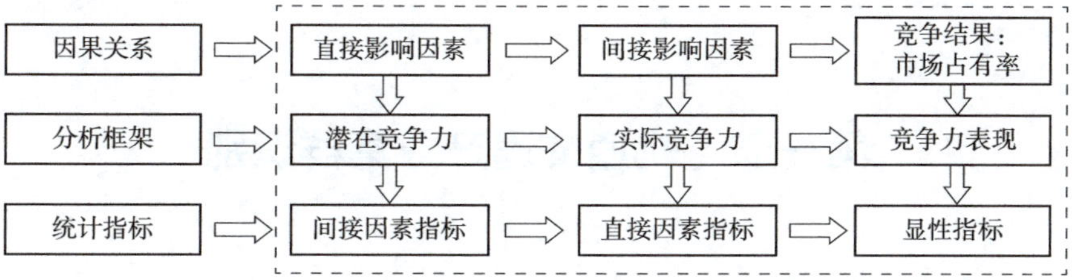

图 9-6　因果关系模型范式

因果关系模型的研究对象是企业竞争力,针对产业链或者产业集群来说有一定的差别。

投入-产出模型是国外学者 Hirschman 研究产业不平衡发展中提出的,后由列昂季耶夫分离出投入产出表,主要用来研究产业间的关联效应等。随着投入-产出模型的完善,不少学者认为,投入-产出模型可以用于衡量产业竞争力,投入-产出模型与传统的产业集群竞争力评价模型不同,认为竞争力主要由投入要素与产出要素确定[115]。投入要素以资源为核心,产出要素则以市场占有率、盈利能力等因素为主,基于投入-产出模型的产业竞争力评价体系如图 9-7 所示。

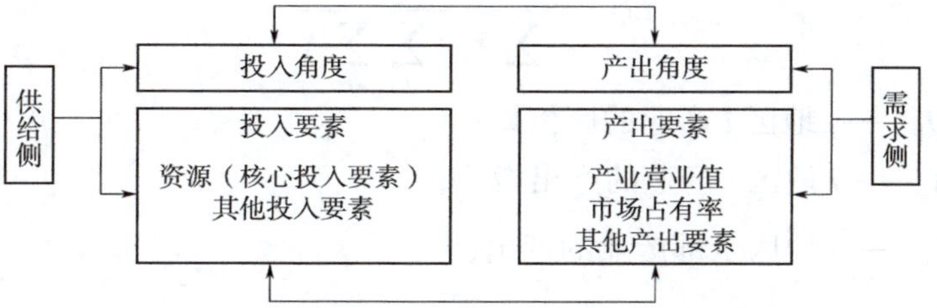

图 9-7　基于投入-产出模型的产业竞争力模型

第十章　轨道交通产业集群时空演化分析

第一节　轨道交通产业集群识别

一、产业集群测度方法

产业集群识别的方法众多，通常针对不同的侧重点选用不同的方案，通过梳理国内外相关文献，归纳常用的产业集群水平测度模型有以下五种[116]。

(一)区位熵

1965 年，哈盖特提出了区位熵(location quotient，LQ)一词，表示区域要素空间分布情况的专门化率，通过计算区位熵，能够掌握特定产业在一定范围内的优势地位。一般以就业人数、产业总产值、产业增加值及企业数量作为测量指标，计算公式为

$$LQ_{ij} = \frac{X_{ij} / \sum_{i} X_{ij}}{\sum_{j} X_{ij} / \sum_{i} \sum_{j} X_{ij}} \tag{10-1}$$

式中　LQ_{ij}——j 地区 i 产业的区位熵；

X_{ij}——j 地区 i 产业的产出指标；

$\sum_{i} X_{ij}$——j 地区全部产业的产出；

$\sum_{j} X_{ij}$——全部地区 i 产业的产出；

$\sum_{i}\sum_{j}X_{ij}$——全部地区全部产业的产出。

$LQ_{ij}>1$,表示 j 地区的 i 产业集聚度高;$LQ_{ij}=1$,表示 j 地区的 i 产业集聚度一般;$LQ_{ij}<1$,表示 j 地区的 i 产业集聚度低。

区位熵计算的优点在于可供选择的指标多,任意指标都能够反映出某个产业在特定范围的集聚程度,计算过程简洁方便,不足之处在于区位熵注重产业的静态分析,不能用于比较不同产业的分布、互动与关联。

(二)空间基尼系数

1991 年,克鲁格曼基于社会分配平均程度的洛伦茨曲线及收入分配公平度衡量指标基尼系数的思想,构造出空间基尼系数,并将其应用于美国制造业集聚度的测度中,判断某个产业在特定范围里的分布均匀度,计算公式为

$$G=\sum_{i=1}^{n}(S_i-X_i)^2 \tag{10-2}$$

式中 G——空间基尼系数;

S_i——i 地区轨道交通产业规模与全国轨道交通产业规模的比值;

X_i——i 地区的所有产业规模与全国产业规模的比值。

产业规模可用产业就业人数、产业总产值、产业增加值等指标表示。空间基尼系数在 0~1 之间波动,空间基尼系数越接近于 1,表明轨道交通产业在该地区分布越集中,即集群现象更明显;空间基尼系数越接近于 0,表明轨道交通产业在该地区呈分散分布。

空间基尼系数的优点在于在产业空间分布均衡度的计算过程中考虑了产业的空间差异;缺点在于没有考虑企业规模差异,会造成跨产业比较误差,即空间基尼系数大于 0 但该产业不一定表现出集群状态。

(三)行业集中度

行业集中度是以轨道交通产业中规模最大的前 n 个企业和整个轨道交通行业或市场份额的比值,一般以轨道交通产业收入、轨道交通产业总值、轨道交通产业就业人数等为测算指标,计算公式为

$$CR_n=\frac{\sum_{i=1}^{n}X_i}{\sum_{i=1}^{N}X_i} \tag{10-3}$$

式中 X_i——轨道交通产业中第 i 个企业的规模；

N——轨道交通产业在全国的全部企业总数；

n——轨道交通产业中规模最大的企业数量。

行业集中度由 CR_n 值决定，CR_n 值越大则产业集群越明显，反之则没有形成明显的产业集群。

行业集中度计算的优点在于能够从市场维度反映产业集群水平，能够反映轨道交通产业的龙头企业市场份额的变化，缺点在于当轨道交通产业大规模企业数 n 取不同值时，会得出不同结论，也就是说 CR_n 值的大小不能完全反映轨道交通产业在特定区域的集群状态。

（四）赫芬达尔指数

赫芬达尔指数也称为 H 指数，是产业集群水平测度常用方法之一，计算公式为

$$H = \sum_{i=1}^{N} Z_i^2 = \sum_{i=1}^{N} \left(\frac{X_i}{X}\right)^2 \tag{10-4}$$

式中 X——产业总的市场规模；

Z_i——企业市场份额。

H 值越大表明轨道交通产业相关企业分布越集中，集群现象越明显。H 指数的取值在 $1/n \sim 1$ 之间，当 H 指数为 1 时，说明该产业处于垄断地位。

赫芬达尔指数的优点在于考虑了轨道交通产业相关企业总数和市场规模等影响因素，与行业集中度相比，弥补了其不足，提高了准确性；缺点在于需要全面统计相关企业数据，企业规模大小直接影响 H 指数，即存在 H 指数很大，但轨道交通产业在特定区域内并没有形成集群状态。

（五）E-G 指数

E-G 指数是在空间基尼系数的基础上加入赫芬达尔指数进一步得到产业集聚系数的综合性方法，E-G 指数综合考虑了企业规模等因素对产业集聚水平的影响，能够有效消除虚假集聚成分，计算公式为

$$r^{EG} = \frac{G - \left(1 - \sum_{i=1}^{N} x_i^2\right)H}{\left(1 - \sum_{i=1}^{N} x_i^2\right)(1 - H)} \quad G = \sum_{i=1}^{N} (s_i - x_i)^2 \quad H = \sum_{k=1}^{M} z_k^2 \tag{10-5}$$

式中 G——轨道交通产业的地理集中度；

N——研究区域个数；

s_i——区域 i 的轨道交通产业总产出占全国轨道交通产业总产出的比重；

x_i——某区域全部产业总产出占全国总产出的比重；

H——轨道交通产业的赫芬达尔系数；

M——轨道交通产业相关企业数量；

z_k——轨道交通产业中 k 个企业的产出占产业总产出指标的比例。

$r^{EG}>0.05$ 表示该地区的轨道交通产业存在高度集聚，$r^{EG}<0.02$ 则表示该地区的产业集聚现象不明显。

E-G 指数计算的优点是克服了空间基尼系数的缺点，不受产业规模、分布的影响。缺点是需要精准到企业层面的数据，由于数据获取难度大。

在对各个地区轨道交通产业集群识别时，地理空间上的产业集群是研究侧重点，研究方法的选取要能反映地理空间上的产业集群。行业集中度是针对市场空间维度上的产业集中度，并未考虑地理空间上的产业集群。同样，H 指数主要也是针对市场维度，虽然能够准确地反映该产业中大企业的市场份额变化，但并不能通过该数值判断某地区产业的集群水平。空间基尼系数法虽然考虑了地理空间，但是 E-G 指数是对空间基尼系数的完善与补充，故其具有空间基尼系数的优点也克服了空间基尼指数的缺陷，即 E-G 指数法要明显优于空间基尼指数法。所以区位熵与 E-G 指数是最佳选择，考虑到数据的获取难度与计算复杂程度，本书最终选取区位熵对轨道交通产业集群状态识别。

二、轨道交通产业集群水平测度

（一）数据来源

使用区位熵对轨道交通产业的集群状态进行识别，以轨道交通产业产值作为测量指标，由于轨道交通产业组成负载，且没有固定的划分，在各种统计资料中也难以找到相关数据。根据轨道交通上下游的分类及《国民经济行业分类》，将制造业中的铁路运输、船舶、航空航天和其他运输设备的制造业的数据作为轨道交通装备制造业的数据，可根据《中国工业统计年鉴》查询；将建筑业中的铁路建筑作为轨道交通产业工程建筑业产值，由《中国建筑业统计年鉴》查询；下游是交通运输、仓储和邮政产值，其包含了铁路运输、道路运输、水路运输及邮政、仓储等多个小类,故求得铁路运输从业人员与交通运输、仓储和邮政从业人员比值,将系数乘以交通运输、仓储与邮政业总产值作为轨道交通产业下游产值。将以上三者求和得到轨道交通产业产值,见表 10-1。

表 10-1 2012—2020 年轨道交通产业产值统计 亿元

地区	2012 年	2013 年	2014 年	2015 年	2016 年	2017 年	2018 年	2019 年	2020 年
总计	34 950.97	36 914.55	39 805.03	41 884.75	44 415.16	45 808.12	48 562.23	51 446.13	55 212.40
北京	996.48	1 105.56	1 322.42	1 404.51	1 504.93	1 672.25	1 796.92	1 927.64	2 047.46
天津	1 102.53	1 278.95	1 393.47	1 443.22	2 184.36	1 783.49	1 465.71	1 016.64	1 105.76
河北	1 283.67	1 255.44	1 500.95	1 424.39	1 547.10	1 688.28	1 801.05	1 961.83	1 923.63
山西	730.58	811.86	789.32	854.01	888.42	943.47	1 020.96	1 165.02	1 195.02
内蒙古	801.64	810.88	811.65	679.60	747.74	591.23	662.32	797.51	798.91
辽宁	3 291.18	3 355.07	3 204.61	3 132.38	2 796.06	2 968.14	3 251.81	3 521.77	3 540.79
吉林	653.82	709.41	791.21	860.30	944.78	970.38	1 020.95	1 008.25	1 052.78
黑龙江	727.54	772.68	833.36	848.19	622.46	592.97	545.88	526.85	536.61
上海	1 624.02	1 734.67	1 907.31	2 035.87	2 104.50	2 245.04	2 343.31	2 500.37	2 838.41
江苏	4 841.84	5 057.67	5 340.58	5 403.49	5 340.10	5 473.93	5 795.98	6 225.42	6 917.86
浙江	2 847.65	3 051.39	3 197.28	3 257.96	3 350.39	3 037.25	2 639.17	2 779.94	2 966.20
安徽	613.43	643.04	689.25	718.75	769.38	611.77	874.44	1 217.92	1 362.54
福建	787.32	839.44	964.59	1 126.27	1 220.70	1 013.73	1 078.86	1 532.48	1 594.73
江西	898.67	898.52	572.37	631.15	704.65	780.06	924.55	1 005.67	1 096.91
山东	2 356.18	2 313.90	2 691.28	2 851.92	3 053.84	3 354.06	3 558.04	2 986.60	3 601.23
河南	1 074.79	1 174.96	1 446.63	1 650.38	1 783.10	1 792.20	2 294.73	2 415.06	2 368.37
湖北	1 421.49	1 501.16	1 716.67	1 879.47	2 005.98	2 268.29	2 646.69	3 056.17	2 811.42
湖南	1 228.16	1 451.19	1 691.58	1 948.05	2 047.97	2 169.29	2 308.83	2 361.31	2 582.65
广东	1 930.68	2 008.18	1 775.10	1 891.38	2 200.00	2 442.81	2 545.07	2 709.77	3 480.50
广西	386.41	436.78	499.70	574.88	642.51	612.64	615.94	777.08	838.44
海南	33.89	41.29	46.11	43.96	47.35	44.86	44.88	58.26	49.80
重庆	1 294.36	1 449.01	1 682.47	1 886.45	1 995.83	2 108.54	1 802.92	1 760.96	1 849.78
四川	1 070.36	1 140.40	1 292.40	1 531.98	1 726.21	2 063.22	2 350.70	2 537.99	2 723.52
贵州	553.34	535.45	691.02	803.61	854.40	881.91	910.38	924.30	1 019.28
云南	276.38	313.24	315.20	360.11	421.54	505.39	631.21	708.50	869.08
西藏	5.70	5.29	5.03	7.50	7.91	10.42	13.17	17.51	24.34
陕西	1 546.51	1 490.96	1 867.28	1 836.71	2 067.71	2 332.81	2 596.35	2 825.09	2 963.96
甘肃	253.78	272.23	262.62	271.65	287.01	255.68	364.96	393.61	395.04

续上表

地区	2012 年	2013 年	2014 年	2015 年	2016 年	2017 年	2018 年	2019 年	2020 年
青海	52.83	62.14	68.74	74.35	74.40	77.97	95.95	91.26	97.26
宁夏	71.09	123.64	125.30	127.16	133.19	132.67	124.68	136.40	144.43
新疆	194.64	270.14	309.52	325.12	340.65	383.37	435.84	498.94	415.68

（二）轨道交通产业集群识别

根据式（10-1）计算轨道交通产业集群区位熵，结果见表 10-2。将各地区分区域划分为东北（3 省）、华北（5 省）、华东（7 省）、中南（6 省）、西南（4 省）、西北（6 省）六个区域，分别求各个区域的平均区位熵，如图 10-1 所示。

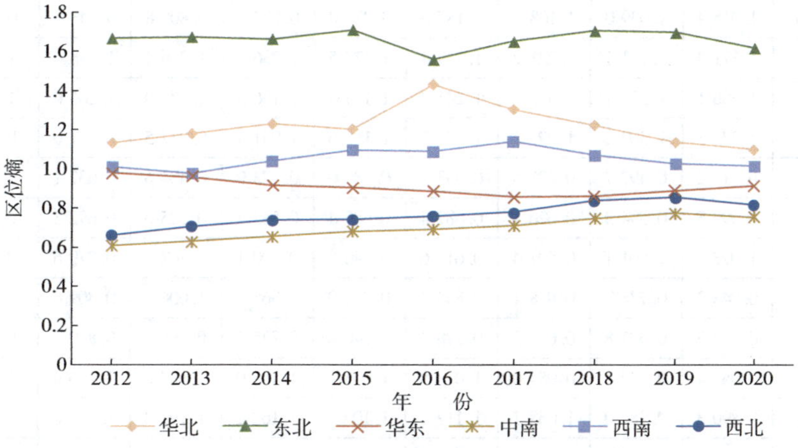

图 10-1　分区域轨道交通产业区位熵变化

东北地区的平均区位熵均大于 1，东北地区以老工业基地优势及辽宁省大连市中车装备制造业为支柱，形成了以装备制造业为主的轨道交通产业集群。华北地区的平均区位熵也大于 1，北京作为率先修建城市轨道交通的城市，轨道交通产业发展历程长，且拥有中国中铁、北京鼎汉、中国通号、中国中车等龙头企业，同时促进了天津与河北等地的轨道交通产业集群发展。西南地区区位熵平均值略高于 1，四川素有“铁半城”之称，攀钢集团是钢材领域的领头羊，成都拥有中铁二院、中建西南院、中铁二局、西南交通大学、中车资阳有限公司与中车眉山有限公司等众多轨道交通产业相关企业，形成了以成德眉资为中心的轨道交通产业集群。华东地区轨道交通产业集群区位熵一直处于缓慢下降的趋势，这与东部发达地区制造业薄弱而第三产业产业发达有关。西北与中南地区轨道交通产业区位熵呈历年缓慢递增趋势，但是西安、长沙、株洲等轨道交通产业已经形成集群式发展。

表 10-2　2012—2020 年轨道交通产业集群区位熵

地区	2012 年	2013 年	2014 年	2015 年	2016 年	2017 年	2018 年	2019 年	2020 年
北京	0.805 2	0.833 4	0.933 8	0.927 8	0.930 6	1.015 1	1.023 0	1.039 9	1.036 2
天津	1.874 4	2.048 9	2.120 0	2.171 3	3.182 5	2.598 4	2.067 2	1.383 1	1.434 5
河北	0.855 2	0.824 5	0.963 9	0.883 2	0.908 5	0.999 5	1.044 6	1.072 5	0.970 7
山西	0.961 4	1.079 1	1.056 5	1.181 0	1.243 5	1.181 6	1.205 8	1.313 4	1.236 9
内蒙古	1.177 1	1.134 0	1.080 7	0.859 0	0.906 7	0.719 9	0.773 4	0.886 0	0.840 8
辽宁	2.834 8	2.782 8	2.590 5	2.536 9	2.292 7	2.482 0	2.606 8	2.709 4	2.575 9
吉林	1.158 3	1.198 9	1.285 2	1.405 6	1.515 1	1.611 6	1.709 8	1.644 1	1.562 4
黑龙江	1.015 4	1.039 0	1.108 5	1.187 6	0.875 0	0.873 6	0.800 8	0.743 8	0.715 7
上海	1.171 9	1.191 1	1.221 9	1.239 4	1.177 5	1.236 9	1.226 4	1.258 6	1.340 0
江苏	1.386 1	1.357 7	1.333 6	1.241 2	1.154 4	1.156 3	1.172 0	1.206 6	1.230 5
浙江	1.273 3	1.302 2	1.293 2	1.225 7	1.185 6	1.051 4	0.857 5	0.851 0	0.838 8
安徽	0.514 2	0.497 7	0.495 5	0.493 7	0.489 0	0.373 9	0.484 6	0.632 1	0.643 6
福建	0.599 5	0.594 3	0.626 1	0.687 4	0.689 4	0.543 4	0.525 6	0.692 3	0.663 7
江西	1.078 7	1.001 1	0.591 4	0.615 6	0.640 8	0.700 1	0.767 1	0.779 6	0.780 1
山东	0.843 2	0.778 7	0.858 1	0.844 3	0.869 0	0.965 6	1.006 1	0.809 6	0.899 8
河南	0.570 5	0.591 8	0.677 3	0.728 4	0.740 8	0.725 3	0.866 1	0.859 7	0.786 8
湖北	0.967 4	0.942 4	0.984 0	1.013 8	1.005 7	1.105 0	1.187 0	1.286 4	1.182 4
湖南	0.890 3	0.982 0	1.058 1	1.117 3	1.109 9	1.163 2	1.197 8	1.131 8	1.129 4
广东	0.520 7	0.511 9	0.421 5	0.414 3	0.447 7	0.483 5	0.479 9	0.479 8	0.574 1
广西	0.525 5	0.559 0	0.595 3	0.635 9	0.666 6	0.624 7	0.591 4	0.699 7	0.691 4
海南	0.186 8	0.211 1	0.216 4	0.192 7	0.193 6	0.180 9	0.172 2	0.209 0	0.164 5
重庆	1.716 1	1.772 1	1.862 5	1.925 0	1.851 7	1.906 1	1.573 9	1.426 5	1.351 7
四川	0.687 9	0.685 2	0.724 2	0.826 4	0.871 0	0.987 4	1.032 7	1.046 8	1.023 9
贵州	1.261 7	1.070 0	1.219 5	1.247 8	1.211 6	1.175 8	1.117 5	1.054 0	1.044 7
云南	0.382 9	0.389 1	0.363 4	0.394 0	0.430 6	0.495 9	0.569 7	0.583 4	0.647 5
西藏	0.125 1	0.105 1	0.088 0	0.122 7	0.115 3	0.144 3	0.174 2	0.197 2	0.233 7
陕西	1.681 2	1.493 5	1.737 0	1.679 6	1.815 4	1.970 6	2.043 8	2.094 4	2.068 4
甘肃	0.723 4	0.721 1	0.652 2	0.678 2	0.694 7	0.632 1	0.848 8	0.863 3	0.800 5
青海	0.531 4	0.577 8	0.602 2	0.605 2	0.550 9	0.573 8	0.658 1	0.593 3	0.591 2
宁夏	0.512 9	0.846 3	0.819 9	0.806 9	0.800 7	0.752 0	0.669 4	0.695 8	0.673 1
新疆	0.403 7	0.512 8	0.540 8	0.571 8	0.591 5	0.623 1	0.641 3	0.701 7	0.550 4

由表 10-2 可见，我国轨道交通产业的区位熵总体呈上升趋势，但有的地区区位熵是先升高再降低，也存在区位熵一直下降的地区。如天津市 2012 年区位熵为 1.874 4，2016 年到达峰值为 3.182 5，至 2020 年降为 1.434 5；内蒙古 2012 年区位熵为 1.177 1，随后一直呈下降趋势，至 2020 年降为 0.840 8。

总体来看，2012 年形成轨道交通产业集群的地区集中在东北、京津及长三角地区，以北方为主；到 2016 年，华中地区的湖南、湖北及成渝地区的轨道交通产业均形成了集群状态；截至 2020 年，沈阳、北京、青岛、南京、成都等多个城市轨道交通产业链完整，全国范围内轨道交通产业集群基本形成。

第二节　轨道交通产业集群时间演化分析

一、Logistic 模型构建

（一）建立轨道交通产业 Logistic 模型

轨道交通产业在发展过程中相关企业数量是产业发展规模的直观体现，能够反映产业就业人数、产业发展的市场占有率等，所以本书选取轨道交通产业相关企业数量拟合轨道交通产业在 Logistic 模型中所处的发展阶段。建立关于轨道交通产业数量的 Logistic 模型，如式（10-6）所示：

$$\frac{\mathrm{d}N}{\mathrm{d}t}=rN\left(1-\frac{N}{K}\right) \tag{10-6}$$

$$\frac{\mathrm{d}N}{\mathrm{d}t}=N(t) \tag{10-7}$$

式中　$N(t)$——轨道交通产业在 t 时刻的增长量，是一个状态变量；

r——轨道交通产业相关企业数量的增长率；

N——轨道交通产业的规模；

K——环境负荷量，即轨道交通产业发展的上限；

$1-\frac{N}{K}$——阻滞因子，值越大轨道交通产业发展越难。

对式（10-6）两边进行变形积分，得到式（10-8）：

$$N=\frac{K}{1+a\mathrm{e}^{-bt}} \tag{10-8}$$

式中 a——待估常数参数；

b——轨道交通产业的初始增长率。

（二）轨道交通产业 Logistic 模型拟合

1. 参数估计

Logistic 模型曲线因参数 a、b、K 的取值不同而呈现不同的效果。参数 K 的估计有多种不同的方法，如三点法、平均值法[117]，但是难以将 K 值唯一确定；与回归分析相结合的组合分析法[118]，则存在计算过程复杂烦琐等情况。为现实 Logistic 曲线有一个较好的拟合，通常采用四阶段法估计 K 值，再用线性回归方法拟合 a、b[34]。对式(10-8)两边做对数变换，得到式(10-9)：

$$\ln\frac{K-N}{N}=\ln a-bt \tag{10-9}$$

选取 4 个等距观测点，初始点(t_1,N_1)，中间点(t_2,N_2)、(t_3,N_3)，数据终点(t_4,N_4)，时间 t 满足式(10-10)：

$$t_1+t_4=t_2+t_3 \tag{10-10}$$

将 4 个观测点代入式(10-8)、式(10-9)，其估计值 K 满足式(10-11)：

$$K=\frac{N_2N_3(N_1+N_4)-N_1N_4(N_2+N_3)}{N_2N_3-N_1N_4} \tag{10-11}$$

对于参数 a、b，借助 SPSS 软件进行非线性回归中的 Levenberg-Marquardt 方法对参数回归，得到参数 K、a、b，将非线性回归得到的 K 值与四阶段法得到的 K 值相互比较，选取合适的 K 值。

2. 轨道交通产业发展的阶段划分

由 Logistic 曲线可知，产业的生命周期往往分为几个不同阶段，为了准确对轨道交通产业发展的阶段进行划分，需要计算出轨道交通产业增长速度的极大值点，S 曲线上的凹凸点等。对式(10-8)求一阶导数，得到轨道交通产业增长的速度曲线函数，如式(10-12)所示：

$$\frac{\mathrm{d}N}{\mathrm{d}t}=\frac{Kab\mathrm{e}^{-bt}}{(1+a\mathrm{e}^{-bt})^2} \tag{10-12}$$

其速度曲线函数如图 10-2 所示，轨道交通产业相关企业的数量增长经历由慢到快、再逐渐趋于稳定的过程。将速度函数曲线求导，如式(10-13)所示：

$$\frac{\mathrm{d}^2N}{\mathrm{d}t^2}=\frac{Kab\mathrm{e}^{-bt}(ab\mathrm{e}^{-bt}-b)}{(1+a\mathrm{e}^{-bt})^3} \tag{10-13}$$

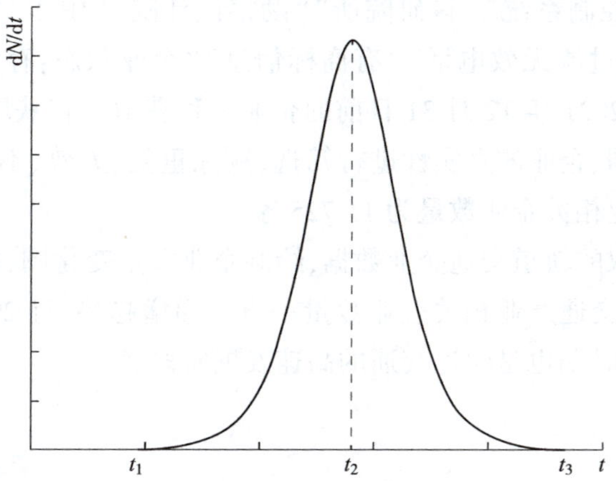

图 10-2 Logistic 速度函数曲线

令速度函数的导数为 0,求轨道交通产业相关企业数量增长的极大值点,求得时间 t_2 如式(10-14)所示:

$$t_2=\frac{\ln a}{b} \tag{10-14}$$

对式(10-13)继续求导,如式(10-15)所示:

$$\frac{d^3N}{dt^3}=\frac{Kab^3e^{-bt}(1-4abe^{-bt}+a^2e^{-2bt})}{(1+ae^{-bt})^4} \tag{10-15}$$

令速度函数的二阶导数为 0,求其速度函数曲线的凹凸点,反映轨道交通产业增长速度的趋势变化,求得时间 t_1、t_3 如式(10-16)、式(10-17)所示:

$$t_1=\frac{\ln a-1.317}{b} \tag{10-16}$$

$$t_3=\frac{\ln a+1.317}{b} \tag{10-17}$$

t_1、t_2、t_3 是 Logistic 曲线上的三个关键点,将轨道交通产业发展阶段分为萌芽期$[0,t_1)$、成长初期$[t_1,t_2)$、成长末期$[t_2,t_3)$、成熟期$[t_3,+\infty)$。

二、Logistic 曲线拟合

我国轨道交通虽然出现于 20 世纪初,但由于种种原因发展缓慢。被广为接受的萌芽期是 1965 年北京地铁一号线的建设,开启了我国轨道交通发展的历程。本书借助“天眼查”系统、信用中国网站等对轨道交通产业相关企业进行搜索,关键词包括“轨道交通装备制造”“轨道交通”“铁路、高铁相关设备制造"“轨道交通控制系统”“科研院所”“勘察设计院”“中车”“中铁”等，并且添加筛选条件“过滤无效电话”“有商标信息”“企业状态：存续（在营、开业、在业）状态”对 2021 年 12 月 31 日前的企业名称获取。将获取的数据按照企业主要经营范围、企业的真实性进行筛选，剔除重复、无效、不相关的企业，获得轨道交通产业相关企业数量为 11 725 家。

根据所获取的轨道交通企业数据，绘制企业数量变化图，如图 10-3 所示。可见，我国轨道交通产业相关企业数量一直呈递增趋势，且 2010 年之后增加速度加快，这一时期也是轨道交通的高速发展阶段。

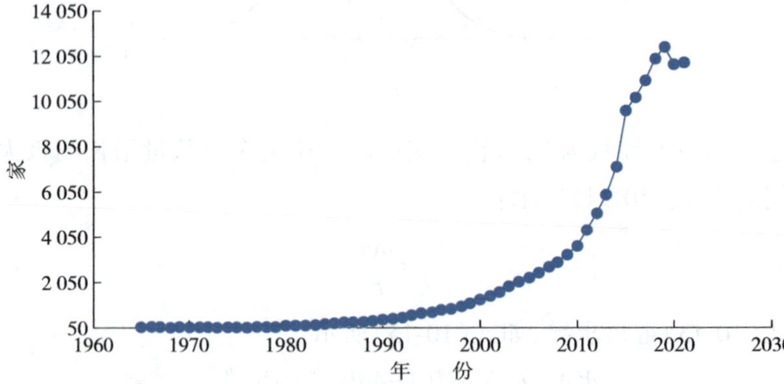

图 10-3 1965—2021 年轨道交通相关企业数量统计

根据四阶段法对 K 值进行估计，选取 1965 年、1984 年、2002 年、2021 年轨道交通产业相关企业数量作为观测值，且满足式（10-10）。将上述四组观测值代入式（10-11），求得观测值 $K=10\ 475$。

将 1965—2021 年轨道交通产业相关企业数量导入 SPSS 软件，进行非线性回归，参数估计值见表 10-3。求得 R^2 为 0.981，拟合效果较好。$K=16\ 852.325$，$a=25\ 027.256$，$b=0.198$。非线性回归拟合曲线为：$N_t=\dfrac{K}{1+a\mathrm{e}^{-bt}}=\dfrac{16\ 825.325}{1+25\ 027.256\mathrm{e}^{-0.198t}}$，其中，$t$ = 年份 − 1 965。

表 10-3 参数估计值

参数	估算	标准错误	95% 置信区间	
			下限	上限
K	16 852.325	1 569.618	13 705.431	19 999.220
a	25 027.256	16 590.467	−8 234.629	58 289.140
b	0.198	0.017	0.165	0.232

根据轨道交通产业发展的 Logistic 曲线,应用 Matlab 软件,绘制轨道交通产业发展的 S 形曲线,如图 10-4 所示。轨道交通产业的发展基本符合产业发展的生命周期 Logistic 曲线规律。

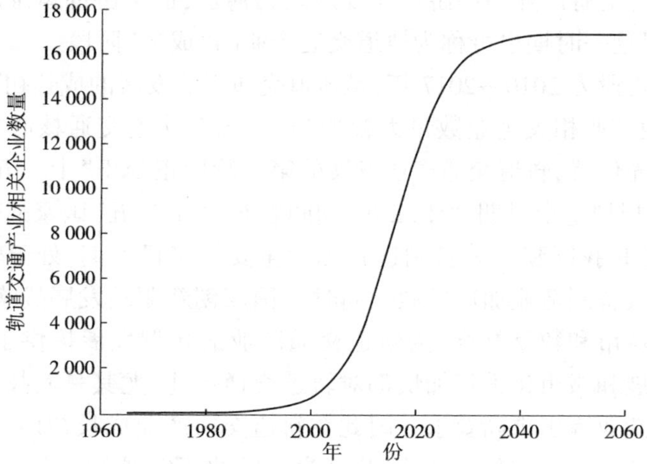

图 10-4　轨道交通产业发展 Logistic 曲线

根据式(10-14)、式(10-16)、式(10-17)求得轨道交通产业发展的三个关键点,分别为

$$t_1=\frac{\ln a-1.317}{b}=44.49$$

$$t_2=\frac{\ln a}{b}=51.15$$

$$t_3=\frac{\ln a+1.317}{b}=57.80$$

将轨道交通产业发展分为三个阶段:

第一个阶段为 1965—2010 年,是轨道交通产业发展的萌芽期。萌芽期发展周期跨度大,2000 年以前的轨道交通产业是以铁路运输为主的传统铁路局、铁路勘察设计等为中心发展,城市轨道交通也只有在北上广深等大城市修建,隶属于轨道交通产业的轨道交通装备制造业核心技术靠国外引入,发展较为薄弱。2000 年以后,轨道交通发展速度加快,国务院下发《中长期铁路网规划》《国家中长期科学和技术发展规划纲要》等,促使铁路建成投产,缩短了区域时空距离,促进了区域协调发展,将西部地区与内陆连接起来。同时,城市轨道交通的建设运营也进入起步发展阶段,多个城市开通地铁、有轨电

车，在解决交通拥堵问题的同时也带动了整个城市的经济发展。在轨道交通产业发展的萌芽期，国家对轨道交通产业的大力扶持与资金投入，使得我国轨道交通逐渐形成完整的产业链，但这一时期轨道交通技术研发、勘察设计与装备制造等上游产业与中游产业发展较为薄弱，而下游的运维服务供给特征明显，所以这一时期也可称为轨道交通产业的“成链”阶段。

第二个阶段为2010—2017年，是轨道交通产业发展的成长初期。这一时期，轨道交通产业相关企业数量大幅增长，我国对轨道交通核心技术的掌握开始处于领先位置，轨道交通产业发展的第二阶段正处于“十一五”规划末期与“十二五”规划整个时期，“十二五”期间发布《“十二五”国家战略性新兴产业发展规划》是我国建设装备制造强国的重要战略机遇期，处于轨道交通产业链中游的装备制造业加速发展。同时，《国家创新驱动发展战略纲要》中提到发展智慧城市和数字社会，为轨道交通产业的转型发展提供了新的机遇，国民经济发展和城市化进程加快都对轨道交通产业，尤其是其技术核心轨道交通装备制造业提出更高要求。因此在轨道交通产业成长初期，产业链进一步完善，以创新、协调、绿色、开放、共享为主题的新发展理念在轨道交通产业发展中逐渐凸显，这一时期以中游环节的创新发展为显著特征，也可称为轨道交通产业的“补链”阶段。

第三个阶段为2017—2023年，是轨道交通产业发展的成长末期，是轨道交通产业的高质量发展时期。这一时期，“交通强国”“一带一路”“交通领域科技创新专项规划”等一系列计划发布，我国轨道交通产业正式进入高质量发展时期，轨道交通产业产值稳步增加，技术创新成果不断涌现，我国的高铁产业也正式走向世界。轨道交通产业的上、中、下游产业趋于完善，这一时期也称为轨道交通产业的“强链”阶段。

根据轨道交通产业发展Logistic曲线，2023年以后，轨道交通产业进入成熟期，这个阶段将会持续到2060年以后。

第三节　轨道交通产业集群空间演化分析

一、空间演化模型介绍

（一）空间自相关

空间自相关是分析同一变量在不同空间分布的相关关系。全局自相关用来分析轨道交通产业的全局空间相关性，对轨道交通产业是否存在空间集聚进行识别，莫兰指数的取值在[-1,1]区间，若莫兰指数的值靠近1，说明轨道交通产业呈现明显集聚的空间分布特征；若莫兰指数的值为负，则表明轨道交通产业观测值呈现离散的空间分布特征。其计算公式如下：

$$I=\frac{n\sum_{i=1}^{n}\sum_{j\neq i}^{n}W_{ij}(x_i-\bar{x})(x_j-\bar{x})}{\left(\sum_{i=1}^{n}\sum_{j\neq i}^{n}W_{ij}\right)\sum_{i=1}^{n}(x_i-\bar{x})^2} \tag{10-18}$$

式中　I——全局自相关系数；

n——研究地区数量；

W_{ij}——空间权重；

x_i,x_j——要素 i 和 j 的观测值，在文中用各个地区轨道交通产业相关企业数量表示；

$\bar{x}$——平均观测值。

（二）标准差椭圆法

Lefever 于 1962 年提出标准差椭圆（standard deviational ellipse，SDE），经过不断改进完善，在地理学中应用广泛，是用来解释要素间的空间差异及分布特征的一种计量模型。椭圆的面积越大，x、y 轴的标准距离越大，则表示产业的集聚程度越强，反之则集聚程度越弱。计算公式如下：

椭圆圆心的计算公式如下：

$$SDE_x=\sqrt{\frac{\sum_{i=1}^{n}(x_i-\bar{x})^2}{n}} \tag{10-19}$$

$$SDE_y=\sqrt{\frac{\sum_{i=1}^{n}(y_i-\bar{y})^2}{n}} \tag{10-20}$$

以 x 轴为基准，旋转方向为顺时针，正北方为 0°，椭圆方向旋转角度的正弦值为

$$\tan\theta=\frac{A+B}{C} \tag{10–21}$$

$$A=\left(\sum_{i=1}^{n}\tilde{x}_i^2-\sum_{i=1}^{n}\tilde{y}_i^2\right) \tag{10-22}$$

$$B = \sqrt{\left(\sum_{i=0}^{n} \tilde{x}_i^2 - \sum_{i=0}^{n} \tilde{y}_i^2\right)^2 + 4\left(\sum_{i=1}^{n} \tilde{x}_i \tilde{y}_i\right)^2} \tag{10-23}$$

$$C = 2\sum_{i=1}^{n} \tilde{x}_i \tilde{y}_i \tag{10-24}$$

椭圆 x 轴与 y 轴的标准差公式为

$$\sigma_x = \sqrt{2}\sqrt{\frac{\sum_{i=1}^{n}(\tilde{x}_i\cos\theta - \tilde{y}_i\sin\theta)^2}{n}} \tag{10-25}$$

$$\sigma_y = \sqrt{2}\sqrt{\frac{\sum_{i=1}^{n}(\tilde{x}_i\sin\theta + \tilde{y}_i\cos\theta)^2}{n}} \tag{10-26}$$

二、轨道交通产业空间演化

将之前筛选出的轨道交通产业相关企业数量对应地址导入百度地图，利用百度地图将所获得的企业名称转换为经纬度坐标，且剔除经纬度坐标可信度小于20%的数据，最终得到全国轨道交通产业规模以上相关企业有效数据为11 216条。将轨道交通产业相关企业数据在ArcGis可视化软件上分析，得到1965—2021年轨道交通产业相关企业位置分布图，本书选取2000年、2012年及2021年轨道交通产业相关企业的分布。2000年的轨道交通产业相关企业数量呈离散分布，企业数量较少，大多数分布在沿海地区，其他地方只有呈离散分布的若干家企业，轨道交通产业相关企业数量为1 232家。经过十几年的发展之后，企业数量明显增多，截至2012年末，轨道交通产业相关企业数量为4 278家，轨道交通产业形成了以江苏、浙江、北京为主的集聚发展，但中西部等内陆地区依旧呈零散状态。到2021年末，轨道交通产业相关企业数量明显增多，已有轨道交通产业相关企业11 725家，轨道交通产业形成了以珠三角、京津冀、长三角及成渝城市群等为核心的集群式发展。

根据式(10-18)对轨道交通产业2000—2021年的莫兰指数计算，选取节点2000年、2007年、2012年、2017年、2021年的莫兰指数变化，见表10-4。通过表10-4所呈现的轨道交通产业2000—2021年中部分年份的莫兰指数，轨道交通产业莫兰指数均大于0，基本呈递增趋势；但是2000年的P值较大，而Z值较小，轨道交通产业相关企业没有明显的集聚特征。在2007年以后，均通过了5%的显著性水平检验，全国轨道交通产业相关企业在空间上存在相关性。

表 10-4　2000—2021 年轨道交通产业莫兰指数变化

指　标	2000 年	2007 年	2012 年	2017 年	2021 年
莫兰指数	0.087 453	0.206 747	0.221 111	0.234 279	0.227 105
P	0.318 299	0.051 006	0.033 669	0.029 803	0.032 963
Z	0.997 960	1.951 428	2.124 014	2.172 704	2.132 537

根据式(10-19)~式(10-26)及 ArcGis 软件对轨道交通产业的空间演化轨迹计算,得出标准差椭圆参数结果见表 10-5。

根据椭圆重心演化轨迹,轨道交通产业空间重心在 116.041 9°E~115.519 8°E,34.615 0°N~32.953 0°N 之间变动,即椭圆重心在由东北向西南移动,这与成渝地区、长三角、珠三角及华中地区近些年轨道交通产业发展迅速相符合。分析表 10-5,从椭圆面积来看,2000—2021 年椭圆面积基本呈递减趋势,说明轨道交通企业空间分布格局区域集中。从整体来看,轨道交通企业呈现分散-集中的发展趋势,随着 2017 年之后企业数量激增,虽略有发散趋势,但总体以集聚中心为主向周边扩散。

表 10-5　轨道交通产业标准差椭圆分析结果

年份	长　度	面　积	中点 X 坐标	中点 Y 坐标	X 轴	Y 轴	旋转
2000	55.817 997	229.422 121	116.041 958	34.615 038	10.750 825	6.793 309	51.159 025
2007	52.795 921	209.177 694	116.042 511	34.211 643	9.957 667	6.687 068	50.763 307
2012	53.263 908	214.911 438	115.911 726	33.732 586	9.924 629	6.893 227	49.506 044
2017	51.954 314	204.512 892	115.700 175	33.242 669	9.678 056	6.726 815	46.311 199
2021	51.947 358	205.570 917	115.519 847	32.953 037	9.602 011	6.815 147	48.195 154

第十一章　轨道交通产业集群竞争力模型构建

第一节　轨道交通产业集群竞争力模型

产业集群竞争力的影响因素众多，针对不同切入点构建产业集群竞争力模型也不相同，所以没有特定的轨道交通产业集群竞争力模型。

分析常见的竞争力模型所表现出产业集群共有的特性得到：集群企业能力是竞争力的核心，市场能力是竞争力的外在表现，资源是竞争力的基础，政府是竞争力的政策保障，创新能力是竞争力的核心动力，相关支持产业是竞争力的重要组成部分。以上要素是分析产业集群竞争力必备的要素，并且在基础、企业、市场模型（GEM 模型）的基础上增加了政府与创新两个要素，形成 G^2EMI 模型，如图 11-1 所示。

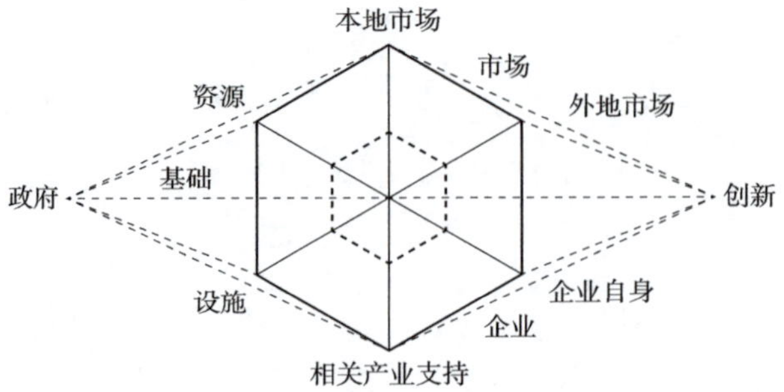

图 11-1　轨道交通产业集群竞争力模型

在轨道交通产业发展的过程中，政府对轨道交通产业发展的支持体现在“交通强国”、“一带一路”、《新时代交通强国铁路先行规划纲要》路网规划文件等国家政策支持上，体现在轨道交通运营里程、投资额呈增长等经济支持上，所以轨道交通产业集群竞争力的测量中加入政府支持要素是必要的。

创新要素在轨道交通产业的发展过程中同样不可缺少，从我国轨道交通车辆发展历程来看，轨道交通车辆采购的原型车辆从庞巴迪制造的 CRH1、日本川崎重工制造的 CRH2、德国西门子制造的 CRH3 等，到 CRH380、CR 系列开始，我国已经可以完全自主研发车辆。京津城际铁路及智能京张高铁的通车标志着我国企业拥有了高铁的核心技术，逐渐实现了车辆研发、核心部件研发的国产化和自主化，实现从追赶者到领跑者的蜕变。

通过上述分析，政府与创新两个要素被引入 GEM 模型中，组成的 G^2EMI 模型更加适用于轨道交通产业自身，更能够反映影响轨道交通产业集群竞争力的关键要素。

第二节　轨道交通产业集群竞争力指标评价体系

一、指标选择原则

本书在对轨道交通产业集群竞争力分析中，考虑到轨道交通产业集群竞争力受到多个因素的影响，故在构建指标体系时选取指标遵循以下原则。

（一）系统性原则

轨道交通产业是由上中下游产业共同构成的复杂产业链系统，其产业集群包含了各个主体之间的合作、技术、业务等关联。选取的指标既能够反映轨道交通产业集群竞争力，又要具有全面性与代表性。

（二）数据可获得性原则

在构建轨道交通产业集群竞争力评价指标体系的过程中，所选取的指标无论是采用定量分析还是定性分析，其数据都需要标准化，且可量化的指标能够减弱由于主观判断产生的误差，增加了分析的可信度，在客观上反映轨道交通产业集群的竞争力。

(三)科学性原则

一个完整的指标评价体系包括指标选取、筛选、确定指标权重、收集数据,最后再进行计算,在以上环节中均需要以科学理论为依据,遵循指标“在精而不在多”的原则是轨道交通产业集群竞争力水平准确反映的要点之一。

(四)显示性指标与解释性指标相结合原则

显示性指标与解释性指标是产业集群竞争力的两大指标类型,显示性指标是竞争力的外在表现,解释性指标是竞争力的决定因素[119]。在对轨道交通产业集群竞争力的评价中,既要明确当前竞争力水平,又要探究竞争产生的原因等,所以要结合两大指标类型选取指标。

(五)可持续发展原则

对轨道交通产业集群竞争力评价时,在考虑反映竞争力的同时指标要具有可持续发展的潜力,轨道交通产业作为绿色优势产业,是“双碳”目标下节能减排绿色发展的重要行业,所以在对轨道交通产业集群竞争力的评价中,不仅要考虑经济效益与社会效益,环境效益也是影响其竞争力的因素之一。

二、轨道交通产业集群竞争力指标选取

根据轨道交通产业集群竞争力 G^2EMI 模型,从基础、企业、市场、创新与政府支持 5 个方面选取相关指标测量轨道交通产业集群竞争力水平,具体指标选取如下。

(一)基　　础

轨道交通产业集群竞争力的基础性要素包括资源与设施,是产业竞争力的物质基础。其中资源包括人力资源与经济资源 2 个方面。轨道交通产业从业人员数量能够直观地反映出产业的人力资源强弱;地区生产总值是一个地区经济发展的外在表现,也是给予轨道交通产业经济支持的基础;轨道交通产业固定资产投资是轨道交通建设的资金来源,也是市场对轨道交通的需求

反映，是轨道交通产业发展的经济基础。基础设施竞争力主要是相关设备的保有量，以城市轨道交通配属车辆数、铁路运输机车车辆为代表；铁路客运量、地铁客运量与轨道交通营业里程从产业链下游运营维护方面反映出基础设施对轨道交通产业的影响，具体见表 11-1。

表 11-1　轨道交通产业集群基础资源竞争力

因素层	要素层	指标层	指标来源
基础	集群资源因素	轨道交通产业从业人员数量	文献[120]
		地区生产总值	
		轨道交通产业固定资产投资	
	集群基础设施因素	城市轨道交通配属车辆	文献[32]
		铁路运输机车车辆	
		铁路客运量	
		地铁客运量	
		轨道交通营业里程	

(二)企　　业

轨道交通产业集群是由轨道交通产业链上中下游不同类型的企业的分工合作与产业联盟构成。轨道交通产业链中游是轨道交通装备制造业，发展需要依靠第二产业制造业的支撑，且轨道交通产业上下游产业带动了第三产业的发展，根据投入-产出原理，本书采用第二产业与第三产业产值表示相关产业支持。

体现产业集群企业自身竞争力的指标主要有集群内的相关企业数量、企业劳动生产率、产业总产值、产业集群区位熵指数 4 个指标。其中轨道交通产业相关企业的数量是集群规模、发展趋势的外在体现，也是产业集群在空间地理范围上呈集聚判断的重要指标；轨道交通产业总产值是产业生产能力与发展水平的反映；企业劳动生产率是轨道交通产业总产值与就业人员数量的比值，是轨道交通产业技术水平与职工素质的直观反映；产业集群区位熵是轨道交通空间集聚要素分布与产业专业化程度，可根据轨道交通产业集群水平测度区位熵指数计算获取，具体指标见表 11-2。

表 11-2 轨道交通产业集群企业竞争力

因素层	要素层	指标层	指标来源
企业	相关产业支持	第二产业产值	—
		第三产业产值	—
	企业自身	轨道交通产业相关企业数量	文献[46]
		企业劳动生产率	
		轨道交通产业总产值	—
		轨道交通产业集群区位熵	

(三)市　场

产业集群市场包括内部市场与外部市场。市场需求、市场规模、市场占有率、市场营销能力可用来表示内部市场的竞争力,以衡量产业的市场发展前景和开拓能力。其中,市场需求可以用消费指数代替;市场规模用轨道交通产业相关产品产量表示;市场占有率用某一个地区的轨道交通产业集群收入占全国轨道交通产业集群总收入的比值表示;市场营销能力的提高可以提高企业生产效率、减少企业竞争压力与促进企业开拓市场。

外部市场竞争力主要有产业品牌知名度、国外市场占有率、产业国际化程度 3 个指标。产业品牌知名度是区分其他产品,获得客户信任并且能够以品牌信任度取得经济效益的关键,如印度尼西亚在与中国合作雅万高铁项目之后,继续选择与中国合作开展印尼达城市轻轨 EPC 项目。国外市场占有率是产业集群外部市场占有率的直接表现,用国外轨道交通产业收入占总收入的比值表示。产业国际化程度也反映了轨道交通产业占据国际市场的比例,对于促进轨道交通产业出口产品、承担国际项目和跨国合作有积极的影响,具体见表 11-3。

表 11-3 轨道交通产业集群市场竞争力

因素层	要素层	指标层	指标来源
市场	内部市场	市场需求	文献[46]
		市场规模	
		市场占有率	
		市场营销能力	—

续上表

因素层	要素层	指标层	指标来源
市场	外部市场	品牌知名度	文献[27]
		国外市场占有率	
		产业国际化程度	

(四)创　　新

创新是产业集群竞争力的核心动力,轨道交通产业集群多个影响因素均不同程度地受到创新要素的影响。创新能力影响产业集群发展的软件条件、产业技术先进性及产业的劳动生产率等,同时创新能力也是促进产业集群演化升级的动力之一[122]。

在轨道交通产业创新投入方面,主要与轨道交通研发经费投入、研发人员数量、勘察设计机构数量、高校及科研创新平台数量(包括实验室和研究中心数量总计、机构内设交通科研实验室数量)有关。创新产出方面则与轨道交通科技成果数量(包括形成的研究报告数量、科技论文数量、科技成果鉴定数量、软件著作权登记数量、建立实验基地数量)、专利授权数量有关,具体见表11-4。

表11-4　轨道交通产业集群创新竞争力

因素层	要素层	指标层	指标来源
创新	创新投入	轨道交通研发经费投入	文献[123]
		研发人员数量	—
		勘察设计机构数量	—
		高校及科研创新平台数量	文献[124]
	创新产出	轨道交通科技成果数量	—
		轨道交通专利授权数量	文献[31]

(五)政府支持

政府对轨道交通产业发展的支持主要体现在政府的资金支持与政策法规支持。资金支持主要有政府对产业发展的资金支持度与政府在轨道交通方面的投入。政府对产业发展的资金支持度可用政府在轨道交通产业上的投入占该区域生产总值的比值表示；政府在轨道交通方面的投入包括土地投入、能源配套、厂房建设等，本书用投入资金表示。政策法规支持方面，主要包括相关政策数量，如为轨道交通发展提供重大机遇的《关于抢抓重大机遇推动轨道交通产业高质量发展的实施意见》等政策性文件等；相关政策、法律法规完善度能够规范轨道交通产业发展方向，降低产业发展成本，扩大市场需求，从而提高轨道交通产业的竞争力，具体指标选取见表 11-5。

表 11-5 轨道交通产业集群政府支持竞争力

因素层	要素层	指标层	指标来源
政府支持	资金支持	政府对产业发展的资金支持度	文献[125]
		政府在轨道交通方面的投入	文献[126]
	政策法规支持	相关政策数量	—
		相关政策、法律法规完善度	—

本书在 G^2EMI 模型基础上，从要素层、因素层及指标层三个方面构建轨道交通产业集群的评价指标体系，所选取的指标是研读大量文献、轨道交通行业相关政策性文件、轨道交通企业发展现状及轨道交通领域专家与轨道交通行业从业者的意见汇总而成，初步得到 31 个指标，见表 11-6。

表 11-6 轨道交通产业集群竞争力初始指标体系

要素层	因素层	指标层
基础 A_1	集群资源因素 B_1	轨道交通产业从业人员数量 C_1
		地区生产总值 C_2
		轨道交通产业固定资产投资 C_3
	集群基础设施因素 B_2	城市轨道交通配属车辆 C_4
		铁路运输机车车辆 C_5
		铁路客运量 C_6
		地铁客运量 C_7
		轨道交通营业里程 C_8
企业 A_2	相关产业支持 B_3	第二产业产值 C_9
		第三产业产值 C_{10}

续上表

要素层	因素层	指标层
企业 A_2	企业自身 B_4	轨道交通产业相关企业数量 C_{11}
		轨道交通产业总产值 C_{12}
		企业劳动生产率 C_{13}
		轨道交通产业集群区位熵 C_{14}
市场 A_3	内部市场 B_5	市场需求 C_{15}
		市场规模 C_{16}
		市场营销能力 C_{17}
		市场占有率 C_{18}
	外部市场 B_6	品牌知名度 C_{19}
		国外市场占有率 C_{20}
		产业国际化程度 C_{21}
创新 A_4	创新投入 B_7	轨道交通研发经费投入 C_{22}
		研发人员数量 C_{23}
		勘察设计机构数量 C_{24}
		高校及科研创新平台数量 C_{25}
	创新产出 B_8	轨道交通专利授权数量 C_{26}
		轨道交通科技成果数量 C_{27}
政府支持 A_5	资金支持 B_9	政府对产业发展的资金支持度 C_{28}
		政府在轨道交通方面的投入 C_{29}
	政策法规支持 B_{10}	相关政策数量 C_{30}
		相关政策、法律法规完善度 C_{31}

三、轨道交通产业集群竞争力指标筛选

轨道交通产业集群竞争力影响因素较多，所形成的指标体系复杂，所选的指标存在一定的重复性，因此需要对具有重复性的指标进行筛选。为此，引入对敏感性进行分析的德尔菲法进行指标筛选。

通过设计调查问卷（具体见附录 4），采取专家打分的方式筛选指标，所邀请的专家按照轨道交通产业链划分，产业链上游有来自中铁二院、中建西南院的轨道交通行业从业者，西南交通大学、兰州交通大学等高校从事轨道交通领域

研究的教授、青年学者;产业链中游有中车株洲、中车南京的轨道交通装备制造业的从业者;产业链下游主要有成都地铁、成都局集团公司、西安局集团公司等轨道交通运营企业。除此之外,来自政府部门的相关人员也参与了此次打分工作。

所邀请的专家共 20 人,每 2 人分为一组,即共分 10 组。采用 Likert 五刻度评分对初始 31 个指标进行打分,1~5 表示影响程度依次为:非常弱、弱、一般、较强、非常强。对回收的专家打分表进行回收整合,取每组专家的平均值作为该组专家对轨道交通产业集群竞争力指标的认可度,具体如图 11-2 所示。

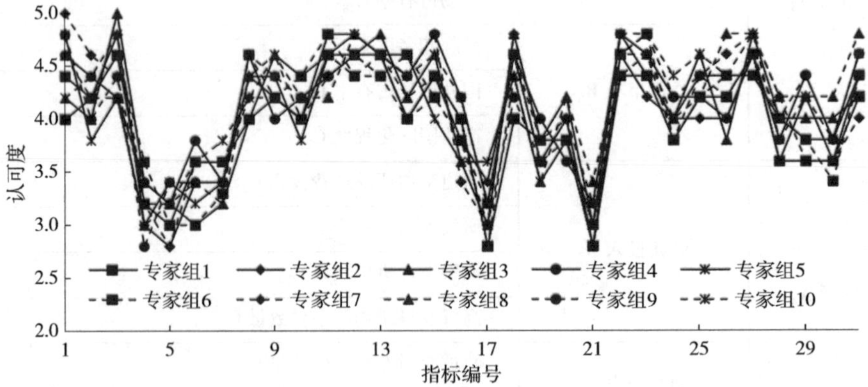

图 11-2 评价指标的认可度

借鉴经济学中的“敏感性”概念,将对轨道交通产业竞争力评价中影响较大的指标视为敏感性指标,将 10 组专家对该指标认可度的平均值视为指标的敏感度,竞争力评价指标的敏感度如图 11-3 所示。

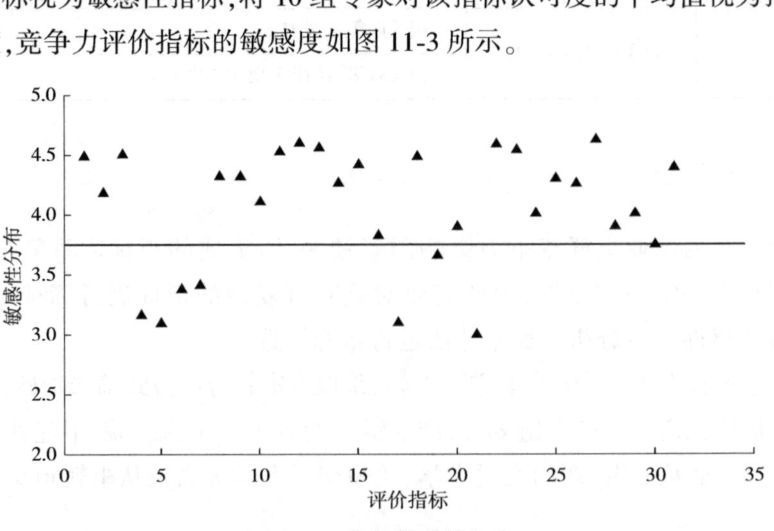

图 11-3 指标敏感性分布

为了删除敏感度较小的指标,将敏感度大于 3.75 的指标视为敏感性指标[127]。最终形成的轨道交通产业竞争力评价指标体系删掉敏感性较低的 7 个指标后,最终剩余 24 个三级指标,见表 11-7。

表 11-7 轨道交通产业集群竞争力指标体系

要素层	因素层	指标层
基础 A_1	集群资源因素 B_1	轨道交通产业从业人员数量 C_1
		地区生产总值 C_2
		轨道交通产业固定资产投资 C_3
	集群基础设施因素 B_2	轨道交通营业里程 C_4
企业 A_2	相关产业支持 B_3	第二产业产值 C_5
		第三产业产值 C_6
	企业自身 B_4	轨道交通产业相关企业数量 C_7
		轨道交通产业总产值 C_8
		企业劳动生产率 C_9
		轨道交通产业集群区位熵 C_{10}
市场 A_3	内部市场 B_5	市场需求 C_{11}
		市场规模 C_{12}
		市场占有率 C_{13}
	外部市场 B_6	国外市场占有率 C_{14}
创新 A_4	创新投入 B_7	轨道交通研发经费投入 C_{15}
		研发人员数量 C_{16}
		勘察设计机构数量 C_{17}
		高校及科研创新平台数量 C_{18}
	创新产出 B_8	轨道交通专利授权数量 C_{19}
		轨道交通科技成果数量 C_{20}
政府支持 A_5	资金支持 B_9	政府对产业发展的资金支持度 C_{21}
		政府在轨道交通方面的投入 C_{22}
	政策法规支持 B_{10}	相关政策数量 C_{23}
		相关政策、法律法规完善度 C_{24}

第三节　轨道交通产业集群竞争力水平综合评价

一、指标权重计算方法

指标权重反映了该指标在系统中的重要程度，即该指标在某个系统中的贡献度，可以通过历史数据或者专家评判对该指标做权重打分，根据赋权对象不同，将评价指标赋权的方法分为主观赋权、客观赋权和组合赋权三种[128]。

（一）主观赋权法

主观赋权法是根据研究者或专家主观价值判断，是评价者主观偏好的直观展现，常用的三种主观赋权方法见表 11-8。

表 11-8　常用的主观赋权方法

名　称	概　述	优　点	不　足
层次分析法	通过将复杂的目标层分解为要素层、准则层、方案层等，并对指标间的重要程度进行比较，通过建立判断矩阵求解特征根与特征向量得到指标权重的一种方法[129]	操作简单、数据易获得，且被改进的模糊层次分析、灰色层次分析等使得层次分析法可信度提高，应用范围涉及各个领域	决策者主观影响，指标较多时计算量大
德尔菲法	通过匿名函询，向业内专家、权威人士等咨询意见，确定指标权重[130]	充分收集专家意见，专业性强、结论可靠性高	指标权重确定的主观性强、评价周期长、对研究者的要求高
网络分析法	在 AHP 的基础上，引入超矩阵概念，使得网络结构中的任何一个指标都会对结论产生影响[131]	既考虑同一层级指标间的相互影响，又考虑不同层次间的相互影响	由于需要对指标进行详细分组，增加了计算过程的复杂性与计算难度

(二)客观赋权法

客观赋权是通过对指标原始数据通过统一处理得到权重的一种方法,客观赋权法虽然能够避免评价者主观偏好的影响,但也会受到样本数据的影响,样本数据缺失或者不同会得到不同的权重。表 11-9 列出了常用的三种客观赋权方法。

表 11-9　常用的客观赋权方法

名　称	概　述	优　点	不　足
主成分分析法	通过相关性分析,删除相关性较高的指标,将原变量重新组合成新的指标体系[132]	删除一些重复性指标,消除了指标间的相互影响,减少计算量	新的指标体系均依赖于提取的主成分,而不能得到每个指标的权重
熵权法	根据熵在信息论中的不确定性来判断的,熵越大则离散程度就越大,该指标的权重也就越大[133]	指标权重的准确性较高,且可以进行权重修正,具有适应性强的特点	指标权重依赖于样本数据,对异常数据敏感,使得某些指标权重不合适
CRITIC 法	通过指标在不同方案间取值标准差的大小与指标间的相关性确定指标权重的方法[134]	应用范围广,任何多指标评价体系中的权重分析都可以用 CRITIC 法,且考虑了指标间的相关性与信息量	受指标不同量纲的影响,不适用指标间相互独立的评价指标体系

(三)组合赋权法

组合赋权法是将主观赋权得到的权重系数与客观赋权得到的权重系数进行线性加权或者乘法合成之后得到新的权重。

轨道交通产业集群竞争力指标权重确定时,由于没有统一的标准衡量竞争力指标重要与否,所以本书采用主观赋权法,邀请轨道交通行业专家对指标的重要程度进行打分确定。考虑到轨道交通产业集群竞争力水平是由多个指标共同决定的,指标具有复杂性、随机性、定性与定量等综合评价问题。

鉴于此，本书采用决策试验与评价试验法（DEMATEL）反映指标间的相互影响关系，但此方法忽略了指标权重的影响，只考虑了某一个指标对其他指标的影响；模糊层次分析法（FAHP）克服了传统层次分析法（AHP）的弊端，能够计算指标权重与比较指标的影响程度大小，但考虑的是下层指标对上层指标的影响。所以本书选用 FAHP-DEMATEL 综合计算指标权重，避免单个方法的局限性与由于因素间相互影响引起的误差。

二、FAHP-DEMATEL 组合的指标权重

（一）模糊层次分析法

模糊层次分析法改进了传统层次分析法存在的难以检验判断矩阵一致性、判断矩阵一致性检验标准 $CR<0.1$ 缺乏科学依据等问题，通过模糊数学理论得到决策系统的主观赋权，增强了决策可靠性[135]。模糊层次分析法的具体计算步骤如下：

Step1 构造模糊互补矩阵。设有 n 个指标组成的集合 $X=(x_1,x_2,\cdots,x_n)$，将两个任意指标两两比较其重要程度，通常参考的标度有三种，见表 11-10[136]。

表 11-10 模糊矩阵的三种判断标度

0~1 标度	0.1~0.9 五标度	0.1~0.9 九标度	说明
0	0.1	0.1	指标 x_i 极端重要于指标 x_j
		0.2	指标 x_i 强烈重要于指标 x_j
	0.3	0.3	指标 x_i 明显重要于指标 x_j
		0.4	指标 x_i 稍微重要于指标 x_j
0.5	0.5	0.5	指标 x_i 与 x_j 同样重要
		0.6	指标 x_j 稍微重要于指标 x_i
1	0.7	0.7	指标 x_j 明显重要于指标 x_i
		0.8	指标 x_j 强烈重要于指标 x_i
	0.9	0.9	指标 x_j 极端重要于指标 x_i

本书所采用的是 0.1~0.9 九标度来代表任意两个指标间的重要程度比。设上述得到的模糊矩阵 $\boldsymbol{A}=(a_{ij})_{n\times n}$，$a_{ij}$ 是指标 x_i 与 x_j 的重要程度比。当模糊矩阵中的元素满足

$$A=\begin{bmatrix} a_{11} & a_{12} & \cdots & a_{1n} \\ a_{21} & a_{22} & \cdots & a_{2n} \\ \cdots & \cdots & \ddots & \cdots \\ a_{n1} & a_{n2} & \cdots & a_{nn} \end{bmatrix} \quad a_{ij}+a_{ji}=1 \quad a_{ii}=0.5 \tag{11-1}$$

则 A 为模糊互补矩阵。

Step2 求模糊一致性矩阵。根据 Step1 得到的模糊互补矩阵 $A=(a_{ij})_{n\times n}$ 按行求和,得

$$r_i=\sum_{k=1}^{n}a_{ik} \quad i=1,2,\cdots,n \tag{11-2}$$

对式(11-2)做数学变换得到模糊一致矩阵 $R=(r_{ij})_{n\times n}$,其中

$$r_{ij}=\frac{r_i-r_j}{2(n-1)}+0.5 \tag{11-3}$$

Step3 计算指标权重。将模糊一致矩阵 $R=(r_{ij})_{n\times n}$ 按行求和进行归一化处理,得到 $\boldsymbol{\omega}=(\omega_1,\omega_2,\cdots,\omega_n)^{\mathrm{T}}$,$\omega_i$ 满足

$$\omega_i=\frac{\sum_{j=1}^{n}r_{ij}}{\sum_{i=1}^{n}\sum_{j=1}^{n}r_{ij}}=\frac{\sum_{j=1}^{n}a_{ij}+\frac{n}{2}-1}{n(n-1)} \quad i=1,2,\cdots,n \tag{11-4}$$

Step4 一致性检验。设 $\boldsymbol{\omega}=(\omega_1,\omega_2,\cdots,\omega_n)^{\mathrm{T}}$ 是模糊互补矩阵 $A=(a_{ij})_{n\times n}$ 的权重向量,其中 ω_i 满足

$$\sum_{i=1}^{n}\omega_i=1 \quad \omega_i\geqslant 0 \quad i=1,2,\cdots,n \tag{11-5}$$

构造模糊互补矩阵 $A=(a_{ij})_{n\times n}$ 的特征矩阵 $W=(\omega_{ij})_{n\times n}$,其中 ω_{ij} 满足

$$\omega_{ij}=\frac{\omega_i}{\omega_i+\omega_j} \tag{11-6}$$

为了判断指标权重值的合理性,需要对模糊互补判断矩阵进行一致性检验,当指标因素过多时,可能会出现不一致的情况,需要专家二次判断,直到通过一致性检验为止。本书在进行一致性检验的同时,采用相容性指标检验。相容性指标 $I(A,W)$ 由模糊互补矩阵 A 与特征矩阵 W 计算而得,即

$$I(A,W)=\frac{1}{n^2}\sum_{i=1}^{n}\sum_{j=1}^{n}\left|a_{ij}+\omega_{ij}-1\right| \tag{11-7}$$

当相容性指标 $I(A,W)\leqslant 0.1$ 时,所构造的模糊互补矩阵 A 是一致的。

（二）决策试验与评价试验法

Battle 协会在系统因素分析问题中提出 DEMATEL，基于图论建立结构模型来分析指标间的因果关系及其关键指标[137]。DEMATEL 法在规划决策、控制系统等安全评价中应用较广，DEMATEL 法的优势在于通过计算影响因素的中心度、影响度等，能够识别影响因素间因果关系及影响程度。计算步骤如下。

Step1　构建直接影响矩阵。轨道交通产业集群竞争力评价系统有 n 个指标，记为 $X=(x_1,x_2,\cdots,x_n)$，指标间的影响程度由专家打分决定，指标间的影响程度等级用 0~4 表示。其中，0 代表指标间无影响，1 代表指标间存在弱影响，2 代表指标间存在较强影响，3 代表指标间存在强影响，4 代表指标间存在极强影响。根据指标间的影响程度绘制有向图，如图 11-4 所示。根据有向图得到直接影响矩阵 $\boldsymbol{B}=(b_{ij})_{n\times n}$，$b_{ij}$ 表示指标 x_i 对指标 x_j 的影响程度，指标 x_i 对自身的直接影响程度为 0，即直接影响矩阵的对角线元素为 0。

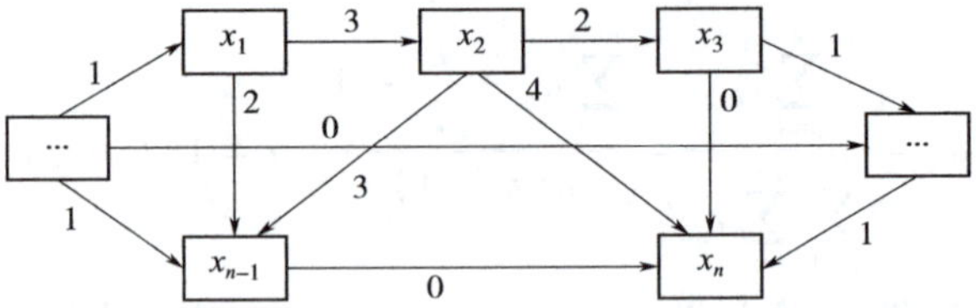

图 11-4　指标影响程度有向图示意

Step2　求规范化直接影响矩阵。对直接影响矩阵 $\boldsymbol{B}$ 规范化处理，其处理的方式为直接影响矩阵的所有元素除以直接影响矩阵行和的最大值，得到规范化直接影响矩阵 $\boldsymbol{C}=(c_{ij})_{n\times n}$，如式(11-8)所示：

$$c_{ij}=\frac{b_{ij}}{\max\limits_{1\leq i\leq n}\sum\limits_{j=1}^{n}b_{ij}} \tag{11-8}$$

Step3　求综合影响矩阵。综合影响矩阵记为 $\boldsymbol{T}=(t_{ij})_{n\times n}$，计算如式(11-9)所示：

$$\boldsymbol{T}=(t_{ij})_{n\times n}=\lim_{n\to\infty}(\boldsymbol{C}+\boldsymbol{C}^2+\cdots+\boldsymbol{C}^n)=\boldsymbol{C}\times(\boldsymbol{I}-\boldsymbol{C})^{-1} \tag{11-9}$$

式中　$\boldsymbol{I}$——单位矩阵。

Step4　计算指标的影响度与被影响度。将综合影响矩阵 $\boldsymbol{T}$ 中元素按行求和，记为影响度 f_i，影响度 f_i 代表某一因素对其他因素影响的总和；将元素按列求和，记为被影响度 e_j，被影响度 e_j 表示某一因素受其他因素影响的总和。影响度 f_i 与被影响度 e_j 的计算如式（11-10）、式（11-11）所示：

$$f_i = \sum_{j=1}^{n} t_{ij} \quad i=1,2,\cdots,n \tag{11-10}$$

$$e_j = \sum_{i=1}^{n} t_{ij} \quad j=1,2,\cdots,n \tag{11-11}$$

Step5　计算指标的中心度与原因度。影响度与被影响度之和为中心度，如式（11-12）所示，指标中心度代表该指标在轨道交通产业集群竞争力系统中所处的位置与对系统的作用程度，随着中心度的提高，该指标的重要程度也随之提高；影响度与被影响度之差为原因度，如式（11-13）所示，原因度是判断该指标是属于原因类指标还是结果类指标，以0作为临界值，当该指标的原因度大于0时，其他指标受该指标的影响较大，属于原因类指标，反之则属于结果类指标。

$$\text{中心度} = f_i + e_j = \sum_{j=1}^{n} t_{ij} + \sum_{i=1}^{n} t_{ij} \tag{11-12}$$

$$\text{原因度} = f_i - e_j = \sum_{j=1}^{n} t_{ij} - \sum_{i=1}^{n} t_{ij} \tag{11-13}$$

Step6　确定关键因素。以中心度为横轴，原因度为纵轴，将影响因素间的关系可视化，根据可视化结果分析关键因素。

结合模糊层次分析法求得的权重 ω_i 和决策试验与评价试验法求得的权重 α_i，如式（11-14）所示，进行乘法组合，得到最终的轨道交通产业竞争力评价体系的综合权重 η_i，如式（11-15）所示：

$$\alpha_i = \frac{f_i e_j}{\sum_{j=1}^{n}\sum_{i=1}^{n} f_i e_j} \quad i=1,2,\cdots,n \quad j=1,2,\cdots,n \tag{11-14}$$

$$\eta_i = \frac{\omega_i \alpha_i}{\sum_{i=1}^{n} \omega_i \alpha_i} \tag{11-15}$$

三、云模型综合评价

在一个多指标的系统中，定性指标往往伴随着模糊性、随机性等，为了解决指标间的不确定关系，李德毅等提出“云模型”，通过建立定量指标与定性指标间的映射，解决了指标间定性与定量的转换问题[138]。云模型在风险评估[139]、安全评价[140-141]、数据挖掘[142]、智能控制等领域应用广泛。近年来,云模型开始应用在产业竞争力评价中,王雪青等在建筑产业竞争力评价中应用云模型评价了31个省(自治区、直辖市)的建筑产业竞争力[143];张玉雪在单一云模型的基础上,利用组合赋权-云模型的综合评价方法,对我国新能源产业竞争力进行评价,结果表明云模型在产业竞争力水平分析中的可行性[144]。

轨道交通产业集群竞争力水平是一个模糊性概念,如某个地区的轨道交通产业竞争力水平"强","强"则是一个模糊性表现,难以用一个具体的数值代表;隶属度则能够表示接近某个水平等级的程度。云模型通过云发生器能够得到指标隶属度,实现定性与定量不确定性间的映射与转换。所以本书采用云模型解决指标间的随机性与模糊性,通过指标隶属度确定轨道交通产业集群竞争力水平等。

(一)云模型的定义

设有一个论域 $X=\{x\}$,X 为一个集合,集合 A 是论域 X 的模糊集合,指任意 $x \in X$ 均存在一个稳定随机数 $\mu_A(x)$,称 x 对 A 的隶属度。若论域 X 中的元素是简单有序的,此时 X 视为基础变量,$\mu_A(x)$ 在 X 上形成的分布称为隶属云;论域 X 中的元素是非简单有序的,将论域 X 根据映射法则映射到论域 X' 上,使其满足简单有序的条件,论域 X' 中的元素 x' 与 x 一一对应,$\mu_A(x')$ 在 X' 上形成的分布也称为隶属云。

根据云模型的定义可知,论域 X 上的某一个隶属度 $\mu_A(x_0)$ 是会发生变化的,但不会影响到隶属云的整体特征,而脱离隶属云的整体特征分析某一个 x_0 的隶属度 $\mu_A(x_0)$ 也是没有意义的[145]。

(二)云模型的数字特征

云模型的数字特征即云模型的期望值(Ex)、熵值(En)、超熵值(He),记作 $C=(Ex, En, He)$,完成了定性概念与定量值之间的转换,是绘制云图的基础。

期望值 Ex 表示论域 X 中隶属度最大的点或者论域的中心值。在对某一指标或者因素的认知判断上,体现在云滴的离散程度上,云滴越集中靠近 Ex,表明对该指标或者因素的认知越统一。

熵值 En 表示定性概念的模糊程度与概率。熵值 En 越大说明该定性概念越宽泛,对该定性概念进行定量化就越难,模糊性与随机性也越大,体现在云图上,即云图越“宽”,反之则呈相反状态。熵值 *En* 也体现该定性概念的概率,即云滴的随机性[146]。

超熵值 *He* 是熵值 *En* 熵的不确定的度量,是云滴离散性的反映。超熵值 *He* 越大,即云滴的离散性也就越强,体现在云图上,即云图越厚。云模型的示意如图 11-5 所示,纵轴表示隶属度在[0,1]之间,横轴是不确定性的范围。

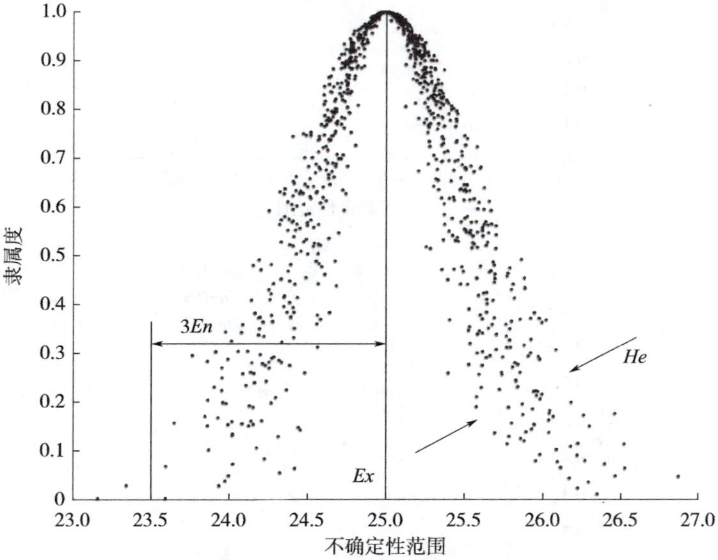

图 11-5　云模型的数字特征示意

为进一步探究云模型的期望值 *Ex*、熵值 *En*、超熵值 *He* 三个数字特征在云图上变化的特点,利用控制变量法绘制期望值 *Ex*、熵值 *En*、超熵值 *He* 中某一个发生变化时的云图,如图 11-6~图 11-8 所示。

期望值 *Ex* 不同,熵值 *En*、超熵值 *He* 不变化。图 11-6 绘制了期望值分别为 5、15、25,且熵值与超熵值保持不变时的云图变化。由图可知,随着期望值的不同,云图的中心值在发生变化。

熵值 *En* 不同,期望值 *Ex*、超熵值 *He* 不变化。图 11-7 绘制了熵值分别为 0. 5、1. 5、3. 0,期望值与超熵值不变时的云图变化。由图可知,当熵值变大时,云图的跨度也随着变大,此时不确定性也越大。

超熵值 *He* 不同,期望值 *Ex*、熵值 *En* 不变化。图 11-8 绘制了超熵值分别为 0. 01、0. 1、0. 3,期望值与熵值保持不变时的云图变化。由图可知,当超熵值不断增加时,云滴的离散程度也在增加,伴随着云层厚度的增加,此时隶属度的随机性也随着增加。

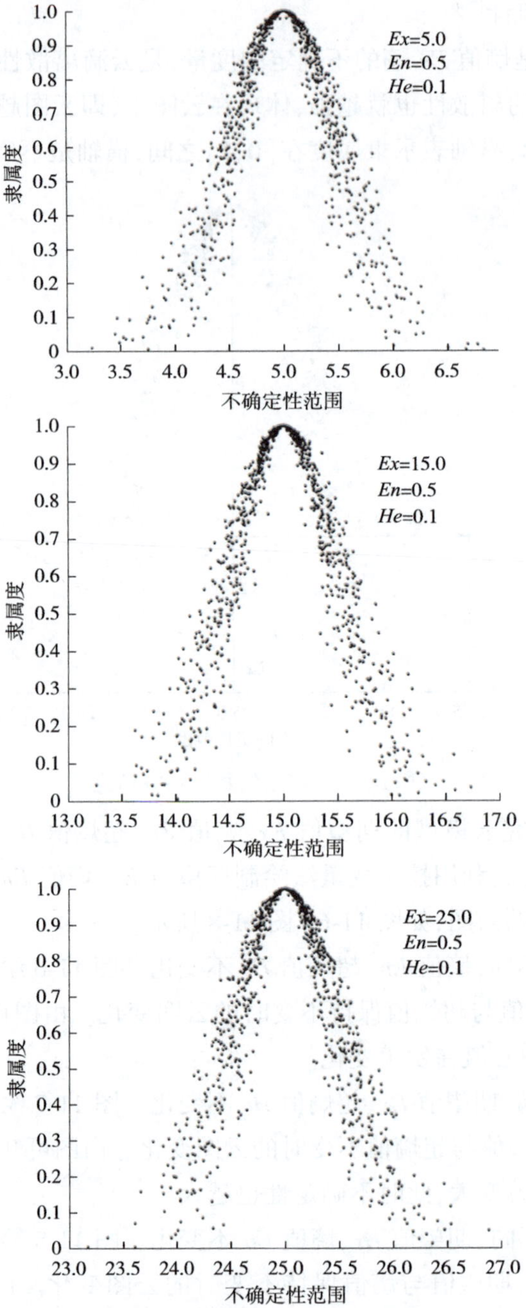

图 11-6　期望值不同时云图变化

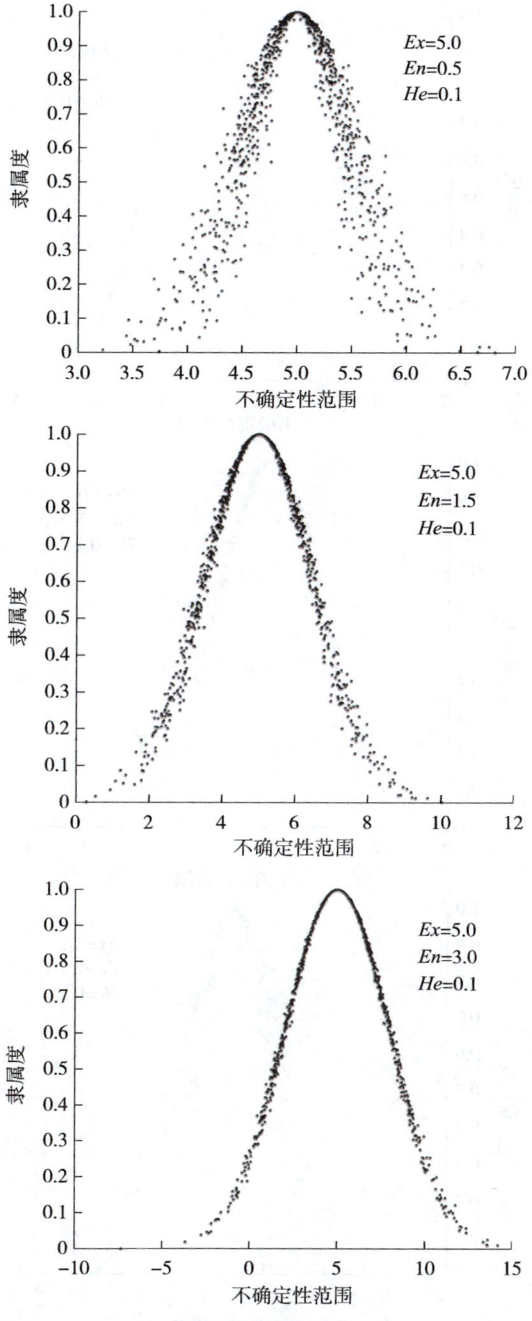

图 11-7　熵值不同时云图变化

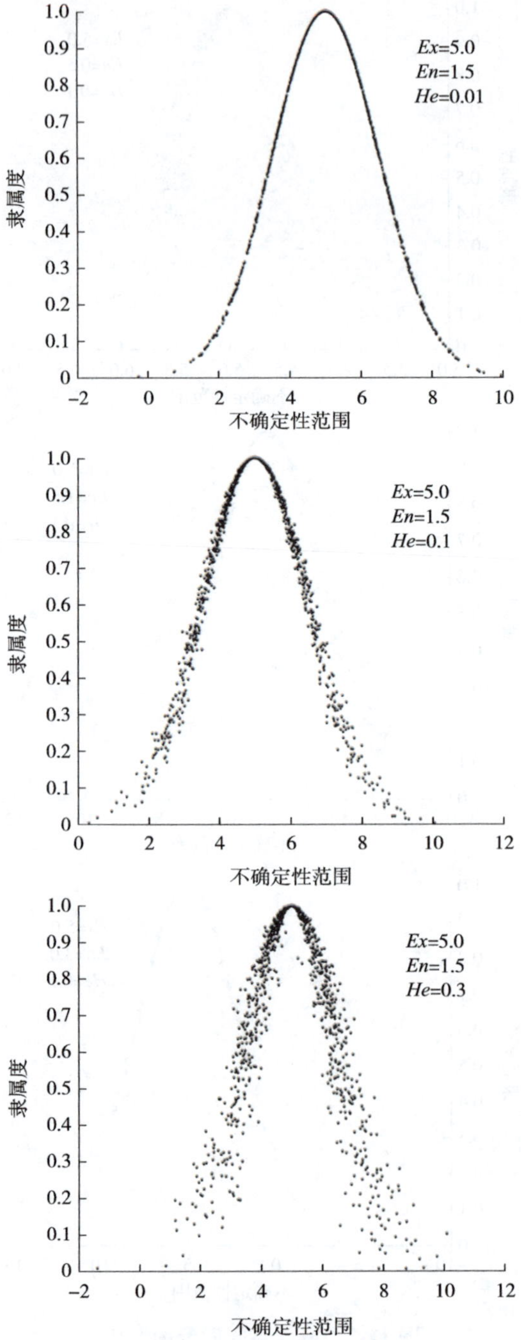

图 11-8　超熵值不同时云图变化

(三)云发生器

云发生器是定量数据与定性数据之间转换的场地，包括正向云发生器与逆向云发生器[147]。

1. 正向云发生器算法

正向云发生器(forward cloud generator，FCG)是通过输入 Ex、En、He 三个云模型的数字特征，将其转化为云滴，将定性概念定量地表达出来，如图 11-9 所示。

图 11-9　正向云发生器示意

正向云发生器的算法步骤具体如下：

输入：云模型的数字特征 Ex、En、He 及生产云滴的数量 N。

输出：N 个云滴$(x_1,x_2,\cdots,x_n)$及确定度$\mu(x_i)(i=1,2,\cdots,N)$。

Step1　生成期望值为 Ex，方差 He^2 的正态随机数 $y_i=R_N(En,He)$；

Step2　生产期望值为 Ex，y_i^2 为方差的正态随机数 $x_i=R_N(Ex,y_i)$；

Step3　计算隶属度 $\mu(x_i)=\exp\left(-\dfrac{(x_i-Ex)^2}{2y_i^2}\right)$；

Step4　计算具有隶属度 $\mu(x_i)$ 的 x_i 成为论域中的一个云滴；

Step5　重复上述 4 个步骤，直到产生云滴数为 N，算法结束。

2. 逆向云发生器算法

逆向云发生器(backward cloud generator，BCG)是将定量的数据转换为云模型的数字特征，是定量数据到定性的映射，如图 11-10 所示。

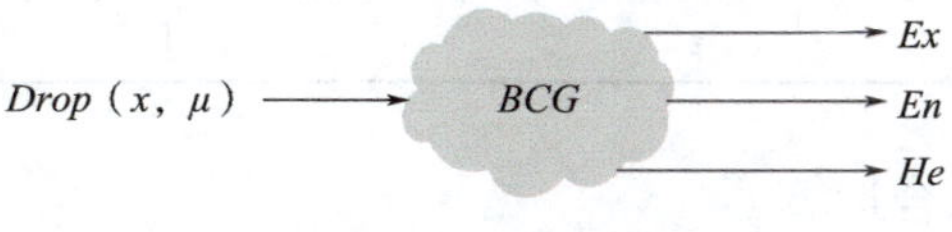

图 11-10　逆向云发生器示意

逆向云发生器的具体算法步骤：

输入：样本 $x_i(i=1,2,\cdots,n)$。

输出：云模型的数字特征 Ex、En、He。

Step1 根据样本 x_i 计算样本均值 $\overline{X}=\frac{1}{n}\sum_{i=1}^{n}x_i$，样本一阶绝对中心距 $\frac{1}{n}\sum_{i=1}^{n}|x_i-\overline{X}|$，方差 $S^2=\frac{1}{n-1}\sum_{i=1}^{n}(x_i-\overline{X})^2$；

Step2 计算期望值 $Ex=\overline{X}$；

Step3 计算熵值 $En=\sqrt{\frac{\pi}{2}}\times\frac{1}{n}\sum_{i=1}^{n}|x_i-Ex|$；

Step4 计算超熵 $He=\sqrt{S^2-En^2}$。

(四)云模型的运算及综合云模型

1. 云模型的四则运算

不同的云滴之间也可进行四则运算，设 $C_1=(Ex_1,En_1,He_1)$，$C_2=(Ex_2,En_2,He_2)$，C_1、C_2 进行四则运算时满足的规则见表 11-11[148]。

表 11-11 云模型的基本运算

运算符	Ex	En	He
C_1+C_2	Ex_1+Ex_2	$\sqrt{En_1^2+En_2^2}$	$\sqrt{He_1^2+He_2^2}$
C_1-C_2	Ex_1-Ex_2	$\sqrt{En_1^2+En_2^2}$	$\sqrt{He_1^2+He_2^2}$
$C_1\times C_2$	$Ex_1\times Ex_2$	$\left\|Ex_1Ex_2\right\|\sqrt{\left(\frac{En_1}{Ex_1}\right)^2+\left(\frac{En_2}{Ex_2}\right)^2}$	$\left\|Ex_1Ex_2\right\|\sqrt{\left(\frac{He_1}{Ex_1}\right)^2+\left(\frac{He_2}{Ex_2}\right)^2}$
$C_1\div C_2$	$Ex_1\div Ex_2$	$\left\|\frac{Ex_1}{Ex_2}\right\|\sqrt{\left(\frac{En_1}{Ex_1}\right)^2+\left(\frac{En_2}{Ex_2}\right)^2}$	$\left\|\frac{Ex_1}{Ex_2}\right\|\sqrt{\left(\frac{He_1}{Ex_1}\right)^2+\left(\frac{He_2}{Ex_2}\right)^2}$

2. 云模型的综合运算

在云模型的综合运算中，相同类型子云综合后可得综合云模型。设子云 $C_1=(Ex_1,En_1,He_1)$，$C_2=(Ex_2,En_2,He_2)$，…，$C_n=(Ex_n,En_n,He_n)$，对上述子云综合得到综合云模型 $C=(Ex,En,He)$，计算法则见表 11-12。

表 11-12 云模型的综合运算

综合云模型的数字特征	计算法则
Ex	$\dfrac{Ex_1En_1+Ex_2En_2+\cdots+Ex_nEn_n}{En_1+En_2+\cdots+En_n}$
En	$En_1+En_2+\cdots+En_n$
He	$\dfrac{He_1En_1+He_2En_2+\cdots+He_nEn_n}{En_1+En_2+\cdots+En_n}$

四、FAHP-DEMATEL 云模型评价步骤

Step1 根据专家打分法确定 FAHP-DEMATEL 组合权重 $\boldsymbol{\eta}_i(i=1,2,\cdots,n)$。

Step2 根据轨道交通产业集群竞争力评价指标论域 $A=\{A_1,A_2,\cdots,A_n\}$，划分轨道交通产业集群竞争力评价的定性评语集 $B=\{B_1,B_2,\cdots,B_n\}$。

Step3 计算云模型数字特征，由于本书选取的 24 个指标是定性指标与定量指标的混合，指标间差异较大，故在计算云模型数字特征前对数据按照式(11-16)进行归一化处理。

$$\beta=\frac{X_{\max}}{X_i} \tag{11-16}$$

式中 β——标准化之后的数据，其中 $\beta\in[0,1]$；

X_i——第 i 原始指标数据；

$X_{\max}$——指标最大值。

Step4 根据正向云发生器计算指标隶属度，并建立指标隶属度矩阵 $\boldsymbol{B}$。

Step5 建立综合评价矩阵 $\boldsymbol{C}$，将 FAHP-DEMATEL 获得的综合影响权重矩阵 $\boldsymbol{\eta}$ 与指标隶属度矩阵 $\boldsymbol{B}$ 运用模糊数学运算，得到评价矩阵 $\boldsymbol{C}$，如式(11-17)所示。由隶属度最大原则，选择隶属度最大的区间所对应的结果作为轨道交通产业集群竞争力的最终结果。

$$\boldsymbol{C}=\boldsymbol{\eta}\cdot\boldsymbol{B}=[\eta_1,\eta_2,\cdots,\eta_n]\,[B_1,B_2,\cdots,B_n]^{\mathrm{T}} \tag{11-17}$$

FAHP-DEMATEL 云模型评价流程如图 11-11 所示。

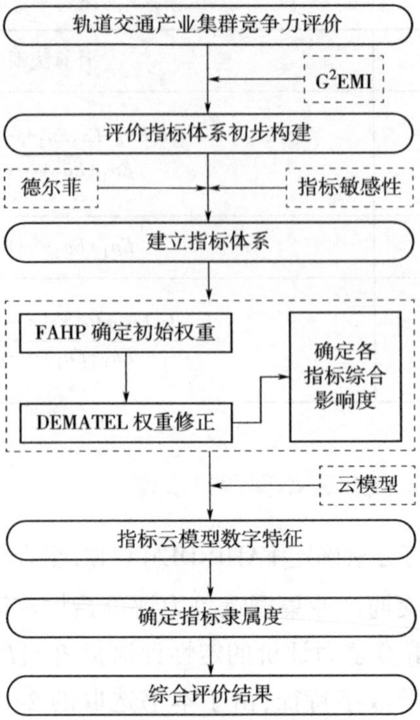

图 11-11 FAHP-DEMATEL 云模型综合评价流程

第十二章　轨道交通产业集群竞争力水平实证分析
——以成都为例

第一节　成都市轨道交通产业集群概述

一、成都轨道交通产业收入增长快速

成都市轨道交通产业发展历程长，已经形成了科技研发、勘察设计、装备制造全产业链发展优势，全产业链营业收入规模如图12-1所示。2014年到2021年末，营业收入不断增加，到2021年末收入达到1 954.47亿元，与《成都市轨道交通产业生态圈蓝皮书（2019年）》中提到的至2025年全市轨道交通产业营业收入达2 200亿元目标仅差一小步。

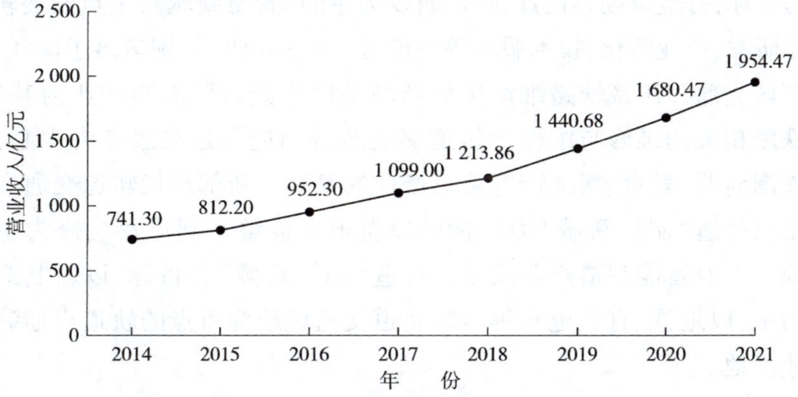

图12-1　2014—2021年成都市轨道交通全产业链营业收入

二、成都市轨道交通产业政府投入多

成都市政府在资金、政策方面给予轨道交通产业极大的支持。资金扶持方面,成都市为建设千亿级轨道交通产业集群,出台轨道交通产业发展扶持政策,设立专项扶持资金,与第三方机构联合设置金额庞大的产业基金。政策支持方面,轨道交通产业作为成都市重点发展的优势产业之一,发布了若干政策以促进轨道交通产业的发展,如《成都市轨道交通产业发展“十四五”规划》中提到,将成都轨道交通产业打造为国内创新发展新高地与西部轨道交通装备研制中心;《成渝地区双城经济圈多层次轨道交通规划》既为建设成渝双城经济圈一体衔接、加强地区合作提供了保障,又为成都市轨道交通产业的发展提供了潜在市场。根据成都市轨道交通产业“一校一总部三基地”的空间布局,金牛区、新都区与新津区等分别颁布多项政策鼓励轨道交通产业的发展,如金牛区颁布《金牛区加快轨道交通产业发展若干政策》、新津区颁布《新津县轨道交通产业扶持办法(试行)》,均在专业技术人才引进、招商引资、企业技术改造、技术创新、成果转化方面给予了极大的支持。

三、成都市轨道交通产业的空间集聚度高

在空间布局上,形成了“一校一总部三基地”的轨道交通产业集群发展格局。“一校”为西南交通大学,其轨道交通基础学科有着上百年的发展历史,在轨道交通前沿技术研究方面为我国轨道交通领域提供了发展动力。在轨道交通转型升级与提升竞争力的目标下,不断加强校企合作,培养专业对口人才。“一总部”为金牛科技服务产业功能区,以构建国家轨道交通产业科技中心为目标,打造以勘察设计、技术研发为主的“智慧新城”,重点发展轨道交通产品研发、产业孵化、技术服务等功能区。“三基地”分别坐落于蒲江、新津与新都区。蒲江川藏铁路维运生活新城是以川藏铁路配套产业为基础,以发展铁路相关的维修与维保等轨道交通装备制造与运维服务为中心,进而带动周围商业、教育、房地产等第三产业的发展。新都现代轨道交通产业功能区是以打造“制修新城”为目标的以轨道交通整车制造及检修为主的产业基地。天府智能制造产业园是以打造“创新新城”为目标,以新制式轨道交通为主,以地铁、有轨电车等传统轨道交通设施为重点的轨道交通装备制造产业基地。

第二节　基于 FAHP-DEMATEL 云模型的竞争力评价

竞争力水平是一个比较的概念，根据第十章对轨道交通产业集群区位熵的计算，选取沈阳、南京、长沙、广州四个城市为对照组，与成都轨道交通产业集群竞争力形成横向对比，通过基于 FAHP-DEMATEL 组合权重的云模型对上述城市指标隶属度进行计算，对成都轨道交通产业集群发展提供相关建议。

一、数据来源

指标权重确定采用 FAHP-DEMATEL 法，通过设计调查问卷(附录 4)，对指标在系统中的重要性做出判断，所邀请的专家为之前提到的筛选指标时所邀请到的专家。

定量数据来自国家统计年鉴，各省、城市统计年鉴，相关的科技统计年鉴，交通统计年鉴，以及国铁集团发布的铁道统计公报、城市轨道交通统计公报、各地政府及相关部门发布的数据等。

二、指标权重分析

(一) FAHP-DEMATEL 法的轨道交通产业集群竞争力指标权重计算

针对筛选后的轨道交通产业集群竞争力评价指标体系，设计相应的问卷，邀请专家二次打分，采用 FAHP 法构造模糊判断矩阵，以基础 A_1、企业 A_2、市场 A_3、创新 A_4、政府支持 A_5 总共 5 个一级指标为例，构建模糊互补矩阵 $\boldsymbol{A}$，见表 12-1。

表 12-1　模糊互补矩阵 A

	A_1	A_2	A_3	A_4	A_5
A_1	0. 500	0. 750	0. 425	0. 725	0. 375
A_2	0. 250	0. 500	0. 213	0. 375	0. 275
A_3	0. 575	0. 788	0. 500	0. 688	0. 413
A_4	0. 275	0. 625	0. 313	0. 500	0. 263
A_5	0. 625	0. 725	0. 588	0. 738	0. 500

由式(11-3)、式(11-4)计算模糊一致矩阵 $\boldsymbol{R}$,见表 12-2。

表 12-2 模糊一致矩阵 $\boldsymbol{R}$

	A_1	A_2	A_3	A_4	A_5
A_1	0.500	0.645	0.477	0.600	0.450
A_2	0.355	0.500	0.331	0.455	0.305
A_3	0.523	0.669	0.500	0.623	0.473
A_4	0.400	0.545	0.377	0.500	0.350
A_5	0.550	0.695	0.527	0.650	0.500

由式(11-5)计算出一级指标的权重向量 $\boldsymbol{\omega}=(0.186\ 3,0.244\ 4,0.176\ 9,0.226\ 3,0.163\ 3)^{\mathrm{T}}$,由式(11-7)根据权重向量 $\boldsymbol{\omega}$ 计算模糊互补矩阵 $\boldsymbol{A}$ 的特征矩阵 $\boldsymbol{W}$,见表 12-3。

表 12-3 特征矩阵 $\boldsymbol{W}$

	A_1	A_2	A_3	A_4	A_5
A_1	0.500	0.433	0.513	0.452	0.528
A_2	0.567	0.500	0.580	0.519	0.595
A_3	0.487	0.420	0.500	0.439	0.515
A_4	0.548	0.481	0.561	0.500	0.576
A_5	0.472	0.405	0.485	0.424	0.500

由式(11-8)对特征矩阵 $\boldsymbol{W}$ 与模糊互补矩阵 $\boldsymbol{A}$ 进行一致性检验,求得 $I(\boldsymbol{A},\boldsymbol{W})=0.04\leqslant 0.1$,由此可得轨道交通产业集群竞争力评价系统的一级指标权重是合理的。

重复以上步骤,计算其他指标的权重,且均通过一致性检验,得到轨道交通产业集群竞争力评价指标的初始权重 ω_i。

(二)轨道交通产业集群竞争力指标间的影响关系分析

通过专家对轨道交通产业集群竞争力指标间的相互影响程度打分数据汇总整理,结合 Matlab 软件,求得直接影响矩阵 $\boldsymbol{B}$,由式(11-9)计算可得规范化矩阵 $\boldsymbol{C}$,由式(11-10)计算可得综合影响矩阵 $\boldsymbol{T}$。根据综合影响矩阵,求得指标的影响度 f_i、被影响度 e_i、中心度 (f_i+e_i) 及原因度 (f_i-e_i),具体见表 12-4。

表 12-4 轨道交通产业集群竞争力评价指标间的关联关系分析

指标	影响度f_i	被影响度e_i	中心度(f_i+e_i)	原因度(f_i-e_i)
C_1	1.300 5	0.735 8	2.036 3	0.564 7
C_2	0.921 8	0.868 4	1.790 2	0.053 4
C_3	0.675 2	0.795 7	1.470 9	−0.120 6
C_4	0.596 4	0.662 7	1.259 2	−0.066 3
C_5	0.566 8	0.663 0	1.229 8	−0.096 2
C_6	0.631 6	0.464 9	1.096 6	0.166 7
C_7	1.322 1	0.720 1	2.042 2	0.602 1
C_8	1.749 2	1.141 0	2.890 2	0.608 2
C_9	0.334 3	0.286 5	0.620 8	0.047 8
C_{10}	0.508 9	0.471 8	0.980 7	0.037 2
C_{11}	0.757 5	0.880 0	1.637 6	−0.122 5
C_{12}	1.064 4	0.756 6	1.821 0	0.307 9
C_{13}	1.001 0	0.383 2	1.384 2	0.617 8
C_{14}	0.669 9	0.522 3	1.192 2	0.147 6
C_{15}	0.731 0	0.976 1	1.707 1	−0.245 1
C_{16}	0.610 8	0.729 1	1.339 9	−0.118 4
C_{17}	0.997 9	0.811 4	1.809 3	0.186 5
C_{18}	0.716 1	0.731 0	1.447 0	−0.014 9
C_{19}	0.684 0	0.737 5	1.421 5	−0.053 4
C_{20}	0.840 3	0.606 5	1.446 8	0.233 8
C_{21}	0.500 2	1.025 9	1.526 2	−0.525 7
C_{22}	0.586 3	1.198 4	1.784 7	−0.612 1
C_{23}	0.265 0	1.075 8	1.340 8	−0.810 8
C_{24}	0.215 8	1.003 4	1.219 2	−0.787 6

为更清楚地反映指标在系统中的重要程度及指标间影响与被影响的关系，找出竞争力系统中的关键影响因素，以中心度为横轴、原因度为纵轴进行可视化分析，如图 12-2 所示。

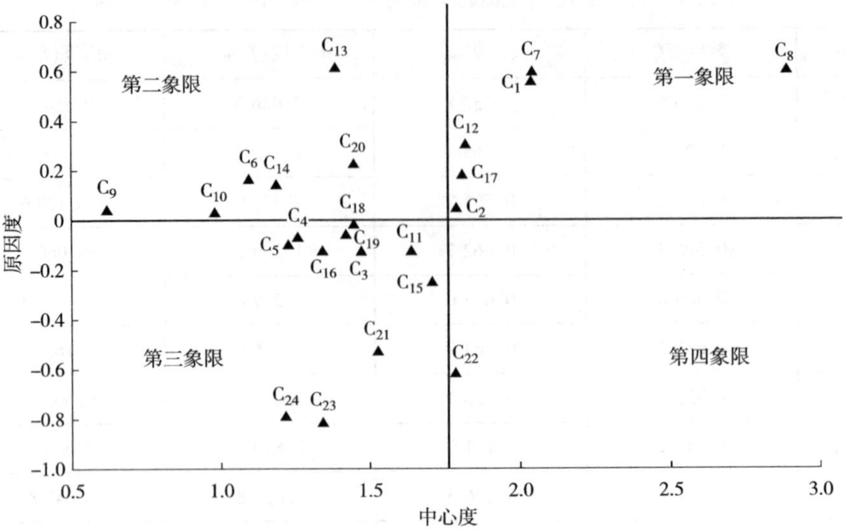

图 12-2 指标原因度与中心度分布

(1)影响度分析。由表 12-4 得知,影响度超过 1 的指标有 5 个,即这 5 个指标对其他指标的影响较大,分别是轨道交通产业从业人员数量 C_1,轨道交通产业相关企业数量 C_7,轨道交通产业总产值 C_8,市场规模 C_{12},市场占有率 C_{13}。轨道交通产业总产值 C_8 的影响度为 1.749 2,作为对其他指标影响最大的指标,其是竞争力强弱的外在体现,在某种程度上对轨道交通产业集群竞争力具有决定性意义;轨道交通产业从业人员数量 C_1、相关企业数量 C_7 都是轨道交通产业集群形成的基础,是提升轨道交通产业集群竞争力的关键;市场规模 C_{12} 与市场占有率 C_{13} 是轨道交通产业竞争力的直接体现与发展潜力的反映,因此对其他指标影响也较大。

(2)被影响度分析。由表 12-4 得知,政府支持的几个指标被影响度都大于 1。此外,轨道交通产业产值的被影响度也大于 1,是一个影响度与被影响度均较大的指标,对其他大多数指标产生影响的同时,也受到其他指标的影响,是轨道交通产业集群竞争力评价系统的一个非常重要的指标。

(3)中心度分析。由表 12-4 及图 12-2 得知,指标的平均中心度是 1.52,其中,有 10 个指标的中心度大于平均中心度,如轨道交通产业就业人员数量 C_1、地区生产总值 C_2、轨道交通产业相关企业数量 C_7 等在整个竞争力系统中处于核心地位,是轨道交通产业竞争力提升的关键,在轨道交通产业集群的发展过程中,应该多关注这些指标的变化。

(4)原因度分析。指标的原因度有正数与负数,大于 0 的指标分布在第一象限、第二象限，称为原因指标；小于 0 的指标分布在第三象限、第四象限，称为结果指标。原因类指标如轨道交通产业生产总值、轨道交通营业里程、勘察设计机构数量、高校及科研创新平台数量等，对其他指标与系统整体均会产生显著影响，是提升轨道交通产业集群竞争力的动力性因素。结果类指标如市场需求、政府支持等，容易受到其他指标及系统的影响，在短期内也会对轨道交通产业集群竞争力的发展起到极大的促进作用。

通过式(11-15)将两种方法求得的权重进行乘法组合，即式(11-16)，可得到最终权重 η_i，见表 12-5。

表 12-5　FAHP、DEMATEL、FAHP-DEMATEL 法的权重分析

指标	FAHP 法权重 ω_i	DEMATEL 法的权重 α_i	FAHP-DEMATEL 的权重 η_i
C_1	0. 057 1	0. 068 0	0. 088 3
C_2	0. 050 5	0. 038 2	0. 043 8
C_3	0. 048 7	0. 056 9	0. 063 0
C_4	0. 029 9	0. 028 1	0. 019 1
C_5	0. 023 3	0. 026 7	0. 014 1
C_6	0. 041 2	0. 020 9	0. 019 5
C_7	0. 068 8	0. 067 7	0. 105 7
C_8	0. 047 3	0. 141 8	0. 152 5
C_9	0. 043 3	0. 006 8	0. 006 7
C_{10}	0. 020 5	0. 017 1	0. 008 0
C_{11}	0. 058 2	0. 047 4	0. 062 7
C_{12}	0. 047 6	0. 057 2	0. 061 9
C_{13}	0. 035 5	0. 027 3	0. 022 0
C_{14}	0. 035 5	0. 024 9	0. 020 1
C_{15}	0. 041 2	0. 050 7	0. 047 4
C_{16}	0. 038 7	0. 031 6	0. 027 9
C_{17}	0. 012 0	0. 057 5	0. 015 7
C_{18}	0. 019 4	0. 037 2	0. 016 4
C_{19}	0. 053 4	0. 035 8	0. 043 5
C_{20}	0. 061 6	0. 036 2	0. 050 7
C_{21}	0. 028 9	0. 036 5	0. 024 0
C_{22}	0. 045 5	0. 049 9	0. 051 6
C_{23}	0. 032 0	0. 020 3	0. 014 7
C_{24}	0. 059 8	0. 015 4	0. 020 9

根据FAHP-DEMATEL法组合得到轨道交通产业集群竞争力评价系统最终指标权重,见表12-6。

表 12-6 轨道交通产业集群竞争力指标权重

要素层	权重	因素层	权重	指标层	权重
基础 A_1	0.214 1	集群资源因素 B_1	0.195 0	轨道交通产业从业人员数量 C_1	0.088 3
				地区生产总值 C_2	0.043 8
				轨道交通产业固定资产投资 C_3	0.063 0
		集群基础设施因素 B_2	0.019 1	轨道交通营业里程 C_4	0.019 1
企业 A_2	0.306 5	相关产业支持 B_3	0.033 7	第二产业产值 C_5	0.014 1
				第三产业产值 C_6	0.019 5
		企业自身 B_4	0.272 8	轨道交通产业相关企业数量 C_7	0.105 7
				轨道交通产业总产值 C_8	0.152 5
				企业劳动生产率 C_9	0.006 7
				轨道交通产业集群区位熵 C_{10}	0.008 0
市场 A_3	0.166 7	内部市场 B_5	0.146 6	市场需求 C_{11}	0.062 7
				市场规模 C_{12}	0.061 9
				市场占有率 C_{13}	0.022 0
		外部市场 B_6	0.020 1	国外市场占有率 C_{14}	0.020 1
创新 A_4	0.201 5	创新投入 B_7	0.107 3	轨道交通研发经费投入 C_{15}	0.047 4
				研发人员数量 C_{16}	0.027 9
				勘察设计机构数量 C_{17}	0.015 7
				高校及科研创新平台数量 C_{18}	0.016 4
		创新产出 B_8	0.094 2	轨道交通专利授权数量 C_{19}	0.043 5
				轨道交通科技成果数量 C_{20}	0.050 7
政府支持 A_5	0.111 2	资金支持 B_9	0.075 6	政府对产业发展的资金支持度 C_{21}	0.024 0
				政府在轨道交通方面的投入 C_{22}	0.051 6
		政策法规支持 B_{10}	0.035 6	相关政策数量 C_{23}	0.014 7
				相关政策、法律法规完善度 C_{24}	0.020 9

综合指标中心度及指标综合权重,将权重大于0.05的指标视为关键指标,得到轨道交通产业集群竞争力指标体系中有8个指标为关键指标,分别为轨道交通产业从业人员数量 C_1、轨道交通产业固定资产投资 C_3、轨道交通产

业相关企业数量 C_7、轨道交通产业总产值 C_8、市场需求 C_{11}、市场规模 C_{12}、轨道交通科技成果数量 C_{20}、政府在轨道交通方面的投入 C_{22}。

三、FAHP-DEMATEL 云模型综合分析

(一)云模型定性评语集

将轨道交通产业集群竞争力在[0,1]区间内分为 5 个等级:"弱""较弱""一般""较强""强"。期望值 Ex、熵值 En 可根据下式计算。超熵 He 为常数,本书经过对模型的多次调整,最终取 $He=0.02$。

$$Ex=\frac{V_{max}+V_{min}}{2} \tag{12-1}$$

$$En=\frac{V_{max}-V_{min}}{6} \tag{12-2}$$

轨道交通产业集群竞争力云模型定性评语集及云模型的数字特征见表 12-7。

表 12-7　云模型定性评语集及云模型数字特征

竞争力等级	弱	较弱	一般	较强	强
区间	(0,0.2]	(0.2,0.4]	(0.4,0.6]	(0.6,0.8]	(0.8,1]
Ex	0	0.309	0.500	0.691	1.000
En	0.067	0.033	0.033	0.033	0.067
He	0.020	0.020	0.020	0.020	0.020

借助 Matlab 软件,利用正向云发生器生成轨道交通产业集群竞争力标准云模型的云标尺图,如图 12-3 所示。

(二)计算指标数字特征

由于指标间差异过大,对指标进行归一化处理,使各个指标数值落在[0,1]区间。如计算轨道交通产业从业人员数量的数字特征,先利用逆向云发生器计算单个指标的云模型数字特征,再根据云模型计算法则,得到各个城市云模型数字特征对应云图,如图 12-4 所示。

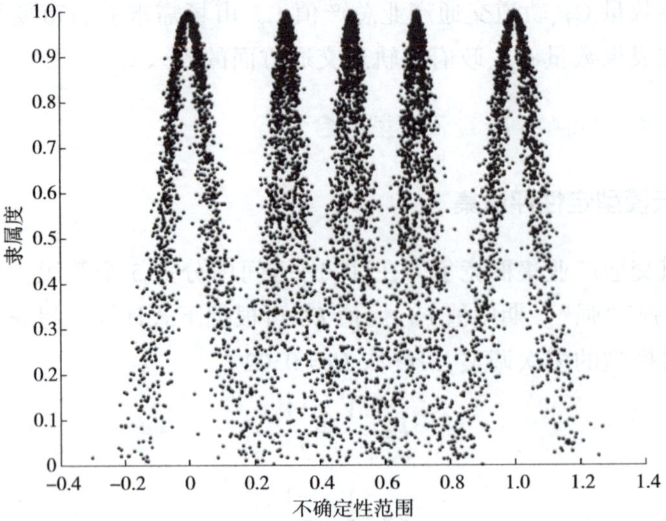

图 12-3 云标尺图

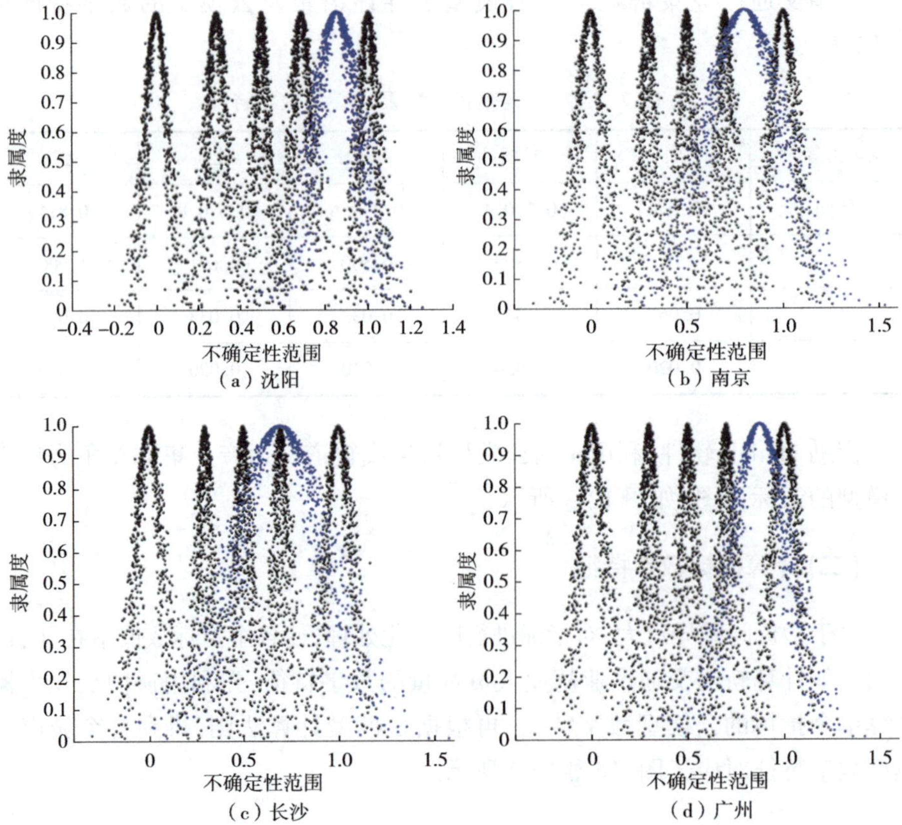

图 12-4

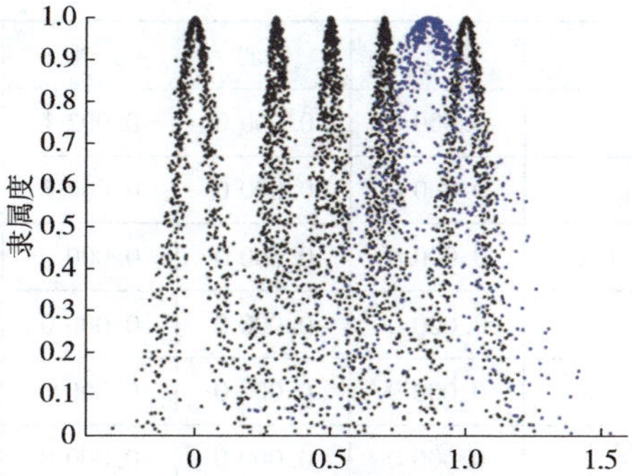

（e）成都

图 12-4　各城市云模型数字特征对应云图

（三）确定各个指标综合隶属度

基于逆向云发生器计算的云模型数字特征，采用正向云发生器计算轨道交通产业人员数量指标在云模型评语集{弱，较弱，一般，较强，强}上的隶属度，为使指标隶属度的可靠性更高，将云发生器的运算次数 N 设置为 1 000，以 1 000 次加权平均后的隶属度作为指标综合隶属度。

表 12-8　成都轨道交通产业集群竞争力各项指标隶属度

指标名称	弱	较弱	一般	较强	强
轨道交通产业从业人员数量 C_1	0.000 0	0.000 0	0.000 0	0.880 0	0.003 8
地区生产总值 C_2	0.000 0	0.000 0	0.000 0	0.993 8	0.001 7
轨道交通产业固定资产投资 C_3	0.000 0	0.000 0	0.000 0	0.000 0	1.000 0
轨道交通营业里程 C_4	0.000 0	0.000 0	0.000 0	0.000 0	0.803 2
第二产业产值 C_5	0.000 0	0.000 0	0.000 0	0.174 9	0.041 1
第三产业产值 C_6	0.000 0	0.000 0	0.000 1	0.649 5	0.000 2
轨道交通产业相关企业数量 C_7	0.000 0	0.000 0	0.000 0	0.254 2	0.029 6
轨道交通产业总产值 C_8	0.000 0	0.000 0	0.000 0	0.000 0	0.645 4
企业劳动生产率 C_9	0.000 0	0.000 0	0.004 5	0.220 1	0.000 0
轨道交通产业集群区位熵 C_{10}	0.000 0	0.000 0	0.000 0	0.000 2	0.494 6
市场需求 C_{11}	0.000 0	0.000 0	0.000 0	0.000 0	0.999 7
市场规模 C_{12}	0.000 0	0.000 0	0.000 0	0.000 0	1.000 0

续上表

指标名称	弱	较弱	一般	较强	强
市场占有率 C_{13}	0.000 0	0.000 0	0.002 1	0.288 8	0.000 0
国外市场占有率 C_{14}	0.000 0	0.000 0	0.000 7	0.396 0	0.000 1
轨道交通研发经费投入 C_{15}	0.000 0	0.000 0	0.000 0	0.000 4	0.440 3
研发人员数量 C_{16}	0.000 0	0.000 0	0.000 0	0.000 0	0.829 3
勘察设计机构数量 C_{17}	0.000 0	0.000 0	0.000 0	0.000 0	0.692 3
高校及科研创新平台数量 C_{18}	0.000 0	0.000 0	0.000 0	0.000 0	1.000 0
轨道交通专利授权数量 C_{19}	0.000 0	0.000 0	0.000 0	0.715 7	0.007 0
轨道交通科技成果数量 C_{20}	0.000 0	0.000 0	0.000 0	0.000 0	0.618 3
政府对产业发展的资金支持度 C_{21}	0.000 0	0.000 0	0.000 0	0.000 0	1.000 0
政府在轨道交通方面的投入 C_{22}	0.000 0	0.000 0	0.000 0	0.000 0	0.995 6
相关政策数量 C_{23}	0.000 0	0.000 0	0.000 0	0.000 0	1.000 0
相关政策、法律法规完善度 C_{24}	0.000 0	0.000 0	0.000 0	0.000 0	0.986 3

同理计算其他23个指标的综合隶属度。表12-8列出了成都轨道交通产业集群竞争力各项指标隶属度。沈阳、长沙、南京与广州轨道交通产业集群竞争力指标隶属度见附录5。指标隶属度能够分析各个指标在竞争力系统中的最终结果，为分析详细的指标隶属度，对各个环节竞争力进行分析。

(四)各个环节竞争力结果分析

为对比各城市轨道交通产业集群竞争力指标水平，采用隶属度最大原则，即每个指标对应的最大隶属度为该指标的竞争力水平，列出5个城市各个指标对应的竞争力等级，见表12-9。

表12-9 轨道交通产业集群竞争力基础指标隶属度

城　市	轨道交通产业从业人员数量 C_1	地区生产总值 C_2	轨道交通产业固定资产投资 C_3	轨道交通营业里程 C_4
沈阳	1.000 00	0.192 44	0.255 80	0.077 20
竞争力水平	强	强	较弱	较强
南京	0.883 64	0.075 06	0.129 55	0.993 54
竞争力水平	一般	一般	较强	较强

续上表

城　市	轨道交通产业从业人员数量 C_1	地区生产总值 C_2	轨道交通产业固定资产投资 C_3	轨道交通营业里程 C_4
长沙	0.630 06	0.691 46	0.323 67	0.608 05
竞争力水平	较强	一般	强	较弱
广州	0.131 20	1.000 00	0.064 69	1.000 00
竞争力水平	强	强	较强	强
成都	0.880 04	0.993 81	1.000 00	0.803 22
竞争力水平	较强	较强	强	强

1. 基础环节竞争力水平

轨道交通产业集群竞争力基础资源中轨道交通产业从业人员数量 C_1、地区生产总值 C_2、轨道交通产业固定资产投资 C_3 与轨道交通营业里程 C_4 在5个城市中的竞争力隶属度，如图 12-5 所示。结合表 12-9 与图 12-5 可知，成都 4 个指标的隶属度都在 80% 以上，再次印证了成都作为“铁半城”拥有丰富的轨道交通产业基础资源，促进了成都市轨道交通产业发展。

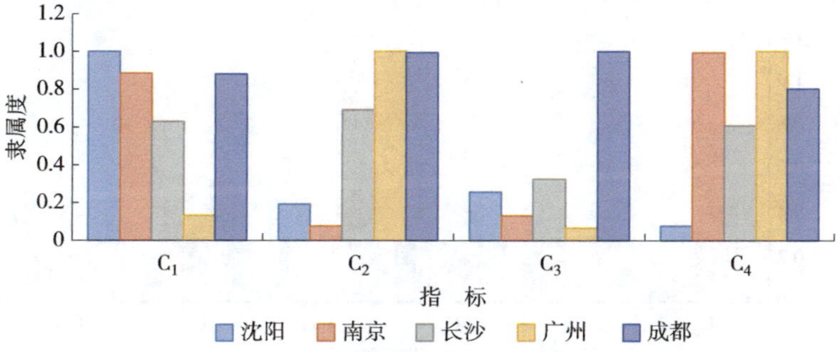

图 12-5　轨道交通产业集群竞争力基础指标隶属度

2. 企业环节竞争力水平

表 12-10 列出了轨道交通产业集群竞争力企业环节中轨道交通产业第二产业产值 C_5、第三产业产值 C_6、轨道交通产业相关企业数量 C_7、轨道交通产业总产值 C_8、企业劳动生产率 C_9 与轨道交通产业集群区位熵 C_{10} 在 5 个城市中的竞争力隶属度。如图 12-6 所示，与其他城市相比，成都轨道交通产业集群企业环节相关指标有 C_5、C_7、C_9 三个指标隶属度处于相对较弱，第二产业产值 C_5 隶属度为 0.174 92，说明在成都轨道交通产业集群相关企业支持方面略有不足，且轨道交通产业相关数量隶属度为 0.254 23，也处于较低状态，虽然成都目前拥有轨

道交通相关企业超过 400 家,根据“天眼查”系统查找成都市“在营、存续”的轨道交通产业相关企业在 2021 年末达到了 418 家,覆盖了轨道交通全产业链。

表 12-10　轨道交通产业集群竞争力企业指标隶属度

城　市	第二产业产值 C_5	第三产业产值 C_6	轨道交通产业相关企业数量 C_7	轨道交通产业总产值 C_8	企业劳动生产率 C_9	轨道交通产业集群区位熵 C_{10}
沈阳	0. 036 66	0. 455 29	0. 258 07	0. 621 74	0. 907 17	0. 605 73
竞争力水平	较弱	较弱	弱	强	强	一般
南京	0. 424 35	0. 997 75	1. 000 00	1. 000 00	1. 000 00	0. 266 43
竞争力水平	较强	一般	强	强	强	强
长沙	0. 920 36	0. 016 21	0. 226 60	0. 128 19	0. 551 85	0. 788 23
竞争力水平	较强	弱	强	强	一般	强
广州	1. 000 00	1. 000 00	0. 793 49	0. 733 84	0. 495 58	0. 194 56
竞争力水平	强	强	强	强	一般	较强
成都	0. 174 92	0. 649 46	0. 254 23	0. 645 42	0. 220 10	0. 494 64
竞争力水平	较强	较强	较强	强	较强	强

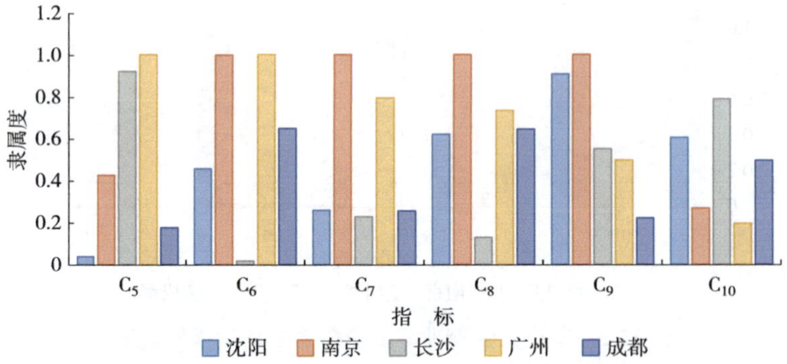

图 12-6　轨道交通产业集群竞争力企业指标隶属度

但广州、南京轨道交通相关企业数量均超过 500 家,在产业规模上比成都更具有竞争力,所以在今后的发展中应该引入更多的轨道交通相关企业入驻成都。

3. 市场环节竞争力水平

表 12-11 列出了轨道交通产业集群竞争力市场环节中轨道交通产业市场需求 C_{11}、市场规模 C_{12}、市场占有率 C_{13}、国外市场占有率 C_{14} 在 5 个城市中的竞争力隶属度。

表 12-11 轨道交通产业集群竞争力市场指标隶属度

城 市	市场需求 C_{11}	市场规模 C_{12}	市场占有率 C_{13}	国外市场占有率 C_{14}
沈阳	1.000 00	0.914 27	0.135 07	0.284 49
竞争力水平	强	强	一般	较强
南京	0.994 71	0.283 38	1.000 00	1.000 00
竞争力水平	强	一般	强	强
长沙	0.976 64	0.889 76	0.329 52	0.019 71
竞争力水平	强	一般	较强	较弱
广州	1.000 00	0.395 08	0.959 57	0.687 22
竞争力水平	强	强	强	较强
成都	0.999 74	1.000 00	0.288 81	0.395 99
竞争力水平	强	强	较强	较强

如图 12-7 所示，成都轨道交通产业集群的市场占有率 C_{13} 隶属度 0.288 81 与国外市场占有率 C_{14} 隶属度 0.395 99，与其他城市相比略有不足，在今后的发展中需要扩大成都轨道交通产业集群市场。由此可知，各个城市的市场需求竞争力均处于“强”的等级，说明轨道交通产业发展需求大、前景好。

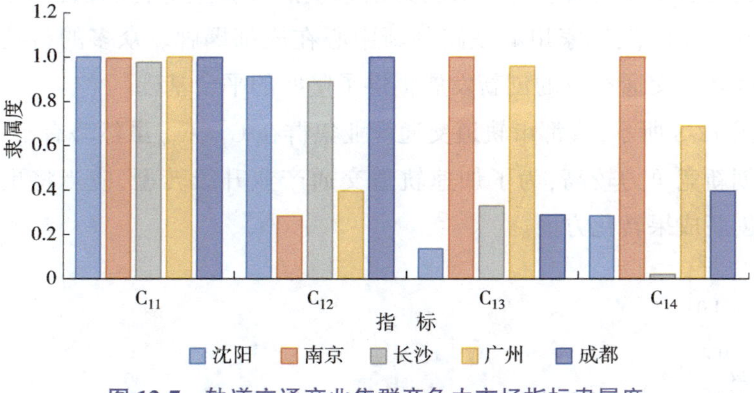

图 12-7 轨道交通产业集群竞争力市场指标隶属度

4. 创新环节竞争力水平

表 12-12 列出了轨道交通产业集群竞争力创新环节中轨道交通产业轨道交通研发经费投入 C_{15}、研发人员数量 C_{16}、勘察设计机构数量 C_{17}、高校及科研创新平台数量 C_{18}、轨道交通专利授权数量 C_{19} 与轨道交通科技成果数量 C_{20} 在 5 个城市中的竞争力隶属度。

表 12-12 轨道交通产业集群竞争力创新指标隶属度

城市	轨道交通研发经费投入 C_{15}	研发人员数量 C_{16}	勘察设计机构数量 C_{17}	高校及科研创新平台数量 C_{18}	轨道交通专利授权数量 C_{19}	轨道交通科技成果数量 C_{20}
沈阳	0.844 69	0.585 12	0.999 21	0.167 14	0.891 97	0.019 02
竞争力水平	较强	较强	较弱	较强	一般	较弱
南京	0.088 48	0.113 68	0.983 25	0.125 99	0.112 29	0.940 24
竞争力水平	强	一般	强	较强	一般	强
长沙	0.304 05	0.094 80	1.000 00	0.191 05	0.265 62	0.925 29
竞争力水平	强	强	强	强	弱	较强
广州	1.000 00	1.000 00	0.796 88	0.084 36	1.000 00	0.132 77
竞争力水平	强	强	强	强	强	强
成都	0.440 26	0.829 25	0.692 26	1.000 00	0.715 74	0.618 32
竞争力水平	强	强	强	强	较强	强

创新是产业结构转型升级与获得竞争优势的关键，成都市拥有轨道交通产业国家级技术专利百余项，位居全国前列；拥有 13 个国家级科技创新平台，包括轨道交通国家实验室与牵引动力国家重点实验室等；拥有省部级科研基地 36 个。2021 年，国家川藏铁路创新中心在成都揭牌。众多的科技创新平台为成都轨道交通产业的创新发展提供了坚实的平台基础。

如图 12-8 所示，成都市轨道交通产业集群在 C_{15}、C_{19} 虽然略有不足，但产业集群创新竞争力较高，为了加速轨道交通产业升级转型，应当将更多的精力放在创新成果转化方面。

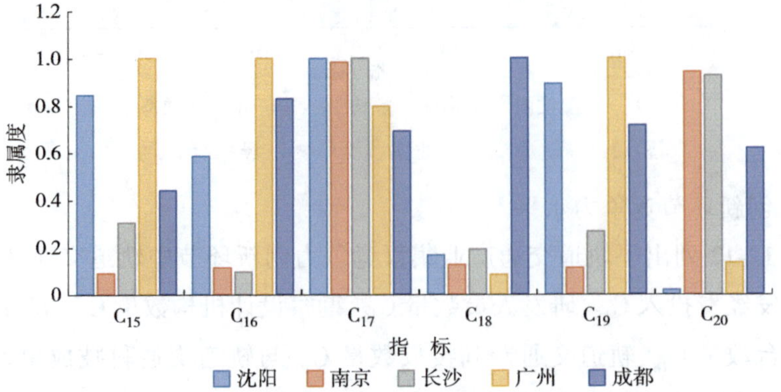

图 12-8 轨道交通产业集群竞争力创新指标隶属度

5. 政府支持环节竞争力水平

表 12-13 列出了轨道交通产业集群竞争力政府环节中轨道交通产业政府对产业发展的资金支持度 C_{21}、政府在轨道交通方面的投入 C_{22}、相关政策数量 C_{23} 及相关政策、法律法规完善度 C_{24} 在 5 个城市中的竞争力隶属度。

表 12-13　轨道交通产业集群竞争力政府支持指标隶属度

城　市	政府对产业发展的资金支持度 C_{21}	政府在轨道交通方面的投入 C_{22}	相关政策数量 C_{23}	相关政策、法律法规完善度 C_{24}
沈阳	1. 000 00	0. 559 56	1. 000 00	0. 249 89
竞争力水平	强	较强	强	较强
南京	0. 101 17	0. 317 73	0. 210 88	0. 508 42
竞争力水平	强	强	强	强
长沙	0. 420 08	0. 680 29	0. 651 81	1. 000 00
竞争力水平	较强	较强	较强	强
广州	0. 101 17	0. 133 80	0. 857 20	0. 708 13
竞争力水平	强	强	较强	强
成都	1. 000 00	0. 995 60	1. 000 00	0. 986 29
竞争力水平	强	强	强	强

如图 12-9 所示，政府支持环节中，成都市各指标竞争力隶属度分别为 1. 000 00、0. 995 60、1. 000 00 与 0. 986 29，均超过 95%，与其他城市相比，成都市轨道交通产业集群政府支持竞争力位于前列。

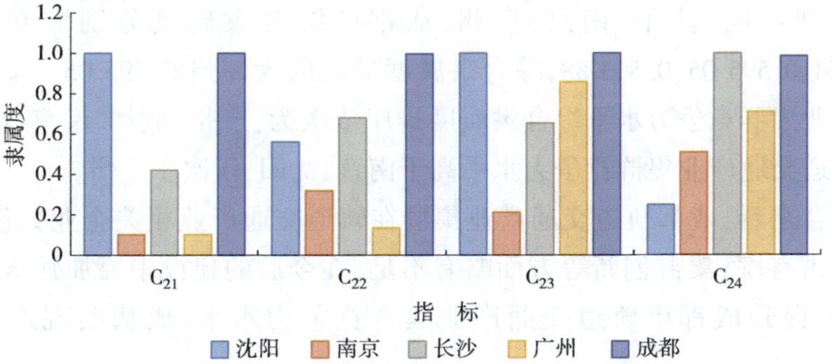

图 12-9　轨道交通产业集群竞争力政府支持指标隶属度

(五)综合竞争力水平

根据之前计算轨道交通产业集群竞争力指标权重矩阵 $\boldsymbol{\eta}$ 与根据正向云发生器计算的指标隶属度矩阵 $\boldsymbol{B}$,得到 5 个城市轨道交通产业集群竞争力水平综合评价结果,见表 12-14。

表 12-14　5 个城市轨道交通产业集群竞争力水平综合结果

等级	弱	较弱	一般	较强	强	最终结果
沈阳	0. 036 83	0. 037 82	0. 046 71	0. 100 44	0. 342 15	强
南京	0. 000 52	0. 000 00	0. 127 81	0. 040 60	0. 474 74	强
长沙	0. 014 52	0. 012 48	0. 102 40	0. 183 78	0. 183 77	较强
广州	0	0	0. 005 60	0. 037 45	0. 595 05	强
成都	0	0	0. 000 09	0. 229 27	0. 503 88	强

根据指标隶属度最大原则,得到沈阳、南京、长沙、广州、成都的最终轨道交通产业集群竞争力水平分别为“强”“强”“较强”“强”“强”。除长沙轨道交通产业集群竞争力水平为“较强”外,其他四个城市的竞争力水平都属于“强”。这是因为对于湖南省来说,轨道交通产业集中在株洲,而长沙市虽然也形成了轨道交通产业集群,但相对于其他城市来说,竞争力略显不足。

通过云模型计算出的结果是在某段时间内相对水平,所以当两个及以上的对象处于同一个竞争力水平内,他们的竞争力水平也不是相同的。沈阳、南京、广州、成都 4 个城市的轨道交通产业集群竞争力均属于“强”,但是综合隶属度却不同,沈阳、南京、广州、成都的综合隶属度分别为 0. 342 15、0. 474 74、0. 595 05、0. 503 88,综合隶属度最高的为广州 0. 595 05。按照轨道交通产业集群竞争力水平综合隶属度排序依次为:广州、成都、南京、沈阳,即成都轨道交通产业集群竞争力水平高于南京、沈阳,仅次于广州。

综合来看,成都轨道交通产业集群在轨道交通产业相关企业数量、国内外市场占有率、集群创新等方面略有不足,在今后的建设中要加强这些方面的建设,提升成都市轨道交通产业集群竞争力水平,成功实现产业转型升级。

第三节 成都轨道交通产业集群发展建议

由 FAHP-DEMATEL 云模型的轨道交通产业集群竞争力水平分析可得，成都市轨道交通产业集群竞争力水平综合结果为“强”，且指标综合隶属度仅次于广州。为了提高成都市轨道交通产业集群竞争力水平，实现产业向数字化、绿色化转型，根据隶属度分析所得的影响轨道交通产业集群竞争力的 8 个关键指标，提出如下建议。

一、引进轨道交通相关企业入驻

轨道交通相关企业数量是产业集群形成的基础，也是集群规模的直观体现，成都轨道相关企业虽然已经超过 400 家，不少实力强劲的国有企业在成都落户，吸引了许多同类型企业落户成都，但部分轨道交通产业领域的龙头企业仍未入驻。

吸引更多轨道交通相关企业入驻，提升轨道交通产业集群竞争力，离不开政府作用，加强政府政策、资金等方面的扶持，做好政策引导和统筹规划，需要做到以下两个方面。

(一)增加轨道交通产业投资，做好市场政策导向

轨道交通产业是基础性产业，其发展离不开政府的财政支持，特别是城市轨道交通，政府的财政支持是其发展的主要经济来源。政府应提高对城市轨道交通基础建设的补贴，完善相应投资融资渠道，引入民营资本等第三方投资，并对投入轨道交通产业发展的资金要加大监管力度。对入驻成都的轨道交通企业出台专门扶持政策，如成都市金牛区对注册落户金牛区的符合轨道交通产业规划布局的企业优先纳入“成都市轨道交通产业重点配套企业名录”等，以吸引轨道交通相关企业落户成都。

(二)完善人才发展政策，加强高端人才队伍建设

人才是轨道交通产业集群竞争力的重要动力，如何引进人才且留住人才是政府企业等需要面对的一大难点。对于引进人才，需要遵循“一人一策”“一事一议”的原则，如成都市新津区关于深化“香城人才工程”战略中对高层

次人才创新创业扶持、青年人才在新津区落户等制定了相关政策，并且通过修建人才公寓、提供青年人才驿站、推行青年人才屋等吸引人才落户新津区。要长久地留住人才，不仅需要完善引进政策，也需要完善商业、教育、医疗、休闲娱乐、文体与交通等基础设施的配置。

同时，要进一步巩固和提高成都轨道交通产业，上游具有西南交大、成都轨道交通产业研究院等科研院校及相关机构，继续在勘察设计与技术研发领域充当领头羊，带领行业发展。以勘察、设计、研发为引领，加强校企合作，充分利用互联网与企业构建“云端”教室，实现一体化教学，以培养轨道交通领域高端人才。

二、扩大轨道交通产业集群市场

通过前文分析，成都轨道交通产业集群国内外市场占有率具有很大的拓展空间，为提高成都轨道交通产业集群在市场环节的竞争力，一方面根据自身完整的产业链与上中下游企业共同打造“勘察设计-工程建设-装备制造-总运营”的商业合作模式。另一方面在川渝地区二三线城市开拓轨道交通市场，提供从设计到运营的全套方案，进而扩大成都市轨道交通产业集群市场。具体需要做到以下两点。

（一）明确企业定位，发挥自身优势

各轨道交通相关企业应当明确所处产业领域内的龙头企业及自身所处位置，更好地根据企业规模、实力制定相应发展计划。例如，在装备制造领域，逐渐形成以庞巴迪公司、中国中车、阿尔斯通、西门子、川崎重工、美国通用电气公司为主导的市场垄断格局。在国内，则以中国中车、中国通号、交控科技等众多企业为主导，今创集团、新誉集团作为第二梯队企业，应时刻跟随龙头企业的宏观发展方向，寻求自身亮点，确定长远发展方向，同时引进龙头企业，扩大市场规模。

企业应该着重发扬自身优势，与此同时逐步拓宽业务领域、丰富产品服务、适应国际化市场脚步、发展高端装备制造业，适应全国乃至全世界科技创新、智能应用、节能环保和融合多样的轨道交通建设需求，提高制造和建设水平，引进和学习新技术并广泛应用于轨道交通行业，以获得更多盈利。

(二)整合产业资源,强化集群效应

纵观成都轨道交通产业,虽然研究院校、企业和科研机构的设计研发、勘察设计、技术创新能力等在各自领域内都处于领先水平,但是产业链各环节,如勘察设计、设计研发、装备制造和运营维护等未形成企业间的分工合作,产业集群效应不明显。政府作为引领者,应当引导产业链各环节上的企业间开放合作,形成产业联盟,进一步拓展市场规模。如持续研究省内外城市轨道交通及传统铁路市场需求,依托《成渝地区双城经济圈多层次轨道交通规划》发展机遇,扩大成都轨道交通产业在成渝及整个西南地区的市场占有率,并依托中铁二院、中铁二局等海外勘察设计与工程建设订单,高铁建设工程项目"走出去"等,扩大成都轨道交通产业的国外市场占有率。

三、加强轨道交通产业创新成果转化

创新是产业集群竞争力的核心动力,轨道交通产业集群竞争力影响因素均不同程度地受到创新要素的影响。创新能力反映产业集群发展产业技术先进性及较高的劳动生产率。创新成果转化是将先进技术转化为现实生产力的重要途径,也是促进轨道交通产业发展的驱动力,加强轨道交通产业创新成果转化,需要从以下两方面入手。

(一)完善创新激励和成果保护机制

轨道交通产业创新成果转化是创新的"最后一公里",为增强政府、企业与高校相关科技研发工作人员的创新成果转化的积极性,企业、政府等需要健全创新激励政策,加强创新成果保护机制。如对轨道交通产业科技成果转化"重要贡献人员"做出明确合理的界定,按照贡献大小给予相应奖励,以此提高相关工作者创新成果转化的积极性。政府也应当依据相关政策,在轨道交通领域制定相应的实施细则,尽快形成适合科技成果转移转化特点和规律的政策支撑体系,保障科技成果的顺利转化。

(二)提高研发队伍规模和专业能力

成都市轨道交通产业发展的天然优势在于拥有众多优质勘察设计企业、高校、轨道交通装备创新中心及产业技术研究院等公共服务平台。高校能够为企业输送大量的专业人才,企业也能够与高校进行深入合作,培养企业所

需要的专业人才,构建"政府-企业-高校"一体的科技成果转化平台,形成具有成都特色的轨道交通产业技术市场。此外,应当提高轨道交通产业科技工作者的创新成果转化意识,促进创新成果从研发阶段过渡到转化落地阶段,确保科技工作者能够及时掌握相关信息,助力成果转化高效推进[149]。最后,企业应当激励资深的老员工带初出茅庐的新员工,形成传承式发展,扩大人才队伍规模,并注重人才交流与引进,打造轨道交通产业专业人才集聚的局面。

四、稳步推进轨道交通产业转型发展

我国力争于2030年前二氧化碳排放达到峰值,努力争取2060年前实现碳中和,为实现"双碳"目标,各地颁布了相关的政策文件,如《中共四川省委关于以实现碳达峰碳中和目标为引领推动绿色低碳优势产业高质量发展的决定》明确指出,以实现碳达峰、碳中和目标为引领,优化能源结构、产业结构,推动绿色低碳优势产业高质量发展。

轨道交通相较于其他机动交通工具,具有准时、速度快、运量大及能耗小的优势,是最具有优势的绿色产业之一。"双碳""高质量发展"等战略的实施,轨道交通迎来了发展的黄金期,在"双碳"目标推动下,轨道交通实现产业转型、高质量发展是当下面临的主要挑战,也是增强轨道交通产业集群竞争力的关键。

政府与企业应当将轨道交通产业集群数字化、智能化、低碳化转型作为今后发展的重点,促进高质量发展,进而提升成都市轨道交通产业集群竞争力。

参考文献

[1]中国国家铁路集团有限公司. 新时代交通强国铁路先行规划纲要[J]. 铁路采购与物流,2020,15(8):26-32.

[2]袁恩桢. 魁奈的《经济表》与再生产理论[J]. 上海经济研究,1984(2):29-37.

[3]陈家成. 投入产出法的发展概况[J]. 广西会计,1987(3):42.

[4]WOOLBERT R G. The Structure of American Economy,1919-1929 [M]. Oxford:Oxford University press,Fair Lawn N J,1941.

[5]HIRSCHMAN A O. The strategy of economic development [M]. New Haven:Yale University Press,1958.

[6]DOBOS I,L FIORISKA A. The Efficiency of Remanufacturing in a Dynamic Input-Output Model[J]. Central European Journal of Operarions Research,2008,16(3):317-328.

[7]DIETZENBACHER E. Vertical Specialization in an Intercountry Input-Output Framework [J]. Letters in Spatial and Resource Sciences,2010,3(3):127-136.

[8]DUAN W Q. Modelling the Evolution of National Economies Based on Input-Output Networks[J]. Computational Economics,2012,39(2):145-155.

[9]DIETZENBACHER E,TEMURSHOEV U. Input-Output Impact Analysis in Current or Constant Prices:Does It Matter? [J]. Journal of Economic Structures,2012,1(1):4.

[10]LEAL J. Equivalence between input-output and value-added economies[M]. Bacno de México,2017.

[11]MERCER-BLACKMAN V A,MARIASINGHAM M. Using InputtOutput Analysis Framework to Explain Economic Diversification and Structural Transformation in Bangladesh[J]. SSRN Electronic Journal,2017:513.

[12]李雪梅. 北京城市轨道交通的产业关联理论与应用研究[D]. 北京:北京交通大学,2007.

[13]刘海洲,周涛,高志刚. 基于产业关联度的都市圈轨道交通客流分布预测[J]. 城市轨道交通研究,2010,13(1):15-18.

[14]吕圣华. 基于产业关联理论的TOD模式特点的研究[J]. 交通标准化,2011(1):17-20.
[15]王茂军,杨雪春. 四川省制造产业关联网络的结构特征分析[J]. 地理学报,2011,66(2):212-222.
[16]郑正喜. 开放经济下的产业关联效应测度:基于非竞争型和区域间产业关联理论的改进认识[J]. 统计研究,2015,32(8):27-36.
[17]李娟丽. 基于复杂网络理论的区域产业关联网络结构分析[D]. 乌鲁木齐:新疆财经大学,2019.
[18]刘秀丽,王昕,郭丕斌,等. 黄河流域煤炭富集区煤炭水足迹演变及驱动效应研究[J]. 地理科学,2022,42(2):293-302.
[19]王冠男,吴非,曹铭. 对外开放对企业数字化转型驱动效应研究[J]. 亚太经济,2022(1):102-110.
[20]肖蕾. 消费金融对居民消费驱动效应研究[J]. 河北企业,2021(10):102-105.
[21]郭曦,郝蕾. 产业集群竞争力影响因素的层次分析:基于国家级经济开发区的统计回归[J]. 南开经济研究,2005(4):34-40,46.
[22]刘世铎. 我国纺织产业集群竞争力影响因素分析[J]. 商业经济研究,2015(9):128-130.
[23]WANG L. Research on Collective Learning Mechanism and Influencing Factors of Industrial Cluster Innovation Network[J]. Research Journal of Applied Sciences, Engineering and Technology,2013,11(9):2278-2283.
[24]LIU X,MAO H Y. Analysis on Problems of Liaoning Tourism Industry Based on DIAMOND MODEL[J]. Applied Mechanics and Materials,2014,651/652/653:1527-1530.
[25]严琳希. 高铁产业竞争优势形成机理及评价研究[D]. 南京:东南大学,2019.
[26]BIUKŠĀNE I. Model of the Factors Influencing Competitiveness of the Latvian Fisheries Sector Cluster[J]. Economics and Business,2016,28(1):76-82.
[27]SARTURI G,VARGAS C A F,Boaventura J M G,et al. Competitiveness of clusters:a compartive analysis between wine industries in Chile and Brazil[J]. International Journal of Emerging Markets,2016,11(2):190-213.
[28]ALSHUMRANI S,BAIRD K,MUNIR R. Management Innovation:The influence of Institutional Pressures and the Impact on Competitive Advantage[J]. International Journal of Manpower,2022,43(5):1204-1220.
[29]ANIC I D,CORROCHER N. Patterns of Value Creation in Policy-Driven Cluster Initiatives:Evidence from the Croatian Competitiveness Clusters[J]. Journal of Evolutionary Economics,2022,32(2):643-672.
[30]CHAE G Y,LEE C Y. Competitiveness Evaluation Factors and Strategic Development for the Port of Busan Using the SWOT · AHP Method[J]. Journal of Korea Port Economic As-

sociation,2020,36(1):105-128.

[31]张琪绮,卜琳麟,苏红. 基于熵值法的长三角地区生物医药产业集群竞争力分析[J]. 中国医药工业杂志,2022,53(5):754-759.

[32]王轩. 基于 GEM-PCA 法的我国省域物流集群竞争力研究[D]. 长沙:长沙理工大学,2020.

[33]胡聪聪. 基于系统动力学的产业集群竞争力研究[D]. 哈尔滨:哈尔滨工业大学,2013.

[34]段钧锴. 动漫产业集群竞争力研究[D]. 杭州:浙江大学,2011.

[35]王兴,司捷,楼靓,等. 公路运输业对于国内生产总值的影响分析[J]. 科技和产业,2014,14(1):23-27.

[36]王稳琴,王成军,刘大龙. 中国城市化与经济增长关系研究[J]. 山西大学学报(哲学社会科学版),2011,34(2):123-128.

[37]马国霞,於方,齐霁,等. 基于绿色投入产出表的环境污染治理成本及影响模拟[J]. 地理研究,2014,33(12):2335-2344.

[38]黄林芳. 高等教育投入产出主成分分析[J]. 财经研究,2005,31(7):112-122.

[39]马燕玲,马光威. 甘肃省科技投入产出分析[J]. 中国科技论坛,2006(4):65-68.

[40]王红杰,鲍超,郭嘉颖. 基于投入产出模型的北京市生产性服务业与制造业互动关系[J]. 中国科学院大学学报,2018,35(3):336-344.

[41]郑洋洋. 重庆文化产业与科技产业融合的实证分析:基于投入产出表[J]. 城市,2018(10):61-74.

[42]李江帆,李美云. 旅游产业与旅游增加值的测算[J]. 旅游学刊,1999,14(5):16-19,76.

[43]熊浩,鄢慧丽. 基于投入产出表的物流业卫星账户研究[J]. 中国经济问题,2014(5):59-66.

[44]鄢慧丽,熊浩. 基于行业剥离的物流增加值和物流费用测算[J]. 统计与决策,2018,34(24):35-38.

[45]黄璆. 我国物流业投入产出表的编制方法[J]. 统计与决策,2019,35(16):5-9.

[46]王朝阳,薛锋,陈崇双. 基于组合赋权 TOPSIS 法的城市轨道交通装备制造业集群竞争力评价[J]. 铁道运输与经济,2021,43(11):100-106.

[47]唐旭,张宝生,冯连勇,等."中国制造"带来的石油被动净出口现象分析[J]. 资源科学,2012,34(2):295-300.

[48]郭向阳. 基于投入产出理论的京沪粤生产性服务业发展比较研究[J]. 地域研究与开发,2011,30(3):9-12,28.

[49]屈大磊. 重庆市产业结构演进的实证研究[D]. 重庆:重庆大学,2006.

[50]沈悦,刘洪玉. 价格稳定平台理论及其应用研究[J]. 价格理论与实践,2003(2):35-37.

[51]杨灿,郑正喜.产业关联效应测度理论辨析[J].统计研究,2014,31(12):11-19.

[52]刘起运.关于投入产出系数结构分析方法的研究[J].统计研究,2002,19(2):40-42.

[53]王喜莲.陕西煤炭工业可持续发展 EERS 系统研究[D].西安:西安科技大学,2010.

[54]夏斌.石化产业对江苏区域经济发展的影响研究[D].南京:南京航空航天大学,2009.

[55]杜家菊,陈志伟.使用 SPSS 线性回归实现通径分析的方法[J].生物学通报,2010,45(2):4-6.

[56]刘臻.基于复杂网络理论的城市轨道网络状态脆弱性研究[D].武汉:华中科技大学,2016.

[57]喻颖洁,张恒波.体育产业、绿色创新对经济增长影响的实证[J].统计与决策,2019,35(17):154-157.

[58]黄宇,薛锋.基于 VAR 模型的交通安全与经济损失关系研究[J].交通运输工程与信息学报,2021,19(1):93-99.

[59]马慧慧.EViews 统计分析与应用[M].3 版.北京:电子工业出版社,2016.

[60]巴西.基于差异化战略视角下 X 保险公司发展对策研究[D].北京:北京化工大学,2018.

[61]田丽群.中小企业成长性与债务结构之间互动跨期影响研究[D].长沙:湖南师范大学,2016.

[62]李保林,郭广伟.我国外汇占款变动与货币政策有效性研究[J].石家庄学院学报,2013,15(4):16-21.

[63]ALSAEDI Y H,TULARAM G A. The Relationship between Electricity Consumption,Peak Load and GDP in Saudi Arabia:a VAR Analysis[J]. Mathematics and Computers in Simulation,2020,175:164-178.

[64]贤成毅,范东君.人民币升值与中美贸易失衡的实证分析:1980—2005[J].广西大学学报(哲学社会科学版),2008,30(1):22-25.

[65]任晓松,赵涛.基于 STIRPAT 模型的中国二氧化碳排放影响因素动态冲击效应分析[J].西安电子科技大学学报(社会科学版),2013,23(2):55-61.

[66]王长建,张小雷,张虹鸥,等.基于 IO-SDA 模型的新疆能源消费碳排放影响机理分析[J].地理学报,2016,71(7):1105-1118.

[67]ANG B W. LMDI Decomposition Approach:a Guide for Implementation[J]. Energy Policy,2015,86:233-238.

[68]ANG B W,LIU F L. A New Energy Decomposition Method:Perfect in Decomposition and Consistent in Aggregation[J]. Energy,2001,26(6):537-548.

[69]ENKHBAT E,GENG Y,ZHANG X,et al. Driving Forces of Air Pollution in Ulaanbaatar City between 2005 and 2015:an Index Decomposition Analysis[J]. Sustainability,2020,12

(8):3185.

[70]GAO Z,GENG Y,WU R,et al. Analysis of Energy-Related CO_2 Emissions in China's Pharmaceutical Industry and Its Driving Forces[J]. Journal of Cleaner Production,2019,223:94-108.

[71]ANG B W. The LMDI Approach to Decomposition Analysis:a Practical Guide[J]. Energy Policy,2005,33(7):867-871.

[72]LIU Z,HUANG X Y,LI M Y,et al. The Role of Intermediate Products in the Changes of China's Energy Use:Index Decomposition of the MRIO Model[J]. Environmental Science and Pollution Research International,2021,28(35):48481-48493.

[73]LIN B Q,RAZA M Y. Analysis of Energy Related CO_2 Emissions in Pakistan[J]. Journal of Cleaner Production,2019,219:981-993.

[74]LIN B,RAZA M Y. Analysis of Electricity Consumption in Pakistan Using Index Decomposition and Decoupling Approach[J]. Energy,2021,214:118888.

[75]ANG B W,CHOI K H,et al. Decomposition of Aggregate Energy and Gas Emission Intensities for Industry:a Refined Divisia Index Method[J]. The Energy Journal,1997,18(3):59-73.

[76]ANG B W,HUANG H C,MU A. Properties and Linkages of Some Index Decomposition Analysis Methods[J]. Energy Policy,2009,37(11):4624-4632.

[77]SHI C,ZHAO Y,ZHANG C J,et al. Research on the Driving Effect of Production Electricity Consumption Changes in the Yangtze River Economic Zone-Based on Regional and Industrial Perspectives[J]. Energy,2022,238:121635.

[78]XIA C X,WANG Z L. Drivers Analysis and Empirical Mode Decomposition Based Forecasting of Energy Consumption Structure[J]. Journal of Cleaner Production,2020,254:120107.

[79]QUAN C G,CHENG X J,YU S S,et al. Analysis on the Influencing Factors of Carbon Emission in China's Logistics Industry Based on LMDI Method[J]. Science of the Total Environment,2020,734:138473.

[80]LONG H Y,LIN B Q,OU Y T,et al. Spatio-Temporal Analysis of Driving Factors of Water Resources Consumption in China[J]. Science of the Total Environment,2019,690:1321-1330.

[81]LI Y,CHEN Z H,WANG P. Impact of High-Speed Rail on Urban Economic Efficiency in China[J]. Transport Policy,2020,97:220-231.

[82]JIN F,DING J X,WANG J E,et al. Transportation Development Transition in China[J]. Chinese Geographical Science,2012,22(3):319-333.

[83]侯乃聪. 中国铁路发展效率测定及其经济影响研究[D]. 北京:北京理工大学,2017.

[84]黄民. 关于新时代铁路发展改革的若干思考[J]. 铁道学报,2019,41(6):1-8.
[85]王晓艳. 铁路基础设施与区域经济协调发展研究[D]. 北京:北京交通大学,2016.
[86]薛婧,张梅青. 市场化进程、铁路基础设施与区域经济增长:基于空间杜宾模型的研究[J]. 华东经济管理,2018,32(2):68-74.
[87]刘斐. 成都轨道交通产业链构建研究[D]. 成都:西华大学,2010.
[88]郭寒英. 城市轨道交通产业细分研究[J]. 中国集体经济,2009(27):29.
[89]罗建,任子兰,周天星,等. 轨道交通产业关联效应的测度分析:以四川省为例[J]. 交通科技与经济,2022,24(1):74-80.
[90]杨鹏艳,黄满盈. 北京市轨道交通产业发展研究:以丰台聚集区为例[J]. 北京社会科学,2011(3):14-19.
[91]PORTER M E. Clusters and the New Economics of Competition[J]. Harvard Business Review,1998,76(6):77-90.
[92]THEO J,DEN HERTOG P. Cluster Analysis and Cluster-based Policy Making in OECD Countries:Introduction to the Theme[J]. In Boosting innovation:the cluster approach,1999:9-23.
[93]MYTELKA L,FARINELLI F. Local Clusters,Innovation Systems and Sustained Competitiveness[J]. 2000(5):1-38.
[94]王冰,顾远飞. 簇群的知识共享机制和信任机制[J]. 外国经济与管理,2002,24(5):2-7.
[95]王缉慈. 关于中国产业集群研究的若干概念辨析[J]. 地理学报,2004,59(S1):47-52.
[96]龚双红. 中国产业集群升级研究[D]. 北京:中共中央党校,2009.
[97]赵炳新,杜培林,肖雯雯,等. 产业集群的核结构与指标体系[J]. 系统工程理论与实践,2016,36(1):55-62.
[98]黄宇. 轨道交通产业的关联效应研究:基于四川省投入产出表的实证分析[D]. 成都:西南交通大学,2021.
[99]吴义杰,何健. 产业集群的演化过程及形成机制[J]. 甘肃社会科学,2010(5):181-184.
[100]张会恒. 论产业生命周期理论[J]. 财贸研究,2004,15(6):7-11.
[101]段丽丽. 基于生命周期理论的物流产业集群发展研究[D]. 长沙:中南大学,2012.
[102]亚当·斯密. 国民财富的性质和原因的研究[M]. 郭大力,王亚楠,译. 北京:商务印书馆,2009.
[103]MARSHALL A. Principles of Economics[M]. London:Palgrave Macmillan UK,2013.
[104]阿尔弗雷德·韦伯. 工业区位论[M]. 北京:商务印书馆,2009.
[105]PERROUX F. Economic Space:Theory and Applications [J]. The Quarterly Journal of Economics,1950,64(1):89-104.
[106]熊彼特. 经济发展理论:对于利润、资本、信贷利息和经济周期的考察[M]. 北京:商

务印书馆,2014.
[107]AHUJA G. Collaboration Networks,Structural Holes,and Innovation:a Longitudinal Study [J]. Administrative Science Quarterly,2000,45(3):425-455.
[108]刘恒江,陈继祥. 产业集群竞争力研究述评[J]. 外国经济与管理,2004,26(10):2-9.
[109]PADMORE T,GIBSON H. Modelling Systems of Innovation:Ⅱ. a Framework for Industrial Cluster Analysis in Regions[J]. Research Policy,1998,26(6):625-641.
[110]张凤涛. 中国纺织产业集群竞争力研究[D]. 长春:东北师范大学,2012.
[111]庞银霞. 物联网产业集群竞争力提升研究[D]. 济南:山东财经大学,2016.
[112]刘友金. 产业集群竞争力评价量化模型研究:GEM 模型解析与 GEMN 模型构建[J]. 中国软科学,2007(9):104-110,124.
[113]李虹林,陈文晖. 我国高科技产业集群竞争力评价:基于技术创新的 GEMI 模型[J]. 价格理论与实践,2020(6):154-157.
[114]金碚. 中国工业国际竞争力:理论、方法与实证研究[M]. 北京:经济管理出版社,1997.
[115]唐睿. 一体化政策背景下长三角旅游业竞争力评估与协同发展研究[D]. 上海:华东师范大学,2019.
[116]关爱萍,陈锐. 产业集聚水平测度方法的研究综述[J]. 工业技术经济,2014,33(12):150-155.
[117]殷祚云. Logistic 曲线拟合方法研究[J]. 数理统计与管理,2002,21(1):41-46.
[118]余爱华. Logistic 模型的研究[D]. 南京:南京林业大学,2003.
[119]千庆兰,陈颖彪. 中国地区制造业竞争力评价的理论基础及模型构建[J]. 热带地理,2007,27(1):29-34.
[120]孙剑,李飞飞. 建筑产业集群竞争力评价指标体系构建[J]. 统计与决策,2017,33(21):57-59.
[121]TICHY G. Clusters:Less Dispensable and More Risky than Ever[J]. Clusters and regional specialization,1998,8:226-237.
[122]SUBRAMANIAN N,GUNASEKARAN A,PAPADOPOULOS T,et al. 4th Party Logistics Service Providers and Industrial Cluster Competitiveness[J]. Industrial Management & Data Systems,2016,116(7):1303-1330.
[123]郭小婷,谭云清. 创新型产业集群与政策资源依赖关系研究[J]. 科技进步与对策,2021,38(21):53-62.
[124]赵波. 陶瓷产业集群竞争力评价比较研究[D]. 成都:西南交通大学,2014.
[125]万东灿. 我国先进制造业企业技术创新的政策性金融支持研究[D]. 北京:中国财政科学研究院,2020.

[126]宋俊生. 省域文化产业竞争力及其提升路径研究:以天津市为例[D]. 天津:天津大学,2019.

[127]朱煜明,闫文琪,郭鹏. 基于实证方法的航空产业升级效果评价指标体系构建研究[J]. 运筹与管理,2018,27(2):94-105.

[128]杨宇. 多指标综合评价中赋权方法评析[J]. 统计与决策,2006,22(13):17-19.

[129]SAATY R. The Analytic Hierarchy Process—What It Is and How It Is Used[J]. Mathematical Modelling,1987,9:161-176.

[130]LINSTONE H,TUROFF M. The Delphi Method:Techniques and Applications[J]. Journal of Marketing Research,1975,3(8):363-364.

[131]SAATY T L. Decision making with dependence and feedback:the analytic network process:the organization and prioritization of complexity[M]. Pittsburgh,PA:RWS publications,2001.

[132]KARL P. LIII. On Lines and Planes of Closest Fit to Systems of Points in Space[J]. Philosophical Magazine Series 1,1901,2(11):559-572.

[133]SHANNON C E. A Mathematical Theory of Communication[J]. The Bell System Technical Journal,1948,27(3):379-423.

[134]DIAKOULAKI D,MAVROTAS G,PAPAYANNAKIS L. Determining Objective Weights in Multiple Criteria Problems:The Critic Method [J]. Computers & Operations Research,1995,22(7):763-770.

[135]张吉军. 模糊层次分析法(FAHP)[J]. 模糊系统与数学,2000,14(2):80-88.

[136]徐泽水. 模糊互补判断矩阵排序的一种算法[J]. 系统工程学报,2001,16(4):311-314.

[137]TZENG G,CHIANG C,LI C. Evaluating Intertwined Effects in E-Learning Programs:a Novel Hybrid MCDM Model Based on Factor Analysis and DEMATEL [J]. Expert Systems with Applications,2007,32(4):1028-1044.

[138]李德毅,孟海军,史雪梅. 隶属云和隶属云发生器[J]. 计算机研究与发展,1995,32(6):15-20.

[139]LI Z,MENG X Q,LIU D W,et al. Disaster Risk Evaluation of Superlong Highways Tunnel Based on the Cloud and AHP Model[J]. Advances in Civil Engineering,2022.

[140]VUONG X C,MOU R,VU T,et al. A Safety Evaluation Model of Intersections under Mixed Traffic Conditions Using Traffic Conflicts and Cloud Model[J]. Journal of Advanced Transportation,2021.

[141]ZOU Y Y,ZHANG Y J,MA Z H. Emergency Situation Safety Evaluation of Marine Ship Collision Accident Based on Extension Cloud Model[J]. Journal of Marine Science and Engineering,2021,9(12):1370.

[142]孟海东,赵晨蕾,宋宇辰. 基于云模型的模糊神经网络算法研究[J]. 现代电子技术,2020,43(17):82-86,91.

[143]王雪青,潘辉,刘炳胜. 基于云模型的中国区域建筑产业竞争力评价研究[J]. 山西财经大学学报,2012,34(7):55-66.

[144]张玉雪. 全球价值链视角下我国新能源汽车产业竞争力实证研究[D]. 北京:首都经济贸易大学,2020.

[145]沈进昌,杜树新,罗祎,等. 基于云模型的模糊综合评价方法及应用[J]. 模糊系统与数学,2012,26(6):115-123.

[146]刘常昱,李德毅,杜鹢,等. 正态云模型的统计分析[J]. 信息与控制,2005,34(2):236-239,248.

[147]刘桂花,宋承祥,刘弘. 云发生器的软件实现[J]. 计算机应用研究,2007,24(1):46-48.

[148]曾凯. 基于云模型的市域铁路公交化运营评价研究[D]. 北京:北京交通大学,2020.

[149]包晗. 我国生物医药企业创新成果转化路径研究[D]. 上海:上海工程技术大学,2021.

附　　录

附录 1

0-1 矩阵

	1	2	3	4	5	6	7	8	9	10	11	12	13	14	15	16	17	18	19	20	21	22	23	24	25	26	27	28	29	30	31	32	33	34	35	36	37	38	39	40	41	42	43
1	1	0	0	0	0	1	1	1	1	1	0	1	0	0	0	0	0	0	0	0	0	1	0	0	0	0	1	0	0	1	0	0	0	0	0	0	1	0	0	0	0	0	0
2	0	1	0	0	0	0	0	0	0	0	1	0	1	1	0	0	0	0	0	0	0	0	0	1	1	0	0	0	0	0	0	0	0	0	0	0	0	0	0	0	0	0	0
3	0	0	0	0	0	0	0	0	0	0	1	0	0	0	0	0	0	0	0	0	0	0	0	1	1	0	0	0	0	0	0	0	0	0	0	0	0	0	0	0	0	0	0
4	0	0	0	1	0	0	0	0	0	0	0	0	0	1	0	0	0	0	0	0	0	0	0	0	0	0	0	0	0	0	0	0	0	0	0	0	0	0	0	0	0	0	0
5	0	1	1	1	1	0	0	0	0	0	0	0	1	0	0	0	0	0	0	0	0	0	0	0	0	0	0	0	0	0	0	0	0	0	0	0	0	0	0	0	0	0	0
6	1	0	0	0	0	1	0	1	0	0	0	1	0	0	0	0	0	0	0	0	0	0	0	0	0	1	0	0	0	1	1	0	1	0	1	0	0	1	1	0	1	1	0
7	0	0	0	0	0	0	1	1	1	1	0	0	0	0	0	0	0	0	0	0	0	1	0	0	0	0	0	0	0	0	0	0	0	0	0	0	0	0	0	0	0	0	0
8	0	0	0	0	0	0	0	1	1	0	0	0	0	0	0	0	0	0	0	0	0	0	0	0	0	0	0	0	0	0	0	0	0	0	0	0	0	0	0	0	1	1	0
9	0	1	0	0	0	0	0	0	1	0	0	0	0	0	0	0	0	0	0	0	0	0	0	0	0	0	0	0	0	0	0	0	0	0	0	0	0	0	0	0	0	1	0
10	0	0	0	0	0	1	0	0	0	1	0	0	0	0	0	0	0	0	0	0	0	0	0	0	0	0	0	0	0	0	0	1	0	1	0	1	0	0	1	0	1	1	0
11	0	0	0	1	1	0	0	0	0	0	1	1	1	1	0	0	0	0	0	0	0	0	0	0	1	0	0	0	1	0	0	0	0	1	0	1	0	0	0	0	0	0	0
12	1	1	1	1	1	1	1	1	1	1	1	1	1	0	1	1	1	1	1	1	1	1	1	0	0	1	1	0	0	0	0	0	0	0	1	1	1	1	0	1	1	1	0
13	0	0	0	0	1	0	0	0	0	0	0	0	1	0	0	0	0	0	1	0	1	0	0	0	0	0	1	0	0	0	0	0	0	0	0	0	0	0	0	0	0	0	0
14	0	1	0	0	1	0	0	0	0	1	0	0	1	1	1	1	1	1	1	0	1	1	1	0	0	0	1	0	0	0	0	0	0	0	0	0	0	0	0	0	0	0	1
15	0	1	0	1	1	0	0	0	1	0	0	0	1	0	1	1	1	1	1	0	1	0	1	0	0	1	1	0	0	0	0	0	0	0	1	1	0	0	0	0	0	0	0
16	0	1	0	1	1	0	0	0	0	0	0	0	1	0	1	1	1	1	1	0	1	0	1	0	0	0	0	0	1	0	0	0	0	0	0	0	0	0	0	0	0	0	1
17	0	1	1	1	1	0	0	0	0	0	0	0	0	0	0	0	1	0	0	0	1	0	0	0	0	0	0	0	0	0	0	0	0	0	0	0	0	0	0	1	0	0	0
18	0	0	0	0	0	0	0	0	0	0	0	0	0	0	0	0	1	1	0	0	0	0	1	0	0	0	0	0	1	0	0	0	0	1	0	0	1	0	0	0	0	0	0
19	0	0	0	0	0	0	0	0	0	0	0	0	0	0	0	1	1	1	1	1	1	0	1	1	0	0	1	0	0	0	1	0	0	1	1	1	0	0	0	0	0	0	1
20	0	0	0	0	0	0	0	0	0	0	0	0	0	0	0	1	1	0	1	1	1	0	1	0	0	0	0	0	0	0	1	0	0	1	1	1	0	1	1	0	0	0	1
21	0	0	0	0	0	0	0	0	0	0	0	0	0	0	0	0	0	0	0	0	0	0	0	1	0	0	0	0	0	0	0	0	0	0	1	1	0	0	1	0	0	0	0
22	0	0	0	0	0	0	0	0	0	1	0	0	0	0	0	0	0	0	0	0	0	1	0	0	0	0	0	0	0	0	0	0	0	0	0	0	0	0	0	0	0	0	0
23	0	0	0	0	0	0	0	0	0	0	0	0	0	0	0	0	0	0	0	0	0	0	0	0	0	0	0	0	0	0	0	0	0	0	0	0	0	0	0	0	0	0	0
24	0	1	1	1	1	0	0	0	0	0	0	1	1	1	1	0	0	0	0	0	0	0	1	1	0	1	0	0	1	0	1	0	0	0	0	0	1	0	0	0	0	0	1
25	0	0	0	0	0	0	0	0	0	0	0	0	0	0	0	0	0	0	0	0	0	0	0	0	1	0	0	0	1	0	0	0	0	0	0	0	0	0	0	0	0	0	0
26	0	0	0	0	0	0	0	0	0	0	0	0	0	0	0	0	0	0	0	0	0	0	0	0	0	1	0	0	0	0	0	0	0	0	0	0	0	0	0	0	0	0	0
27	0	0	0	0	0	0	0	0	0	0	0	0	0	0	0	0	0	0	0	0	0	0	0	0	0	0	1	0	0	0	0	0	1	0	0	0	0	0	0	0	0	0	0
28	1	1	0	1	1	1	1	1	1	1	1	1	1	1	1	1	1	1	1	1	1	1	1	1	1	0	1	1	1	1	1	0	0	1	1	1	1	1	1	1	1	1	1
29	1	1	0	1	1	1	0	1	1	1	1	1	1	0	1	1	1	0	0	0	0	0	1	0	1	0	1	1	1	0	0	1	0	1	1	1	1	1	1	1	1	1	1
30	0	0	1	0	0	0	0	0	0	0	0	0	0	0	0	0	0	0	0	0	0	0	0	0	0	0	0	1	1	0	0	1	1	1	1	1	1	1	1	0	1	1	0
31	0	0	0	0	0	0	0	0	0	0	0	0	0	0	0	0	0	0	0	0	0	0	0	0	0	0	0	1	0	0	1	1	1	0	0	0	0	0	1	0	0	1	0
32	0	1	1	1	1	0	0	0	0	0	0	1	1	1	1	1	1	0	1	1	1	1	1	1	1	1	1	1	1	1	1	1	1	1	1	1	1	1	1	0	1	1	1
33	0	0	0	0	0	0	0	0	0	0	0	0	0	0	0	0	0	0	0	0	0	0	0	0	0	0	0	1	0	1	1	1	1	1	0	0	0	1	1	0	1	1	0
34	0	1	0	0	1	0	0	0	0	0	0	0	0	0	0	0	0	0	0	0	0	0	1	0	0	0	0	1	1	1	1	1	1	1	1	1	1	1	1	0	1	1	0
35	0	0	0	0	0	0	0	0	0	0	0	0	0	0	0	0	0	0	0	0	0	0	0	0	0	0	0	0	0	0	0	0	0	0	1	0	0	0	0	0	0	0	0
36	0	0	0	0	0	0	0	0	0	0	0	0	0	0	0	0	0	0	0	0	0	0	0	0	0	0	1	0	0	0	0	0	0	0	1	1	0	0	0	0	0	0	0
37	0	0	0	0	0	0	0	0	0	0	0	0	0	0	0	0	0	0	0	0	0	0	0	0	0	1	0	0	0	0	0	0	0	0	0	0	1	0	0	0	0	0	0
38	0	0	0	0	0	0	0	0	0	0	0	0	0	0	0	0	0	0	0	0	0	0	0	0	0	1	0	1	1	0	0	0	0	0	1	1	1	1	1	0	0	1	1
39	0	0	0	0	0	0	0	0	0	0	0	0	0	0	0	0	0	0	0	0	0	0	0	0	0	0	0	0	0	0	0	0	0	0	0	0	0	0	1	0	0	0	0
40	0	0	0	0	0	0	0	0	0	0	0	0	0	0	0	0	0	0	0	0	0	0	0	0	0	0	0	0	0	0	0	0	0	0	0	0	0	0	0	0	0	0	0
41	0	0	0	0	0	0	0	0	0	0	0	0	0	0	0	0	0	0	0	0	0	0	0	0	0	0	0	0	0	0	0	1	0	0	0	0	0	0	0	0	1	1	0
42	0	0	0	0	0	0	0	0	0	0	0	0	0	0	0	0	0	0	0	0	0	0	0	0	0	0	0	0	0	0	0	0	0	0	0	0	0	0	0	0	0	1	0
43	0	0	0	0	0	0	0	0	0	0	0	0	0	0	0	0	0	0	0	0	0	0	1	0	0	0	0	0	0	0	0	0	0	0	0	1	0	0	1	0	0	0	1

附录 2

四川省 2017 年 43 部门投入产出表

产业部门	编号	产业部门	编号
农、林、牧、渔产品和服务	1	金属制品、机械和设备修理服务	23
煤炭采选产品	2	电力、热力生产和供应	24
石油和天然气开采产品	3	燃气生产和供应	25
金属矿采选品	4	水的生产和供应	26
非金属矿和其他采矿产品	5	建筑	27
食品和烟草	6	批发和零售	28
纺织品	7	交通运输、仓储和邮政	29
纺织服装鞋帽皮革羽绒及其制品	8	住宿和餐饮	30
木材加工和家具	9	信息传输、软件和信息技术服务	31
造纸印刷和文教体育用品	10	金融	32
石油炼焦产品和核燃料加工品	11	房地产	33
化学产品	12	租赁和商务服务	34
非金属矿物制品	13	研究和试验发展	35
金属冶炼和压延加工品	14	综合技术服务	36
金属制品	15	水利、环境和公共设施管理	37
通用设备	16	居民服务、修理和其他服务	38
专用设备	17	教育	39
交通运输设备	18	卫生和社会工作	40
电气机械和器材	19	文化、体育和娱乐	41
通信设备、计算机和其他电子设备	20	公共管理、社会保障和社会组织	42
仪器仪表	21	轨道交通	43
其他制造产品和废品废料	22		

附录 3

轨道交通产业驱动环节的空间效应分解结果

附表 3-1 2005—2006 年地区轨道交通产业驱动效应值

地区	上游部门		中游部门	下游部门		总效应强度
	A_1	A_2	B	C_1	C_2	
北京	−31.09	−18.18	109.60	−12.65	2.73	50.41
天津	−430.26	165.66	81.01	68.82	6.90	−107.87
河北	−5.22	0.15	2.26	−1.48	0.40	−3.90
山西	−16.11	0.48	8.04	7.79	0.99	1.19
内蒙古	−12.61	−0.44	1.65	2.06	0.50	−8.84
辽宁	−10.73	1.85	−1.58	2.66	0.26	−7.55
吉林	−1.52	−0.16	2.44	−0.54	0.09	0.30
黑龙江	−0.85	0.72	2.06	0.14	0.05	2.12
上海	−1 263.09	359.92	434.41	−1 177.62	−12.84	−1 659.21
江苏	−60.52	27.82	−1.38	7.93	3.75	−22.40
浙江	−108.66	83.42	60.89	18.43	2.05	56.13
安徽	−0.08	0.03	2.86	0.85	0.44	4.09
福建	−0.80	0.90	2.39	0.29	0.26	3.04
江西	0.07	−0.15	−0.05	0.21	0.11	0.19
山东	−8.49	8.54	9.62	2.78	0.89	13.34
河南	−0.12	1.34	3.01	0.53	0.43	5.20
湖北	−8.31	1.61	5.36	1.56	0.40	0.62
湖南	−6.21	5.37	−0.84	0.77	0.87	−0.03
广东	−113.81	−1.27	121.11	−24.11	15.91	−2.17
广西	−0.21	−0.02	0.13	0.30	0.05	0.25
海南	0.09	0.02	0.11	0.13	0.01	0.36
重庆	−7.26	4.23	7.51	2.73	1.05	8.26
四川	−0.12	2.12	1.75	0.57	0.31	4.63
贵州	−0.64	1.20	3.31	0.62	0.12	4.60

续上表

地区	上游部门		中游部门	下游部门		总效应强度
	A_1	A_2	B	C_1	C_2	
云南	-0.68	0.06	0.48	0.14	0.08	0.07
西藏	0.03	0	0	0.03	0	0.06
陕西	-8.12	1.44	3.48	0.71	0.82	-1.67
甘肃	-1.63	1.31	1.69	0.41	0.17	1.95
青海	0.02	0.01	0.03	-0.09	0	-0.04
宁夏	-0.34	0.34	0.76	0.34	0.04	1.15
新疆	0.15	0.15	0.12	0.19	0.04	0.65

附表 3-2　2010—2011 年地区轨道交通产业驱动效应值

地区	上游部门		中游部门	下游部门		总效应强度
	A_1	A_2	B	C_1	C_2	
北京	656.96	184.21	296.00	129.05	1.31	1 267.54
天津	110.54	68.44	149.13	-84.82	22.72	266.00
河北	4.07	-3.02	7.74	0.57	1.06	10.43
山西	16.66	-22.65	53.77	11.93	6.01	65.72
内蒙古	2.77	-2.35	2.37	5.85	0.86	9.50
辽宁	114.23	-16.98	74.26	-4.38	11.63	178.77
吉林	2.33	-1.26	5.58	1.10	0.20	7.95
黑龙江	9.97	38.81	1.03	-1.31	2.75	51.27
上海	103.97	-294.87	378.50	-265.24	-8.60	-86.24
江苏	100.74	153.22	148.32	-94.97	4.54	311.84
浙江	47.48	-18.55	216.64	71.81	-6.29	311.09
安徽	7.69	75.09	26.28	-3.12	6.32	112.25
福建	13.56	0.50	29.66	12.51	0	56.22
江西	4.49	0.69	5.88	1.91	0.96	13.92
山东	14.47	-1.52	39.45	-2.70	3.99	53.69
河南	9.31	0.05	-3.57	0.31	2.82	8.93
湖北	23.31	-14.55	16.50	12.13	5.21	42.60

续上表

地区	上游部门		中游部门	下游部门		总效应强度
	A_1	A_2	B	C_1	C_2	
湖南	8. 62	-3. 14	18. 94	4. 61	2. 67	31. 71
广东	214. 75	-107. 15	327. 93	116. 39	-28. 46	523. 47
广西	2. 24	0. 02	1. 05	-1. 34	0. 30	2. 27
海南	1. 45	-0. 54	0. 71	4. 06	0. 00	5. 69
重庆	23. 72	2. 40	-2. 21	-0. 08	4. 30	28. 12
四川	18. 18	-42. 78	30. 77	40. 73	4. 96	51. 86
贵州	8. 56	-6. 44	15. 18	-3. 77	0. 85	14. 38
云南	0. 97	-1. 07	0. 83	0. 37	0. 56	1. 68
西藏	-0. 04	0	0	0. 01	0	-0. 03
陕西	29. 65	-9. 20	-12. 76	13. 33	3. 85	24. 86
甘肃	-0. 13	0. 58	3. 38	0. 72	0. 47	5. 02
青海	2. 13	3. 13	1. 56	1. 02	0. 24	8. 08
宁夏	1. 96	-10. 96	3. 01	0. 62	0. 39	-4. 98
新疆	3. 57	-2. 11	2. 04	0. 39	0. 06	3. 95

附表 3-3　2015—2016 年地区轨道交通产业驱动效应值

地区	上游部门		中游部门	下游部门		总效应强度
	A_1	A_2	B	C_1	C_2	
北京	790. 63	-198. 15	90. 54	93. 64	-15. 31	761. 35
天津	-583. 12	66. 89	436. 49	-810. 09	99. 53	-790. 29
河北	-14. 36	-7. 36	98. 59	-4. 43	10. 46	82. 88
山西	-98. 14	-2. 56	57. 10	-81. 81	20. 36	-105. 05
内蒙古	-12. 29	-0. 62	28. 10	-0. 29	1. 60	16. 51
辽宁	-54. 19	-1. 49	-55. 07	21. 37	0. 50	-88. 87
吉林	-4. 03	5. 37	4. 37	-0. 47	1. 53	6. 76
黑龙江	0. 78	-5. 53	-5. 05	5. 00	1. 94	-2. 86
上海	470. 48	-464. 20	2 623. 56	809. 83	14. 69	3 454. 35
江苏	-95. 75	-350. 63	410. 79	109. 21	27. 10	100. 71

续上表

地区	上游部门		中游部门	下游部门		总效应强度
	A_1	A_2	B	C_1	C_2	
浙江	-70.80	-272.52	-223.17	250.23	24.23	-292.02
安徽	13.35	-27.26	76.34	16.69	13.33	92.45
福建	-36.02	-10.65	-51.60	74.75	12.44	-11.08
江西	-45.14	46.20	77.99	22.41	8.18	109.65
山东	-36.18	-35.36	-66.39	35.89	20.20	-81.84
河南	6.16	-8.31	26.01	4.00	5.03	32.89
湖北	-73.41	-16.93	277.47	18.33	17.18	222.64
湖南	-41.33	-52.24	191.35	-3.41	25.74	120.11
广东	-762.88	-88.65	279.08	4.39	4.91	-563.15
广西	-1.42	0.18	4.18	3.53	0.89	7.37
海南	-4.43	-2.32	1.00	3.52	0.35	-1.88
重庆	9.64	-10.82	10.21	25.69	10.55	45.28
四川	-83.88	-68.45	48.59	29.02	17.31	-57.40
贵州	-34.34	-166.76	40.22	-60.71	18.02	-203.57
云南	1.39	-1.62	3.39	-5.61	1.18	-1.26
西藏	0.02	0.02	-0.01	0.03	0.01	0.07
陕西	-45.26	397.44	25.90	50.72	30.80	459.60
甘肃	6.79	5.03	19.54	-1.85	2.27	31.78
青海	-6.09	-0.12	1.55	0.53	0.30	-3.83
宁夏	0.22	31.71	-132.58	3.40	1.40	-95.85
新疆	1.50	-10.32	-3.85	5.00	0.89	-6.77

附录 4

专家打分调查

尊敬的老师：

您好，感谢您在百忙之中抽出时间来填写我们的问卷！

本问卷基于教育部人文社会科学研究项目（20YJCZH113）、四川省软科学研究计划项目（2021JDR0220）延伸出轨道交通产业集群竞争力的学术性调查，由于目前没有统一的标准划分影响因素的重要程度以及影响因素之间的关系，通过了解，您在本领域/本行业经验丰富，特向您发放此问卷，恳请您能够根据经验给出您的打分。我们向您保证有关调查资料只用于学术研究，不会透露任何个人信息。

祝您身体健康、工作顺利！

问卷说明：

此问卷包含三部分内容：第一部分为轨道交通产业集群竞争力因素重要程度打分，以此结果筛出敏感度较高的指标作为最终轨道交通产业集群竞争力水平指标；第二部分为模糊层次分析法（FAHP）问卷，主要目的在于任意两指标相比确的重要程度，以此结果作为指标权重的依据；第三部分为决策评价与试验评价法（DEMATEL），主要目的在于分析指标间的影响度与被影响度等。

本问卷将分两次进行，在第一次剔除掉某些重复性高或者研究意义不大的指标之后，将形成新的指标，由于问卷问题较多，可能需要您花费时间较长，谢谢您的配合，您宝贵的意见将使我们项目及论文取得重大推进，再次感谢您对本项目的支持！

问卷 1

下列为 31 个影响轨道交通产业集群竞争力的指标，请根据您的经验和判断，选择您认为该指标对于轨道交通产业集群竞争力的影响程度。1 表示指标影响程度非常弱，2 表示指标影响程度弱，3 表示指标影响程度一般，4 表示指标影响程度较强，5 表示指标影响程度非常强。请您在所对应的分数下打上√。

附表 4-1　指标重要程度打分表

影响因素	影响程度				
	1	2	3	4	5
轨道交通产业从业人员数量					
地区生产总值					
轨道交通产业固定资产投资					
城市轨道交通配属车辆					
铁路运输机车车辆					
铁路客运量					
地铁客运量					
轨道交通营业里程					
第二产业产值					
第三产业产值					
轨道交通产业相关企业数量					
轨道交通产业总产值					
企业劳动生产率					
轨道交通产业集群区位熵					
市场需求					
市场规模					
市场营销能力					
市场占有率					
品牌知名度					
国外市场占有率					
产业国际化程度					
轨道交通研发经费投入					
研发项目数量					
勘察设计机构数量					
高校及科研创新平台数量					
轨道交通专利授权数量					
轨道交通科技成果数量					
政府对产业发展的资金支持度					
政府在轨道交通方面的投入					
相关政策数量					
相关政策、法律法规完善度					

问卷 2

通过您的第一次的打分，最终筛选出 24 个影响因素构成轨道交通产业集群竞争力指标体系，本次模糊层次分析法（FAHP）问卷，主要目的在于任意两指标相比确的重要程度，以此结果作为指标权重的依据。

（1）FAHP 打分标准

附表 4-2　FAHP 法指标相对重要性标度及说明

标　　度	说　　明
0. 1	指标 x_i 极端重要于指标 x_j
0. 2	指标 x_i 强烈重要于指标 x_j
0. 3	指标 x_i 明显重要于指标 x_j
0. 4	指标 x_i 稍微重要于指标 x_j
0. 5	指标 x_i 与 x_j 同样重要
0. 6~0. 9	与 0. 1~0. 4 相反

（2）一级指标间重要程度对比

附表 4-3　一级指标间重要程度对比

A	基础	企业	市场	创新	政府支持
基础	0. 5				
企业	—	0. 5			
市场	—	—	0. 5		
创新	—	—	—	0. 5	
政府支持	—	—	—	—	0. 5

（3）二级指标间重要程度对比

附表 4-4　基础因子二级指标重要度对比

A_1	集群资源因素	集群基础设施因素
集群资源因素	0. 5	
集群基础设施因素	—	0. 5

附表 4-5 企业因子二级指标重要度对比

A_2	相关产业支持	企业自身
相关产业支持	0.5	
企业自身	—	0.5

附表 4-6 市场因子二级指标重要度对比

A_3	内部市场	外部市场
内部市场	0.5	
外部市场	—	0.5

附表 4-7 创新因子二级指标重要度对比

A_4	创新投入	创新产出
创新投入	0.5	
创新产出	—	0.5

附表 4-8 政府支持因子二级指标重要度对比

A_5	资金支持	政策法规支持
资金支持	0.5	
政策法规支持	—	0.5

(4)三级指标间重要程度对比

附表 4-9 集群资源因素三级指标重要度对比

B_1	轨道交通产业从业人员数量	地区生产总值	轨道交通产业固定资产投资
轨道交通产业从业人员数量	0.5		
地区生产总值	—	0.5	
轨道交通产业固定资产投资	—	—	0.5

附表 4-10 相关产业支持因素三级指标重要度对比

B_3	第二产业产值	第三产业产值
第二产业产值	0.5	

续上表

B_3	第二产业产值	第三产业产值
第三产业产值	—	0.5

附表 4-11　企业自身因素三级指标重要度对比

B_4	轨道交通产业相关数量	轨道交通产业总产值	企业劳动生产率	轨道交通产业集群区位熵
轨道交通产业相关企业数量	0.5			
轨道交通产业总产值	—	0.5		
企业劳动生产率	—	—	0.5	
轨道交通产业区位熵	—	—	—	0.5

附表 4-12　内部市场因素三级指标重要度对比

B_5	市场需求	市场规模	市场占有率
市场需求	0.5		
市场规模	—	0.5	
市场占有率	—	—	0.5

附表 4-13　创新投入因素三级指标重要度对比

B_7	轨道交通研发经费投入	研发项目数量	勘察设计机构数量	高校及科研创新平台数量
轨道交通研发经费投入	0.5			
研发项目数量	—	0.5		
勘察设计机构数量	—	—	0.5	
高校及科研创新平台数量	—	—	—	0.5

附表 4-14　创新产出因素三级指标重要度对比

B_8	轨道交通专利授权数量	轨道交通科技成果数量
轨道交通专利授权数量	0.5	
轨道交通科技成果数量	—	0.5

附表 4-15　资金支持因素三级指标重要度对比

B_9	政府对产业发展的资金支持度	政府在轨道交通方面的投入
政府对产业发展的资金支持度	0.5	
政府在轨道交通方面的投入	—	0.5

附表 4-16　政策法规支持因素三级指标重要度对比

B_{10}	相关政策数量	相关政策、法律法规完善度
相关政策数量	0.5	
相关政策、法律法规完善度	—	0.5

问卷 3

本部分为问卷最后，是通过决策评价与实验室法（DEMATEL），主要目的在于分析指标间的影响度与被影响度等。将指标间的影响程度等级用 0～4 表示。其中，0 代表指标间无影响，1 代表指标间存在弱影响，2 代表指标间存在较强影响，3 代表指标间存在强影响，4 代表指标间存在极强影响。请您根据您的经验判断指标间的影响等级。

下表中字母符号所代表的具体指标名称：轨道交通产业从业人员数量—C_1、地区生产总值—C_2、轨道交通产业固定资产投资—C_3、轨道交通营业里程—C_4、第二产业产值—C_5、第三产业产值—C_6、轨道交通产业相关企业数量—C_7、轨道交通产业总产值—C_8、企业劳动生产率—C_9、轨道交通产业集群区位熵—C_{10}、市场需求—C_{11}、市场规模—C_{12}、市场占有率—C_{13}、国外市场占有率—C_{14}、轨道交通研发经费投入—C_{15}、研发项目数量—C_{16}、勘察设计机构数量—C_{17}、高校及科研创新平台数量—C_{18}、轨道交通专利授权数量—C_{19}、轨道交通科技成果数量—C_{20}、政府对产业发展的资金支持度—C_{21}、政府在轨道交通方面的投入—C_{22}、相关政策数量—C_{23}、相关政策、法律法规完善度—C_{24}。

	C_1	C_2	C_3	C_4	C_5	C_6	C_7	C_8	C_9	C_{10}	C_{11}	C_{12}	C_{13}	C_{14}	C_{15}	C_{16}	C_{17}	C_{18}	C_{19}	C_{20}	C_{21}	C_{22}	C_{23}	C_{24}
C_1	0																							
C_2		0																						
C_3			0																					
C_4				0																				
C_5					0																			
C_6						0																		
C_7							0																	
C_8								0																
C_9									0															
C_{10}										0														
C_{11}											0													
C_{12}												0												
C_{13}													0											
C_{14}														0										
C_{15}															0									
C_{16}																0								
C_{17}																	0							
C_{18}																		0						
C_{19}																			0					
C_{20}																				0				
C_{21}																					0			
C_{22}																						0		
C_{23}																							0	
C_{24}																								0

附录 5

沈阳、长沙、南京、广州轨道交通产业集群竞争力指标隶属度

附表 5-1　沈阳轨道交通产业集群竞争力各项指标隶属度

指标名称	弱	较弱	一般	较强	强
轨道交通产业从业人员数量 C_1	0	0	0	0	0. 192 44
地区生产总值 C_2	0	0	0	0	1. 000 0
轨道交通产业固定资产投资 C_3	0. 146 0	0. 255 8	0	0	0
轨道交通营业里程 C_4	0	0	0	0. 077 2	0. 072 6
第二产业产值 C_5	0. 019 5	0. 036 7	0. 000 7	0	0
第三产业产值 C_6	0. 039 5	0. 455 3	0	0	0
轨道交通产业相关企业数量 C_7	0. 258 1	0. 005 4	0	0	0
轨道交通产业总产值 C_8	0	0	0	0	0. 621 7
企业劳动生产率 C_9	0	0	0	0	0. 907 2
轨道交通产业集群区位熵 C_{10}	0. 001 8	0	0. 605 7	0	0
市场需求 C_{11}	0	0	0	0	1. 000 0
市场规模 C_{12}	0	0	0	0	0. 914 3
市场占有率 C_{13}	0. 004 5	0	0. 135 1	0	0
国外市场占有率 C_{14}	0	0	0	0. 284 5	0. 026 5
轨道交通研发经费投入 C_{15}	0	0	0	0. 844 7	0. 000 4
研发人员数量 C_{16}	0	0	0. 000 1	0. 585 1	0. 000 1
勘察设计机构数量 C_{17}	0. 071 1	0. 999 2	0	0	0
高校及科研创新平台数量 C_{18}	0	0	0	0. 167 1	0. 042 7
轨道交通专利授权数量 C_{19}	0. 000 4	0	0. 892 0	0. 000 9	0
轨道交通科技成果数量 C_{20}	0. 017 0	0. 019 0	0. 001 4	0	0
政府对产业发展的资金支持度 C_{21}	0	0	0	0	1. 000 0
政府在轨道交通方面的投入 C_{22}	0	0	0. 000 1	0. 559 6	0. 000 1
相关政策数量 C_{23}	0	0	0	0	1. 000 0
相关政策、法律法规完善度 C_{24}	0	0	0	0. 249 9	0. 030 1

附表 5-2 长沙轨道交通产业集群竞争力各项指标隶属度

指标名称	弱	较弱	一般	较强	强
轨道交通产业从业人员数量 C_1	0	0	0	0. 630 1	0. 009 1
地区生产总值 C_2	0. 001 6	0	0. 691 5	0	0
轨道交通产业固定资产投资 C_3	0	0	0	0. 001 6	0. 323 7
轨道交通营业里程 C_4	0. 112 0	0. 608 1	0	0	0
第二产业产值 C_5	0	0	0	0. 920 4	0. 000 5
第三产业产值 C_6	0. 016 2	0. 014 9	0. 001 8	0	0
轨道交通产业相关企业数量 C_7	0	0	0	0. 005 7	0. 226 6
轨道交通产业总产值 C_8	0	0	0	0. 025 8	0. 128 2
企业劳动生产率 C_9	0. 000 2	0	0. 551 9	0. 004 4	0
轨道交通产业集群区位熵 C_{10}	0	0	0	0	0. 788 2
市场需求 C_{11}	0	0	0	0	0. 976 6
市场规模 C_{12}	0. 001 1	0	0. 889 8	0. 000 1	0
市场占有率 C_{13}	0	0	0	0. 329 5	0. 022 7
国外市场占有率 C_{14}	0. 017 1	0. 019 7	0. 001 4	0	0
轨道交通研发经费投入 C_{15}	0	0	0	0. 002 1	0. 304 1
研发人员数量 C_{16}	0	0	0	0. 048 1	0. 094 8
勘察设计机构数量 C_{17}	0	0	0	0	1. 000 0
高校及科研创新平台数量 C_{18}	0	0	0	0. 009 5	0. 191 0
轨道交通专利授权数量 C_{19}	0. 265 6	0. 004 1	0	0	0
轨道交通科技成果数量 C_{20}	0	0	0	0. 925 3	0. 000 6
政府对产业发展的资金支持度 C_{21}	0	0	0	0. 420 1	0. 017 0
政府在轨道交通方面的投入 C_{22}	0	0	0	0. 680 3	0. 000 2
相关政策数量 C_{23}	0	0	0. 000 1	0. 651 8	0. 000 2
相关政策、法律法规完善度 C_{24}	0	0	0	0	1. 000 0

附表 5-3 南京轨道交通产业集群竞争力各项指标隶属度

指标名称	弱	较弱	一般	较强	强
轨道交通产业从业人员数量 C_1	0. 001 1	0	0. 883 6	0. 000 1	0
地区生产总值 C_2	0. 000 1	0	0. 075 1	0. 049 0	0

续上表

指标名称	弱	较弱	一般	较强	强
轨道交通产业固定资产投资 C_3	0	0	0	0. 129 6	0. 051 7
轨道交通营业里程 C_4	0	0	0	0. 993 5	0. 001 0
第二产业产值 C_5	0	0	0	0. 424 3	0. 016 8
第三产业产值 C_6	0. 000 6	0	0. 997 7	0. 000 3	0
轨道交通产业相关企业数量 C_7	0	0	0	0	1. 000 0
轨道交通产业总产值 C_8	0	0	0	0	1. 000 0
企业劳动生产率 C_9	0	0	0	0	1. 000 0
轨道交通产业集群区位熵 C_{10}	0	0	0	0. 003 3	0. 266 4
市场需求 C_{11}	0	0	0	0	0. 994 7
市场规模 C_{12}	0. 003 1	0	0. 283 4	0	0
市场占有率 C_{13}	0	0	0	0	1. 000 0
国外市场占有率 C_{14}	0	0	0	0	1. 000 0
轨道交通研发经费投入 C_{15}	0	0	0	0. 054 7	0. 088 5
研发人员数量 C_{16}	0. 000 1	0	0. 113 7	0. 034 8	0
勘察设计机构数量 C_{17}	0	0	0	0	0. 983 3
高校及科研创新平台数量 C_{18}	0	0	0	0. 126 0	0. 052 7
轨道交通专利授权数量 C_{19}	0. 004 9	0	0. 112 3	0	0
轨道交通科技成果数量 C_{20}	0	0	0	0	0. 940 2
政府对产业发展的资金支持度 C_{21}	0	0	0	0. 042 4	0. 101 2
政府在轨道交通方面的投入 C_{22}	0	0	0	0. 001 7	0. 317 7
相关政策数量 C_{23}	0	0	0	0. 007 1	0. 210 9
相关政策、法律法规完善度 C_{24}	0	0	0	0. 000 2	0. 508 4

附表 5-4　广州轨道交通产业集群竞争力各项指标隶属度

指标名称	弱	较弱	一般	较强	强
轨道交通产业从业人员数量 C_1	0	0	0	0. 024 5	0. 131 2
地区生产总值 C_2	0	0	0	0	1. 000 0
轨道交通产业固定资产投资 C_3	0	0	0. 051 0	0. 064 7	0
轨道交通营业里程 C_4	0	0	0	0	1. 000 0

续上表

指标名称	弱	较弱	一般	较强	强
第二产业产值 C_5	0	0	0	0	1.000 0
第三产业产值 C_6	0	0	0	0	1.000 0
轨道交通产业相关企业数量 C_7	0	0	0	0	0.793 5
轨道交通产业总产值 C_8	0	0	0	0	0.733 8
企业劳动生产率 C_9	0.000 2	0	0.495 6	0.005 4	0
轨道交通产业集群区位熵 C_{10}	0	0	0.006 2	0.194 6	0
市场需求 C_{11}	0	0	0	0	1.000 0
市场规模 C_{12}	0	0	0	0.000 7	0.395 1
市场占有率 C_{13}	0	0	0	0	0.959 6
国外市场占有率 C_{14}	0	0	0	0.687 2	0.007 6
轨道交通研发经费投入 C_{15}	0	0	0	0	1.000 0
研发人员数量 C_{16}	0	0	0	0	1.000 0
勘察设计机构数量 C_{17}	0	0	0	0	0.796 9
高校及科研创新平台数量 C_{18}	0	0	0	0.059 6	0.084 4
轨道交通专利授权数量 C_{19}	0	0	0	0	1.000 0
轨道交通科技成果数量 C_{20}	0	0	0	0.023 8	0.132 8
政府对产业发展的资金支持度 C_{21}	0	0	0	0.042 4	0.101 2
政府在轨道交通方面的投入 C_{22}	0	0	0	0.023 4	0.133 8
相关政策数量 C_{23}	0	0	0	0.857 2	0.000 4
相关政策、法律法规完善度 C_{24}	0	0	0	0	0.708 1